家风
是最好的教育

田树涛 ◎ 编著

内蒙古人民出版社

图书在版编目(CIP)数据

家风是最好的教育/《家风是最好的教育》编委会主编；田树涛编著.—呼和浩特：内蒙古人民出版社，2020.8
ISBN 978-7-204-16410-3

Ⅰ.①家… Ⅱ.①家… ②田… Ⅲ.①家庭教育 Ⅳ.①G78

中国版本图书馆 CIP 数据核字(2020)第 169171 号

家风是最好的教育

作　　者	田树涛
责任编辑	晓　峰
出版发行	内蒙古人民出版社
地　　址	呼和浩特市新城区中山东路8号波士名人国际B座5楼
印　　刷	唐山楠萍印务有限公司
开　　本	710mm×1000mm　1/16
印　　张	20
字　　数	350 千
版　　次	2020 年 12 月第 1 版
印　　次	2021 年 1 月第 1 次印刷
印　　数	1—6000 册
书　　号	ISBN 978-7-204-16410-3
定　　价	59.80 元

如发现印装质量问题，请与我社联系。联系电话：(0471)3946120
网址：http://www.impph.com

华夏文明,是世界上最为璀璨的文明。说这样的话,我们底气十足。很多世界级学者、科学家早在20世纪中期就预言:21世纪,整个世界看东方,整个东方看中国。21世纪拯救世界的是中国的传统文化与进步文明。

中国传统的社会构成是以家庭、家族为单位的。一个家族为了维持本家族的生存、促进本家族的兴旺发达,在世代繁衍的过程中逐步形成了本家族的风气、风尚,这就是家风。家风凝练成文字世代相传,就是家训。家风、家训是一个人精神"初始化"的环境,是一个人精神成长的起点,是对子孙后代处世、治家、立业的谆谆告诫、殷切教诲。从表面上看,家风、家训似乎纯粹是家族内部的规范、约束,实际上,从家训所包含的修身处世、齐家治家、勤俭节约、立德立言等方面的内容来看,这些都是中华文明的基本构成因子,而家国同构是传统中国的基本观念,家庭、家族与国家、天下从来都是紧密联系在一起的,齐家是与治国经常被置于同等重要甚或以齐家为前提条件的位置来审视对待。因此,从这个意义上讲,家风、家训完全具备了超越家庭、家族的意义。

每一个家庭都有自己的家风,只是有些家庭或因时代变迁,对家风不加以重视罢了。而家风的形成基础通常是一个家族或家庭中有威望的人定下的规矩,一般有家规、家训等叫法。不同的家庭,家规也有所不同,有的家风中注重教育,有的家风中注重仁义,有的家风中注重诚信,有的家风中注重孝悌,凡此种种,教人向善,做"仁、义、礼、智、信"的实施者,从而懂得在生活中如何为人处世。这便是家风存在于家庭中的魅力,它犹若阳光照亮每个家庭成员的心灵。

可以说,家风对家族的传承至关重要。没有淳厚家风,无法使一个家族传承不绝,更无法使一个家族不分崩离析。有认同感的家族才有凝聚力,这种认同感显然不可能源于家族财产,因为财产常常会因分摊而最终馨尽,只有一种东西可以被家族中所有成员分享,不但不会减少反而会因此增值——那就是让

家风是最好的教育

所有家族成员引以为豪的"家风",家风是一个有影响力、有美誉度的家族必备的要素,也是一个家族最核心的价值。

家风是融在血脉中的骄傲,是先人从一代又一代的生活中总结出的家族风气。若每一个人都能维护好自己的家风,借鉴别人他姓的家风,我们定能发掘传承传统文化的精髓并弘扬之。良好的家风是营造和谐的家庭关系、高尚的精神情趣和塑造孩子品行的无形力量。

家风,往往决定一个人的处世与做事态度,甚至会影响一个人的一生。家风的优劣,会显现其世界观、人生观和价值观;会左右其工作能力的正常发挥以及对人生道路的选择;会影响他的工作作风,乃至会影响到他的整个人生。

良好的家风,就该从小抓起。当孩子在犯一些错误的时候,作为家长绝不能以"孩子还小"为理由而放纵,一定要严肃教育,让他认识到自己的错误,从而改正错误,健康成长。

一个家庭的家风有别于这个家庭世代相传的道德准则和处世方法,它是一个家庭的性格特征。虽然它一旦形成,也就成为教化的资源,对家族子弟具有熏染影响、浸润浇灌的意义,但家风是一种不必刻意教诫或传授,仅仅通过耳濡目染就能获得的精神气质,具有"润物细无声"的作用。

目录

第一章 和睦家风和爱的培养构筑和谐家庭 …… 1
- 治家有方,赏罚有度 …… 2
- 家和才能万事兴 …… 3
- 家庭和谐的主旋律 …… 6
- 珍惜兄弟姐妹手足亲情 …… 8
- 贵在上慈下孝的和谐 …… 10
- 和谐邻里要宽厚大度,互帮互助 …… 13
- 教育子女要得法,切忌打骂 …… 14
- 一定要成为孩子的知心朋友 …… 16
- 好家风是给孩子最好的礼物 …… 18
- 人和氛围是家庭爱的核心 …… 20
- 家庭活动拉近亲子关系 …… 21
- 用孩子喜欢的方式沟通 …… 24
- 好家风不允许溺爱孩子 …… 27
- "隔辈亲"是上帝恩赐的福报 …… 29
- 不要剥夺孩子体验失败的权利 …… 31

第二章 好家风就是对孩子最好的教育 …… 34
- 用文化孕育好家风 …… 35
- 优良的家风哺育贤明子孙 …… 38
- 好家风从家规开始 …… 40
- 品读吸收家训中的文化精华 …… 45
- 以身作则,做好家风榜样 …… 47
- 把传统文化导入日常家庭活动 …… 50

从各种文化中汲取营养,打造特色家庭文化 ·············· 53
中华民族崇尚家风传承 ························· 56
家风显润雨无声 ····························· 58
好家风让家庭更和谐 ·························· 61
好家风能影响孩子的一生 ······················· 64
好家风让孩子的情商更高 ······················· 66

第三章 以身作则,规矩有成的家风助孩子成大器 69

成为一个好父亲的关键 ························· 70
父母相亲相爱就是孩子的榜样 ···················· 73
孝敬老人具有示范作用 ························· 75
家风家规,孩子看在眼里记在心里 ·················· 78
父母谦恭有礼,孩子差不了 ······················ 80
播种幽默,快乐地生活 ························· 83
没有规矩,不成方圆 ·························· 85
既讲规矩又有爱 ····························· 88
让孩子对规矩产生敬畏之心 ······················ 91
在细节中让孩子守规矩 ························· 94
让孩子充分表达,但不能乱插话 ···················· 97
培养孩子正确的生活习惯 ······················· 99
站姿坐姿体现教养 ··························· 101
餐桌上的规矩也能体现家风 ····················· 103

第四章 让孩子充分感受诚信的家风 107

心怀善良之心,仁善家风的根本 ··················· 108
善待家人爱护亲友从自己做起 ···················· 111
尊老爱幼,是家风传承之首 ······················ 113
帮危扶难,尽己所能 ·························· 116
有仁心才会有仁行 ··························· 118
乐善好施,家风必仁善 ························· 119
诚信家风,是对孩子最好的馈赠 ··················· 122
要把诚信作为家庭的最高原则 ···················· 124

　筑就诚信家风,养成守信好习惯 ·············· 127
　言传不如身教 ···························· 129
　说到做到,对孩子要履行承诺 ················ 132
　从家教开始,锤炼诚信家风 ·················· 134

第五章　用良好家风培养孩子良好情操　138
　从传统家风寻找精华 ······················ 139
　向孩子传递正确信息 ······················ 141
　别拿孩子跟人比 ·························· 143
　永远做孩子的支持者 ······················ 146
　父母不必苛求孩子完美 ···················· 149
　把老师看成家风教育的盟友 ················ 151
　既要教知识,更要育心灵 ···················· 154
　让孩子做自己的主人、走自己的路 ············ 156
　教孩子学会控制情绪 ······················ 158
　鼓励孩子宽容大度,学会原谅他人 ············ 160
　教会孩子发泄心中的烦恼 ·················· 162
　学会取舍,懂得释怀 ······················ 164
　引导孩子正视身体缺陷 ···················· 165

第六章　谦虚勤俭的家风能塑造孩子优秀品德　169
　恭而有礼的家风更和谐 ···················· 170
　引导孩子在日常生活中传承良好的礼仪风度 ····· 172
　礼貌待人对孩子有示范作用 ················ 176
　为人谦恭低调是良好家风品德 ·············· 180
　从小就要教育孩子不狂傲不妄为 ············ 184
　谨守法纪是家风的优良传统 ················ 188
　好家风里定有勤俭之风 ···················· 191
　让孩子树立劳动光荣的家风理念 ············ 195
　让孩子从小养成勤劳的习惯 ················ 197
　不要让孩子养成懒惰和懈怠 ················ 200
　以俭为荣根植于良好的家风 ················ 203

家风是最好的教育

  杜绝浪费让孩子养成节俭习惯 …………………………………… 206
  在金钱和财富面前不盲目攀比 …………………………………… 210

第七章 勤奋好学,爱国爱家的家风助孩子迈向成功 ……… 214
  为孩子营造家庭学习氛围 ………………………………………… 215
  让孩子有目标地学习 ……………………………………………… 217
  让阅读成为习惯 …………………………………………………… 219
  让学习成为一种习惯 ……………………………………………… 220
  人人皆可为师 ……………………………………………………… 223
  帮助孩子克服骄傲自满 …………………………………………… 225
  打造快乐温馨学习型家风 ………………………………………… 227
  让孝成为孩子的立身之本 ………………………………………… 230
  孝敬父母是孝道家风的核心 ……………………………………… 233
  更多培育孩子的感恩之心 ………………………………………… 235
  从小培养爱国思想和情操 ………………………………………… 237
  教导孩子以报效祖国为愿景 ……………………………………… 240
  引导孩子把爱国落实到行动上 …………………………………… 243

第八章 华夏先贤家规家训 ……………………………………… 245
  山东曲阜孔府:诗礼庭训为孔氏子孙画出人生坐标 …………… 246
  范仲淹:一生先忧后乐,千载廉俭家风 ………………………… 248
  林则徐:一代忠贞垂史传 ………………………………………… 251
  张之洞:诗书寄厚望　教诲启后人 ……………………………… 252
  陈廷敬:清贫耐得始求官 ………………………………………… 255
  杨震:"四知"拒金　清白传家 …………………………………… 257
  梁启超:一生家国梦　几代赤子心 ……………………………… 259
  公安三袁:敦厚家风哺育文学三子星 …………………………… 263
  朱熹:落落三百余字　千古"治家之经" ………………………… 266
  纪晓岚:守正规直　诗书传家 …………………………………… 269
  黄庭坚:遗子万金不如教之敦睦 ………………………………… 272
  颜之推:家训之祖　金声玉振 …………………………………… 274
  胡铨:立身忠孝门　传家清白规 ………………………………… 276

朱柏庐：律己修身　　垂训后世 …………………………………………………… 279
张謇：《家诫》传世　　警言流芳 …………………………………………………… 281
杨升庵：一曲诗词传天下　　"四重""四足"教子孙 ………………………………… 283
许汝霖：为官清慎勤　　治家孝俭廉 ……………………………………………… 286
王阳明：家规家训——一盏永远不灭的心灯 …………………………………… 289
何以尚：十二则家训　　十条乡约　　传承相守五百年 …………………………… 293
秦良玉：庭训家规 ………………………………………………………………… 296
诸葛村：百世传颂《诫子书》 ……………………………………………………… 299
汉阴沈氏：勤俭承家风　　清廉为镜鉴 …………………………………………… 301
浙江临安钱氏：一代钱王　　千古家训 …………………………………………… 303
山西闻喜裴氏：《家训》润无声　　《家戒》醒后人 ………………………………… 306

第一章

和睦家风和爱的培养构筑和谐家庭

"修身齐家治国平天下",这是传统儒家观念的终极理想,而达到这一理想的前提是建立和睦的家庭。要建设和睦的家庭,需要严谨的家规和严格的执行。所以,治家时要严,严才能秩序井然,上下有序;居家时要和,和才能父慈子孝,和乐幸福。

治家有方，赏罚有度

严格治家，是中国文化的优良传统，是中国家风的一个特色。纵观中国古代留下来的许多著名家训、家规，就可以看出古人治家如治国一般严厉。

古人治家，是相当严厉的。"国有国法，家有家规"，说明国法和家规在古人眼中有一样的地位。我们在电影中常常会看到古代家族子弟一旦有行为不端者，家长都会请出家法来惩罚。现在我们看来可以当一种娱乐，但在古代，这是每一个家庭都会常见的场景。

现代家庭讲究民主和谐，讲究平等自由。不管是父母亲还是家族长辈，都不可对家庭成员有过多的干涉和约束。但这并不是说现代就没有家教，没有家规，也没有家法了。只要有家庭教育，就不可能没有家规家法，"不以规矩不成方圆"，没有家规家法，如何能治理家庭、教育好子孙？

现代家庭，大多人口少，三口或四口之家，加之现代人最讲究和谐亲密的家庭关系，家规家法远远不如古代严格。很多家庭甚至完全没有规矩，子女可以随便称呼父母之名，父母对孩子的行为也大多放任不管，对孩子极尽娇宠，全无严厉，以至于给现代教育带来了很多困惑和难题，许多问题子女大多是出自娇宠家庭。相反，那些卓有成就的孩子恰恰来自于家规严厉的家庭，所以从子女教育的角度来看，严格一点还是有好处的。一个家庭要是没规没矩，没奖励没惩罚，看似民主，实则散漫，没有丝毫凝聚力，这对于孩子成长和家风塑造都没有什么好处。

现代家庭严格治家，并不是要求像虎妈狼爸那样制定严格到一般人接受不了的家规，更不是像他们那样天天棍棒教子，打骂成才，现代家庭教育孩子的严，严在执行规矩要严和赏罚要严上。

颜之推在《颜氏家训·治家篇》中特别强调在一个家庭的管理中赏罚分明的重要性。他说："笞怒废于家，则竖子之过立见；刑罚不中，则民无所措手足。治家之宽猛，亦尤国焉。"意思是家庭中如果不用鞭挞和怒呵，小孩子的过错马上就显露出来；就像一个国家的刑罚若使用不当，人民也就不知所措了。当然，执行规矩的宽厚和严厉，就像治理国家一样，要有一定的限度。

一个国家需要用法治和奖励来树立和调动民众的敬畏心和积极性,一个家庭也需要有奖罚措施。奖罚分明,既可鞭挞顽逆,又可树立正气,使孩子觉得有规可循,有德可依。但惩罚也要有度,不能经常惩罚孩子,孩子被打骂惯了,会习以为常,不把惩罚当回事,在俗话上讲这叫打疲了,反倒失去了惩罚的意义。

相比惩罚,奖励的意义更大。教育孩子有一个"南风原则",意思是像和煦的春风那样感化孩子。对于孩子的优点,哪怕它很不起眼,也要随时发现,适当给予表扬和奖励。有时候,精神奖励比物质奖励更重要。适时的一句好话,一个抚摸,一个微笑,一个点头,对孩子的激励都很大。对孩子,奖要奖得怦然心动,罚要罚得刻骨铭心,赏罚分明,孩子自然善恶立辨,积极进取。

品读名人家风

周公姓姬名旦,亦称叔旦,周文王姬昌第四子。因采邑地在周(今陕西岐山北),故称周公或周公旦。周公是古代杰出的政治家、军事家和思想家。周公甘愿为国家奉献一切,奋发有为的精神深深地感染了身边的亲人,其良好的家风影响中华民族数千年,也是孔子最崇敬的古代圣人之一,被儒家尊为"元圣"。

家和才能万事兴

中国古代以"和"为最高的价值,"和"是中国传统文化的内在精神,中国传统文化中有着非常丰富的关于和谐、和合、和睦、平和的思想和观念。

"和"也是最重要的齐家之道。古人强调修身齐家治国平天下的统一,把齐家与修身、治国、平天下提到同等重要的地位,《礼记·大学》中说:"家齐而后国治。"家齐是国治的基础,故而古人相当重视家教家风的建设。俗话说"家和万事兴",意思是家庭和睦、家风和谐,家庭就能兴旺发达,繁荣昌盛。和,即为和谐、和睦,是一家门风最好的状态;家庭的和谐、稳定是家族兴衰的根本。因此,古人在教诫子孙后代时,都将维护家庭和谐、和睦作为重中之重。"整齐门内，提携子孙"，讲究夫贤妻顺、父慈子孝、兄友弟恭，塑造和谐家庭。

这样的"和家观"，到今天也一样是家庭和谐的重要内容。和谐的家庭大体上是相同的——尊老爱幼、男女平等、夫妻和睦、勤俭持家、邻里团结。家庭和谐可以化解家庭的内部矛盾，避免将其家庭矛盾激化和推向社会，成为社会不稳定的因素。家庭和谐还可以使得家庭成员在家庭生活中得以缓解社会压力、疏导社会矛盾，避免某些社会矛盾进一步激化。

不和谐的家庭却各有各的不幸：夫妻离异、婚外恋、遗弃老人、虐待孩子，甚至家庭暴力的悲剧时有发生；家庭成员的义务感、责任感有所淡化；邻里关系趋向冷淡和陌生等。过去既有的和新时期家庭伦理道德出现的新问题，为一些家庭蒙上了阴影，也给社会稳定带来不可忽视的严重危害。

以青少年犯罪为例，从犯罪学的角度看，青少年的犯罪都与其家庭环境有着密切的关系，即与家庭结构、家庭教育、家庭气氛、家庭成员等密切相关。一个家庭没有夫贤妻顺的恩爱、没有父慈子孝的亲情、没有兄友弟恭的规矩，就难以有和谐，就会出问题。

正如古人所言："养不教，父之过。"问题家庭出问题少年，这些问题少年最终给家庭带来了巨大的伤害。

一个家庭结构是否稳定，夫妻之间是否和谐，直接影响到孩子的身心发展，就算孩子可能从父亲或母亲那得到各种的关爱，可是在扭曲的夫妻关系下，孩子几乎不会认可这种单边的"爱"。所以，夫妻关系不和或已离异，其孩子会由于安全感不足，导致心理不健康，其情商、修养、行为都会产生问题，有的还会有暴力倾向、攻击性行为，极不利于孩子的成长。和谐的夫妻关系，能够教会孩子如何与他人互动，孩子自然知道分歧如何解决，问题如何进行协商，以及在保证自己利益的前提下如何做决定。

孩子未来对爱情、婚姻、家庭的认识和处理方式，大多来自日复一日地对父母关系的观察和无意识模仿，将来孩子将复制曾经经历的和"学习"来的夫妻关系。所以，良好的夫妻关系，关系到孩子的健康成长与人格的塑造，也为孩子将来的婚姻关系奠定基调。孩子是爱情的结晶，父母情感和谐、婚姻幸福，是孩子成长最好的教育环境。如果夫妻不协调，家长的某些不和谐情绪与行为，就会直接影响对孩子的教育和评价方式。这也给孩子提供了一个攻击性行为或冷战的坏榜样，同时也对孩子进行了错误的人际交往训练，

使孩子误以为冷战、吵架、谩骂乃至打架都是解决冲突的办法。孩子长期生活在不和睦的家庭中，导致其缺乏安全感、归属感，因压力过大而心理失衡，导致孩子产生一系列不良心理，如被抛弃感、自卑感、报复心理、仇恨心理，产生猜疑和不信任等，孩子长大后也会一直有这样的不良心理，毁灭孩子的幸福。

家不和，不仅万事不兴，也会儿女不幸。因为家庭不和，人心离散，"各烤各的火，各扒各的窝"，家庭没有凝聚力，也没有亲和力，家庭成员之间互不关心，感情淡漠，心不往一处想，劲不往一处使，你做你的，我搞我的，怎么可能使家庭兴旺呢？

家和，则万事兴。当一个家庭的所有成员有着共同的观念、情感、情绪、欲求、目标、态度时，这个家庭的人际关系就会非常融洽，家庭生活就会非常幸福。大家心往一处想，劲往一处使，互相关爱，互相依靠，互相帮助，对家庭有共同的依赖，因而在情感体验上往往更能体味家庭温暖，也更能培养出家族的共有心境和心态，更加珍惜家庭的和谐，做起事来就会更加用心、用力。齐心协力、团结和睦，这个家哪有不兴旺的道理？

家和万事兴，古也好，今也好，和睦都是兴家旺家的根本。家庭是否和谐，关系到每个家庭成员的幸福，关系到每个家庭的稳定和积极功能的充分发挥，进而关系到整个社会的健康、稳定。不妨在提高家庭质量方面，经常做些不起眼的"小事"，如经常组织一些家庭活动，在共同的活动中，相互联系，促进关系，互相理解又能互相制约，最后形成共有的家庭心理。如此一来，家人们就能在一起分享各种成功，在一起享受天伦之乐，融洽和睦的家风也就形成了。

品读名人家风

周公辅佐武王、成王两代君王，治家兼治国。为了家，他倾心倾力；为了国，他尽心尽责。每一份嘱托，每一声叮咛，每一句告诫，每一字劝说，背后都是一位长者的默默奉献，都在无形中把爱国亲民的思想向成王、伯禽等传递。这种良好的家风如阳光雨露，使家风之树根深叶茂、硕果累累。西汉贾谊曾这样评价周公："孔子之前，黄帝之后，于中国有大关系者，周公一人而已。"

家庭和谐的主旋律

夫妻关系,是家庭关系的核心。一个家庭是否和谐,关键在于夫妻。在家庭日益小化的今天,夫妻关系对家庭和谐的影响更加突出。可以说,夫妻关系直接决定家庭是否和谐。夫妻间的温馨生活,不但有助婚姻关系和谐,夫妇情感与日俱增,更可以作为子女们的典范,学习怎样建立健康和紧密的人际关系。无尽恩爱的夫妇,将带给对方和家人无尽的动力和欢乐。夫妻间的恩爱就是和谐家庭的主旋律。夫妻恩爱的家庭,一般都是和谐温暖的。

没有和谐的夫妻关系,就很难有和谐的家庭关系。夫妻关系是家庭的核心。所以建设和谐家风,夫妻和谐相处,恩爱甜蜜,是最重要的基础和前提。那么,夫妻如何相处才能和谐,就是建设和谐家庭首先需要考虑的问题。

很显然,夫妻之间相处要相互理解、信任、尊重、宽容。周恩来和邓颖超夫妇提出的"八互"可以说是夫妻相处的"金钥匙",这八互就是"互敬、互爱、互信、互帮、互慰、互勉、互让、互谅"。

一、互敬

夫妻之间生活在一起,要学会互相尊重,每个人都有自己的长处和不足,夫妻间虽然是密不可分的,也要互相尊重。丈夫如果很优秀很能干,在外面可以叱咤风云,在家也应该和妻子是平等的,要尊重自己的妻子;同样,妻子漂亮能干,在家也别趾高气扬、跋扈行事,在家里和丈夫是平等的。夫妻双方都多看对方的长处,互相尊重,才能和睦相处,才会相亲相爱。

二、互爱

夫妻之间要互相关心,互相爱护,互相体贴,嘘寒问暖,才能增进感情,恩爱甜蜜。十年修得同船渡,百年修得共枕眠。夫妻走到一起不容易,要是你不理我,我不管你,从外面回来,不闻不问,出差在外,也不打电话问一问,这样的夫妻关系,很难说和谐。

三、互信

既然相爱,走入了"围城",就要把这"围城"变成温馨和温暖的港湾,夫妻之间都给对方一些空间,丈夫在外边的应酬和交际,妻子别捕风捉影,

猜疑他对自己不忠。妻子和同事或者朋友，偶尔的聚聚聊聊天叙叙家常，丈夫也别猜三想四。互相信任，才会使夫妻之间的感情笃深，才会相亲相爱和和睦睦地过日子。

四、互帮

夫妻本是一体，互帮互助原本就是夫妻间的义务和责任。你有事我不管，我有事你不理，这样的夫妻怎么可能会有深厚感情？互帮互助，不分你我，才能让感情升温保持恩爱。

五、互慰

夫妻好比两条腿，要站稳，要走路，谁也离不开谁，一条腿对另一条腿总是抱怨不休，显然不能保持双腿的平衡。当一方的心情和身体不佳的时候，内心深处是渴望得到爱人的关爱的，当丈夫不顺心，烦恼的时候，这时的妻子就应该像他的红颜知己一样，听他娓娓诉说衷肠，倾诉真情，给他心灵上真正的关爱，让他感到世界上有你做他的妻子是件很幸福的事。丈夫对妻子的关爱也同样如此，让彼此感到家是温暖的港湾。

夫妻之间要互相理解，互相鼓励和安慰，当对方在事业上工作上不顺利的时候，不要冷嘲热讽，唠叨指责，而应当给他鼓励和安慰，夫妻之间要像朋友一样，既是倾听者，又是安慰者，能促膝谈心，敞开心扉、真诚交流，相互理解，做知心的爱人，不做漠不关心的搭伴夫妻。

有困难也是夫妻要面对的考验。生活之路坎坷，家庭总会面对各种各样的挫折和打击，这时候更加需要夫妻之间相互勉励和慰藉，才能顺利渡过难关。

六、互勉

夫妻婚后不要仅限于小家庭生活，而要走向广阔的社会天地，不可放弃学习、工作和事业。只要爱情不要事业，这样的爱情是庸俗的；只要事业不要爱情，则失去了应有的人生乐趣。在事业上只有相互帮助和支持，互相勉励，才能使对方产生感激之情，激发更深沉、更细腻的爱。

七、互让

婚姻是舒服着的烦恼，有矛盾正常得很，怎么解决矛盾才是重要的。这就需要夫妻互相礼让，不必事事想着要占上风，争赢头。家庭是讲爱的地方，不是讲理的地方，有时候有理也要让一让，更有利于爱的升温。如果处处争上风，夫妻只会吵架，难有和谐，因小失大，就得不偿失了。

八、互谅

夫妻之间真诚相待，真诚交流，夫妻生活在一起难免有磕磕碰碰，难免有不顺心、不快乐的事，要学会谅解，有宽容之心。试想，面对这个世界上最亲密的人，还有什么不能原谅和宽容呢？用真诚换真心，用真情换幸福，夫妻之间有什么事不要藏着掖着，这样的结果既伤感情又互不信任，谁都希望牵手到白头，那就互相真诚地对待对方，让真情永存。

夫妻和谐，家庭就有了和谐的最稳定的基础。所以要打造和谐家庭，一定要从夫妻关系开始，做一对恩爱和谐的夫妻。

品读名人家风

岳飞（1103—1142），字鹏举，北宋相州汤阴（今河南省汤阴县）人。古代著名的军事家、书法家、抗金名将。其母姚太夫人在国家危亡倾覆之际，励子从戎，教诲其尽忠报国，成就了岳飞百世芳名。岳飞本人教育子女也很有方法，深信"玉不琢，不成器"，要求长子岳云从小在军中生活。在岳飞严格教育下，岳云严于律己，也成为一代名将。

珍惜兄弟姐妹手足亲情

世界上亲人之间相处最长远的要数兄弟姐妹，他们是从小到老，一辈子都血缘不断，亲情不变。其相处时间超过了夫妻，也超过了父子母子。一个家庭能否和谐幸福，兄弟姐妹的关系也占据着举足轻重的地位。兄弟姐妹间互相体贴关心，互相帮助，长爱幼、幼尊长，产生矛盾时互谅互让，家庭必然和谐。生活在这样的家庭环境中，必然觉得心情舒畅，十分幸福。然而，兄弟姐妹天天相处，不出现矛盾和纠纷是不可能的。和睦家庭的兄弟姐妹总是能以爱心轻松化解这些矛盾，兄友弟恭、姐疼妹爱，保持手足亲情不变味。

在中国历史上，也有一些人不顾手足情，不珍视兄弟缘分、为了自己的私利而把自己的兄弟看作不共戴天的敌人，甚至欲置其于死地。这样的家庭大多人心离散，各怀心思，难以和谐，只会受到人们的谴责和鄙视。像三国时期曹植作《七步诗》的故事，就是兄弟相残的辛酸之泪。

现今社会之中，曹丕这种人大有人在，兄弟阋墙，姐妹争斗，导致家庭不和，家族分裂。某些人为了争夺财产不惜与兄妹翻脸闹上法庭，或为了某点小小利益兄弟之间各不相让甚至大打出手。也许财产争夺到了手中，但那份美好的人伦之情却被破坏殆尽，这其实是多少财产也补不回来的。

兄弟姐妹要和睦相处，就要懂得珍视这份手足之情，今生能做手足，是最大的缘分，兄弟姐妹之间，有什么不能容忍的呢？

一、相互谦让

兄弟姐妹之间矛盾的激化，从时间上来说，大多发生在各自成婚之后。婚前，兄弟姐妹们围绕着"父母"这个家庭中心，各方面的利益基本一致，而且热爱父母的共同心态使大家自然亲密；婚后，大家各为各家，利益的中心发生了转移，感情虽深，但是骨肉之情也不免淡化了很多，容易出现矛盾。在这些情况下，兄弟姐妹之间的谦让显得十分必要。小的时候，我们可能因为读过"孔融让梨"的故事会将一个梨子、一粒糖果，让给自己的兄弟姐妹们吃。为什么我们不能保持着这种谦让的精神，在十年、二十年、一辈子之中都对手足之情持这种谦让之态呢？兄弟姐妹之间，应该见利不争，见害不避，必然一团和气，亲密无间。

二、相互帮助

兄弟姐妹虽然是同父同母所生，但在智力体力方面，仍会有差异，在未来的成就上也有所不同。有的富贵，有的贫贱，总需互相帮助与扶持。朱柏庐《朱子治家格言》说的"兄弟叔侄，须多分润寡"，就是这个意思。兄弟姐妹能互相帮助，就能互相合作，所以俗话说"兄弟同心，其利断金""打虎亲兄弟，上阵父子兵"。

三、互相关爱

在家庭里，哥哥姐姐应爱护弟弟妹妹，关心弟弟妹妹们的思想、学习和生活。当弟弟妹妹有了错误时，不要在父母面前斥责他们，以免伤害他们的自尊心，更不能经常在父母面前"告状"，而引起他们的反感。如发生矛盾，一般以当"和事佬"为宜，切不可偏听、偏信、偏袒任何一方，以免加深矛盾。长大成家后，兄弟姐妹分住，则须经常聚一聚、谈一谈，多走动，多亲近，增进彼此感情。

四、相互劝善规过，进德修业

兄弟姐妹间有手足之情，相互影响很大，凡事最好商量，最易合作共事。

但不可狼狈为奸，互陷于不义。当兄弟姐妹做错事时，要劝善规过，切不可同流合污。

总之，今生能做同胞兄弟姐妹，是上苍赐给每个人的缘分，请珍惜这份愈来愈珍贵的情分吧！兄弟姐妹血脉相同，生于同根，长于一屋，一奶同胞，这种江海深情是其他任何关系也无法代替的。兄弟姐妹和睦团结，家庭当然也会亲情暖暖，爱意融融，和和美美，幸福无尽。

品读名人家风

"尽忠报国"，多么荡气回肠的四个字！这里面包含了岳母的殷切期望，也为后世父母所赞颂。一次小小的训练，岳云马失前蹄，便挨了一百军棍，可见岳飞对岳云的严格管教。"将门出虎子，父子两代英雄"，可惜，后来父子俩遭秦桧等奸臣诬告，在风波亭双双遇难，但其爱国精神永存。

贵在上慈下孝的和谐

古往今来的家庭中，婆媳关系是比任何家庭关系都难以处理的关系，却又是直接关系到家庭和谐与否的重要因素。和谐的婆媳关系是稳定家庭的重要基础之一，很多家庭不和谐主要就是因为婆媳不和，然而"婆媳是天生的冤家"，婆媳之间有很多原因导致相处困难，以至于从古至今，婆媳关系都是中国家庭中一个"剪不断、理还乱"的传统难题。"清官难断家务事"，除了婆媳之间的自我调适，谁都难以全面解决这个难题，即便是在今天，婆媳关系也是家庭关系中最令人头痛的一种。

常言道："家家有本难念的经"，婆媳关系就是其中最难念的那一本。其实婆媳相处之道，说难很难，说容易也容易，只要婆婆媳妇都把好一个原则，就一定可以相处和谐，其乐融融。这个原则就是：上慈下孝。

上不慈，下不孝。做婆婆的，是长辈，首先要有高姿态，做一个慈祥、有爱、善意、亲切的婆婆，自然能得到媳妇的孝顺，家庭的和睦。婆婆要学会放手，要想得开。孩子已长大成人了，可以自己做决定了，做长辈的就要心甘情愿地把自己的角色由"家长"转为"顾问"，别事事替他们做主。少插手孩子们的事情,对他们的决定少给"不请自来的忠告"。特别是对儿女的婚姻或对孙辈的教养问题过度干涉,不但没有助益,往往反而会使问题恶化。

不要老用"想当年"来与现在的年轻人比较,更不要在外人面前说媳妇的闲话,多替儿子的幸福着想,有什么能比儿子媳妇恩恩爱爱更能使家庭稳定和睦?若真是儿子媳妇因着公婆的缘故分离,不仅老人家不能安享晚年,更影响到孙辈的健康成长。将心比心,多体谅媳妇,为媳妇分忧,而不是添乱;常在儿子面前赞扬媳妇,话传到她耳朵里,媳妇一定会对你多一分敬重。

当然,婆媳关系的关键还是媳妇,所以搞好婆媳关系,媳妇也要有好心态。从辈分上来说,媳妇是晚辈,应该孝顺长辈;从身份上来说,媳妇掌握一定的经济权力,是缓和彼此关系的主动者。因而媳妇更有义务将婆媳关系处理好。

一、媳妇要孝顺宽容

如果媳妇对婆婆能够像对自己的母亲一样孝顺、尊敬,那么婆媳之间的矛盾应该就已经缓解了一半。做媳妇的要尊重、关心婆婆,遇事多和老人商量,尽量做到经济公开,给婆婆一些零用钱。每逢节日或婆婆生日,要记着给婆婆准备点礼物。平时媳妇给自己的母亲送吃的、用的,最好同时给婆婆准备一份。经常做一些婆婆爱吃的食物,一家人同桌吃饭,要注意先把好菜给婆婆,不能只顾自己的孩子和丈夫。要尊重、关心婆婆,还必须学会适应婆婆。婆婆在思想上、生活上、习惯上有时难免和媳妇不同,媳妇常常不易理解婆婆的习惯,所以一些举动常会引起婆婆的反感,从而引起婆媳不和。在这种情况下,媳妇要注意控制自己,尽量照顾老人的性情和习惯。

二、儿媳要学会善解人意,多为婆婆着想

不要凡事都只替自己打算,要多站在婆婆的角度来考虑,理解婆婆,体谅婆婆,善待婆婆,关心婆婆,爱婆婆,婆媳关系自然会好得多。

人心都是肉长的,多体谅多理解,多为对方着想,关系一定会越来越好。

三、嘴巴甜一点,心地善一点

有些儿媳,跟自己的母亲能够滔滔不绝地说个不停。在婆婆面前却无话可说,两人之间老感到特别别扭。要缓和这种气氛,你要学会主动亲热,在婆婆耳边多吹点"甜"风,多说"蜜语"。比如,多叫几声"妈"。儿媳的一声"妈",可以给婆婆带来无限温暖。可有些儿媳的甜言蜜语特别宝贵,轻易不肯叫出口;也有一些儿媳,干脆学孩子的口气,称婆婆为"孩子他奶"。跟

婆婆分居的儿媳妇，大多数是进婆家门时叫一声"妈"，出门辞别时说一声"妈，我走了"，仅此两声，似彬彬有礼，但亲热不够。如能把拉家常和称呼交织在一起，气氛就会好得多。你不妨这样说："这几天怪冷的，妈，您只穿这些太少了，可不要着凉啊。""这么细的针都能穿，妈眼神真好！"相信婆婆一定发不了火了。

四、给婆婆留面子

对于婆婆来说，如果能听到周围人说一句"你家儿子、媳妇真孝顺"，心里就跟吃了蜜似的甜。因此，媳妇们有事没事就多往婆家走动，时不时地给老人添置些物件。比如衣服就是很合适的选择，婆婆穿着儿媳妇买的衣服走出去后，可以博得众人的羡慕，这样可以很容易满足老人的"虚荣心"。老人图的不是媳妇能给他们买多少东西，但从这些物品上他们也能感受到媳妇的孝心，从而更能增进彼此之间的感情。

五、学会忍让

生活中总会有一些争执的事情，这时候"忍"很重要。当发生争执时，做媳妇的一定要面对事实，冷静分析，不先入为主，克制自己的行为和语言，用一颗包容的心对待婆婆，换位思考，理解和体谅对方的难处与苦衷。

当然，婆媳关系并非媳妇的孝心就能解决一切的，还需要老人的正确对待、理解和包容，但媳妇是主要的。相信世界上没有那么多的"恶婆婆"，只要媳妇首先做到孝顺、宽容、体贴、谅解，婆婆也一定会对媳妇关心、爱护、理解的。上慈下孝，互让互谅，婆媳融洽，家庭也就和谐幸福了。

品读名人家风

陈嘉庚（1874—1961），福建厦门人。近代著名的爱国华侨领袖、企业家、慈善家、社会活动家、教育家。陈嘉庚出生于华侨世家，深受勤劳善良的母亲影响。他热衷于家乡的公益事业，倡导诚毅精神，即嘉庚精神，子女们也深受影响，事业有成，让优良家风继续传承。

和谐邻里要宽厚大度，互帮互助

和睦的家庭不仅家庭内部和谐，与亲戚朋友和邻里之间也是相处和谐、亲切和睦的。俗话说"远亲不如近邻"，大多数时候邻居与我们共处的时间远远超过亲戚，而且邻居"近在咫尺"，邻居的适时帮助、体贴照顾，最能解燃眉之急，故而邻里关系有时比亲戚关系更重要，邻里之间，抬头不见低头见，总是在一起，如果关系不好，不团结，有矛盾，势必影响心情，也影响家庭气氛。

邻里相处最重要的就是宽厚善良，互相体谅；最忌讳的就是仗势欺人、争斗抢夺，这样只会让邻里关系变僵，也使厚道家风变味。邻里有纠葛、有矛盾，是正常的，处理这样的矛盾一定要心怀善意，宽厚为上。善良之家一般都与邻里相处和睦，与邻为善，亲善邻里，互帮互助，互尊互敬，不过于计较一时一地之得，而与邻居之间互谦互让，反而更能加深邻里和睦，体现善良之家的宽厚大度。

这就是邻居相处宽厚谦让传下的佳话。古语有语："塞翁失马，焉知非福？"在争夺小利小惠时，难免伤了邻居和气，何不保持宽厚，站在对方的立场上，多为对方想一些？大度谦让，大家都会互相谅解，和睦融洽。"六尺巷"的故事能成为口碑，不正好说明了这一道理吗？

邻里友好、互帮互助也是千古传下的传统。《诗经》里"凡民有丧，匍匐救之"的诗句，描述了一位普通妇女在邻里遭遇凶祸时尽力救助的动人情景。居家过日子，总有出现困难的时候，这时大家必须互相帮助，才能渡过难关。

现实生活中，有许多人的行事原则是"各家自扫门前雪，休管他人瓦上霜"。这样一来，既不得罪别人，也把自己的事处理得井井有条。可是，既然自己有余力，何不多扫几处雪？在把握邻里关系中，这是很重要的一点。人们都希望在自己困难时，有人伸出援助的手，在邻里之间，也同样需要有这样的互助意识，才能融洽邻里关系。

互帮互助，原本就是中华传统美德，也是邻里相处之道。特别是在如今钢筋水泥的建筑中，人们的情感越来越冷漠，有一个好邻居，如同自己多了一个良师益友，有一种好的邻里关系，更让自己受益无穷。

邻里之间，互相帮助，才能让自己从中受益，这点人们并不难理解，但是仅仅有这种意识远远不够，必须将思想与行动相结合，靠自己用心点滴积累。比如，有的邻居工作和学习很忙，时间比较紧，或家中人手少，有孩子拖累，你要是上街买菜，不妨主动问一下邻居买什么菜，顺便帮邻居买回来；有的邻居有客人来访，而碰巧家中无人，在弄清对方身份的前提下，或请客人留张纸条，或将客人引入自己家中稍候；如果邻居家有人患病，要表示慰问，并主动帮助请医生或护送住院；假如邻居因公出差，可以适当地应邀帮助照顾家里，诸如买粮、买煤等；邻居若是全家出了远门，也可帮助照看家，义务为邻居防火防盗；邻居如果发生了突发性困难，在钱粮和物品方面应主动帮助，以济邻居一时之难；邻居家里吵架生气，或遇到烦恼、伤心的事求助于你时，不应袖手旁观，应主动去劝解和开导；在邻居结束繁忙的一天，疲惫地归来时，打声招呼，也许这些简单问候就立刻让人倍感温馨……

经过长时间的积累，心与心的距离将会越来越近，这样当你遇到困难时，大家也会用心来帮助你。于是，和睦的邻里关系产生了，和谐的家风也形成了。

品读名人家风

嘉庚精神即诚毅精神，"诚"是指诚心待人，对国家、民族忠诚："毅"贵在坚忍不拔，持之以恒，不畏险阻，勇往直前。纵观陈嘉庚光辉的一生，他一直在秉承着诚毅精神。他通过个人奋斗积累了巨额财富，但都用于投资办学，献给了国家和人民。后人在其精神的照耀下，继续书写传奇。嘉庚精神至今影响的不仅是他的后人，也影响着每一个炎黄子孙。

教育子女要得法，切忌打骂

除了言传身教，监督和惩戒也是家教的重要内容，家风传承和延续的重要方法。古人对于惩戒的作用是非常重视的，提倡"棍棒之下出孝子"。特别是对于儿孙的教育上，讲究从小开始，严加管教，"小树不扶，大树扶不直"。

很多大家族还有专门的惩戒条律和规矩，以匡正错误的言行，确保儿孙的健康成长。

"小惩小戒，大惩大戒。"我们大概都记得小时候做了错事时被父母打得最严厉或是管教得最厉害的一次，并肯定此生再也不会犯同样的错误了。可见惩戒的作用还是很大的。近些年冒出的"虎妈狼爸"，都是以家规异常严厉著称，但孩子却无一例外都很有出息，对我们也应当有所启示。

当然，"虎妈"和"狼爸"的教育方法还是存在很多争议，并不值得我们每一个家庭都效仿。专家认为，虎妈狼爸的教育方法并不适合所有的孩子，而且长期对孩子实行这样的教育，会对孩子的心理产生不良影响，因为这本质上是一种用暴力强迫孩子服从自己的意志的行为，打骂的教育方式只会让孩子懂得服从，会让孩子变得没有独立思想，虎妈狼爸培养出来的很可能是羊子、羊女。长期的殴打会使孩子心理扭曲，成为一生的阴影，甚至走上犯罪道路，还有的会产生厌世心理，以自杀结束生命。长期的压抑与屈辱，终有一天会爆发出来，后果是无法预料的。

棍棒下面出不了孝子，教育要因人而异，以爱为主，引导和启发孩子向着我们希望的方向发展，而不是以棍棒强迫他们朝着这个方向发展。当然每个家庭的情况不一样，每个孩子的性格不一样，教育的方式肯定也会不一样。有的孩子要严苛一些，有的孩子却需要以爱和鼓励为主，家长要因人而异。

但是，虽说棍棒下面出不了孝子，我们不提倡在家教中打骂孩子，提倡尊重孩子的人格和人权，但真正做了错事，适当的惩戒还是必要的，这会让孩子从小就明白，这样做是不对的，是需要改正的。凡事放任自由，不管不问，娇惯宠溺，更不会出孝子，只会出逆子，这也是我们在讲求家庭和谐时要特别注意的。

品读名人家风

黄炎培（1878—1965），号楚南，字任之，笔名抱一，江苏省川沙县（今属上海市）人。近代著名的民主革命家、教育家。黄炎培把毕生精力都奉献给了中国的教育事业，也是中国学校体系的奠基者。他教导子女不但要爱国，还要尊重农民、爱身边的人。心系祖国、关爱他人是黄炎培家风的体现，更是他一生恪守的人生信条。

一定要成为孩子的知心朋友

给孩子一个温馨、快乐、和谐、安宁、充满爱与关怀的家庭环境，对于孩子的成长无疑是至关重要的。一个美满、和谐、幸福的家庭给予孩子的爱、关怀和温情，是任何金钱都比不上的。所以，父母要学会做孩子的朋友，与孩子交心，把爱作为至高无上的原则。

爱是生命中最好的养料，哪怕只是一勺清水。让孩子多一点自信和勇气，多给孩子一点支持和鼓励，这是孩子的精神力量所在。父母对孩子的态度是十分重要的，不管时代如何变化，把握一条即"我永远爱孩子，理解孩子，尊重孩子，与孩子一起成长"，就能成为孩子的知心朋友，与孩子一同成长，和谐相处。

一个孩子说："父母是权威的象征，使人不敢冒犯，他们常常拿'大人的事，小孩子别管'来回绝我，拿'没大没小''没分寸'等话语压制我。当我真诚地提出要与妈妈做朋友时，妈妈感觉这好像是'天方夜谭'，不可思议。"

孩子需要朋友，大人也需要朋友，为什么父母不能与自己的孩子成为朋友呢？父母在家庭中的角色不是裁判，不是警察，而应该是与孩子共同成长的朋友。

父母尝试与孩子做朋友，其实并不困难，只要能够满足孩子希望受到平等尊重的愿望就可以了。孩子希望父母把自己当成朋友，平等对待，相互尊重。

努力给孩子营造一个宽松的家庭环境。不要以长辈的身份"审问"孩子，应该以朋友的身份理解孩子，耐心倾听孩子的想法，然后以朋友的身份商量解决问题的方法，给孩子营造一个平等、民主、宽松的成长氛围。

不在众人面前批评孩子。孩子在成长的过程中，会有自己的烦恼和困惑。每个孩子都会犯错，他们犯错后隐瞒父母，是为了逃避责骂和惩罚。面对孩子显而易见的谎言，父母的内心不管有多愤怒，都要控制自己的情绪，信任孩子，不要直截了当地揭露孩子，要采取孩子能接受的方式教育他。现在的孩子自尊心都很强，当孩子有缺点、毛病的时候，如果在外人面前进行训斥，不但会给孩子的心灵带来创伤，而且容易造成逆反心理，反而不利于孩子改正缺点和毛病。

与孩子培养共同的爱好。培养与孩子共同的兴趣和爱好，是与孩子进一步沟通、拉近距离的催化剂。孩子喜欢足球，喜欢某个明星，你在与孩子谈论某场球赛、某个明星的过程中，给孩子拓展一些做人的道理，相信一定会潜移默化地对孩子产生影响。只有这样，孩子才会毫无顾忌地和你高谈阔论，你就不会为和孩子"没话题"而苦恼了。

经常鼓励表扬孩子。对孩子的表扬，会让孩子心理上认为你与他是同一线上的，是对他的认同，孩子的心情都会愉悦起来，从而增加自信心。经常表扬孩子。特别是当着众人的面儿表扬自己的孩子，会给孩子莫大的鼓舞。停止唠叨不休的责骂，不妨多给孩子一些鼓舞，你的孩子一定会在你的赞扬声中逐渐成熟与进步。

尊重孩子的隐私。孩子虽小，也有自己的思想，请允许孩子在内心深处留有自己独立的空间。给孩子一个属于自己的小天地，让他们保留自己的小秘密。家长充分尊重了孩子的隐私，孩子会感觉自己的父母是个善解人意的人，同时也会向你敞开心扉。

充分理解信任孩子。别总把孩子看成什么也不懂的小孩儿，随着年龄和阅历的不断增长，孩子的世界观已经逐渐成熟。父母要充分相信孩子，遇事要放手让孩子去做，从而培养孩子多方面的能力，家长只要进行把关，正确引导孩子即可。

在与孩子的交往中，没有任何虚假。这就要求父母能客观地意识到自己在想什么、感受什么以及做什么。除了自我意识，真诚还意味着向孩子敞开你的思想和感受。当你的工作没有做好时，你可以说你很灰心。如果对孩子很生气，直接对他表露这种感受比用隐讳的方式更好。

敢于向孩子承认错误。包括准确地承认自己的弱点和错误。在教育孩子的过程中，难免会出现一些错误。如果对这些过失的发生，能对孩子用疏导讲理、慈爱的态度来解决，那么他们就能够接受，可以增加孩子的信任，并激发他们自己寻求答案的愿望。

总之，和谐家庭中，父母和孩子之间不是主人与奴隶的关系，而是一种平等、尊重、关心和信任的友谊关系，要尊重与理解孩子，互相爱护、互相了解，这样才能赢得孩子的信任与友谊，真正成为孩子的知心朋友，共筑家庭的和谐和幸福。

品读名人家风

黄家重视家庭教育、课子严格的家风，被黄炎培继承下来。其教育理念深深影响了他的子女，他恪守的"心系祖国，关爱他人"的理念也成为下一代恪守的家训。为国，他全力以赴；为家，他张弛有度。黄炎培一点一点积攒下来的，是儿女的敬佩，是国人的景仰。

好家风是给孩子最好的礼物

苏联教育家苏霍姆林斯基曾经说过，儿童就好比天然大理石，要想把他们变成千姿百态的雕像，就离不开六位雕塑家的塑造。哪六位雕塑家呢？他们分别是家庭、学校、集体、儿童自己、书籍、偶然因素。苏霍姆林斯基将"家庭"这位雕塑家放在首位，足可见家庭教育、家风影响对孩子成长的重要性。

家风营造的家庭环境，是家庭教育的无形资产，是儿童成长最初的精神食粮。在家庭中，父母的影响和教育可以让孩子获得最初的生活经验、社会知识和行为规范。良好的家风能给孩子提供丰富的人生养料，良好的家风是父母给孩子最好的馈赠。

吴心海是著名学者吴奔星的儿子，他在回忆自己的父亲时说，父亲从来不会特地嘱咐子女一些教诲，而是通过自己的言传身教，比如，在家里营造出书香气息，以影响子女热爱阅读、热爱学习、珍惜书籍、珍惜字纸。

吴心海说，1974年有人曾拿着金条向父亲购买一批外国文学书籍，因为当时正值"文化大革命"期间，很多外国文学书都被毁掉了，因此，外国文学书籍非常少，这才有人不惜重金购买。面对黄澄澄的金条，父亲一口回绝，因为他自始至终都视这些书籍为宝贝。

父亲去世后，吴心海细心地保存了父亲的手稿、书信、书籍，连一张纸也没有卖过。不过在整理、出版父亲遗留的一些文史资料时，吴心海发现有一些文人的后代，往往为了金钱而选择在长辈去世后将其手稿、收藏书等出售，这样一来，家学上所承载的家风自然就断裂了。

在父亲营造的热爱阅读、热爱学习、珍惜书籍、珍惜字纸的家风下，吴心海受教颇深，这为他后来沿袭家学、继承家风打下了坚实的精神基石。这个事例告诉我们，父辈营造怎样的家风，就会培养出怎样的孩子；父辈馈赠给孩子怎样的家风，后代在为人处世的一言一行中，都会生动地将这些家风表现出来。

俗话说："近朱者赤，近墨者黑。"父母与孩子生活在同一个屋檐下，其近自不必说，不管父母是"朱"还是"墨"，都会给孩子起到示范作用。那些整天沉迷于打麻将、酗酒、游戏的父母，他们在孩子心目中的威望有多高呢？他们对孩子的说服力有多大呢？其结果往往是上行下效，孩子不爱学习，沉迷于游戏和玩乐。

有些家庭生活条件颇为丰裕，高档家用电器一应俱全，却闻不到"书"香，更见不到"书卷气"。父母只要求孩子"好好学习"，却不要求自己"天天向上"，比如，父母在家上网、看电视，并为电视中的剧情尖叫，却要求孩子闭门学习。在这种环境下，孩子怎么能学进去呢？

其实，每个孩子的成长都是有规律的，其素质的养成、人格的培养、品行的塑造，与家风有着直接的关系。如果父母营造充满仁慈、有爱心和责任感的家风，那么孩子日后也会成为仁慈、有爱心、有责任感的人；如果父母营造勤劳、积极、上进、求学的家风，那么孩子也会变成乐观向上、积极追求、乐于学习之人。总之，好家风是给孩子最好的馈赠，你想让孩子成为什么样的人，就要给孩子提供相应的家风。

家风教育具有细致入微、润物细无声的特点，它就像屋檐上不断滴落的雨水，一点一滴地击打在屋檐下的岩石上，天长日久，慢慢地磨去岩石上的棱角，使岩石变得非常圆润光滑。家风对孩子的影响和教育，就像大自然对于巨石的"雕刻"，在大自然的鬼斧神工下，巨石才能不断被精雕细琢，最后成为一道奇特的自然景观。

品读名人家风

钱玄同（1887—1939），原名钱夏，字德潜，号疑古、逸谷、玄同，浙江吴兴（今湖州市）人。近代著名的语言文字学家、新文化运动的倡导者之一。钱玄同的渊博学识在学界享有盛誉，他甘愿为祖国奉献一切、奋发有为的精神深深影响了子孙，形成钱家"三世英杰齐报国"的良好家风。

人和氛围是家庭爱的核心

每个孩子来到这个世界，命运都归属于一个特定的家庭，家庭便是他成长的第一环境。随着孩子逐渐长大成人，他要走向幼儿园、小学、中学、大学以及社会，他一步步融入更广阔的世界，但是家庭仍然是他们最贴心、最温暖的港湾，家庭对他们的影响永远是最深的。要想让这个最重要的成长环境带给孩子最积极的影响，家长就应该努力创造一个和谐的人际氛围，营造"人和"的家风。在这样的家风下，孩子才能感受到父母最贴心的爱，才会健康快乐地成长。

孩子的心灵最初都像一张白纸，生活在什么样的环境里，白纸上就会印上什么样的痕迹，孩子也会相应地成为什么样的人。正如英国著名的教育家斯宾塞所说："野蛮产生野蛮，仁爱产生仁爱。"如果你给孩子创造了一个"人和"的氛围，孩子就会变成善良、友爱的人，人和的家风是培养孩子善良性格的最好手段。

有一位中年妇女突然患病瘫痪在床，医生认为这病很难根治。丈夫夜以继日地照顾她，几乎心力交瘁。九岁的儿子原本不会洗衣、做饭，但在家庭遭遇变故时，他也学会了承担家庭责任，学会了洗衣、做饭。在学习之余，用幼小的肩膀承担起家庭的责任。

在重病的摧残下，女人面黄肌瘦，心情极其痛苦，几次想一死了之，免得拖累丈夫和孩子。但是丈夫严肃而认真地对她说："你不要胡思乱想，我们虽然很辛苦，但我们愿意承受。你活一天就是我们的快乐，希望你坚强起来，我们三人一起与病魔做斗争。"

不论什么时候，相亲相爱的情感氛围都是家庭中的无价之宝，不论什么时候，家人之间关系和谐，家庭就有爱的力量。这种力量可以使人内心瞬间成熟起来，可以使人有战胜困难与挫折的勇气，它是一个家庭的核心。如果有一天，这种氛围由浓减淡，直至消失了，那么家也就名存实亡了。这个时候，最大的受害者莫过于年幼的孩子，失去安全感的他们会感到惶恐，会感到害怕。

老公的一位同事告诉他，有一段时间，他工作出了差错，造成了较大的经济损失，为了弥补损失，他连续加班多日。回到家里通常很晚，情绪也比较低落，经常发无名火，无缘无故地责怪妻子。妻子体谅他，总是忍着泪不吭声。但是他们八岁的孩子却看在眼里，心生担忧。

一天晚饭之后，他正在房间里看报纸，忽然抬头，发现儿子正在房间门口徘徊，时不时望着他。他问儿子："你有什么事？"儿子说："我有问题问你。"随后，儿子一本正经地说："爸爸，你是不是变心了？是不是不爱妈妈了？"

他不断地强调自己没有变心，父母感情没有问题，孩子才沉默地退出去。原来孩子班里有个同学的父母离婚了，那个同学告诉他：他的爸爸妈妈离婚之前，就是先彼此讨厌、板着面孔，无缘无故地争吵，老是发脾气。

这个孩子为什么会担忧父母的感情出问题呢？因为他从父母的交往中察觉到了异样，原来和谐相处的他们，如今变得动不动就发脾气、打冷战，这种变化让他敏感地意识到父母的感情出问题了，所以才会忧虑。由此可见，家人的关系一旦出了问题，孩子就难以感受到爱了。这也启示我们，在孩子成长的过程中，父母要承担起建设和谐家庭氛围的主要责任，即便彼此之间真的有矛盾，也不要轻易在孩子面前表现出来，以免给孩子造成不良的影响。

品读名人家风

自强不息，奋斗不止。用学识振兴中华，用科技报效祖国，这便是钱氏的家风，一家三代人才辈出，爱国精神永存。钱家人从来没有刻意地说过要爱国，要奉献，但一代代人行动，已渗透了浓浓的爱国之情，值得每一个中华儿女敬仰、学习。

家庭活动拉近亲子关系

现代社会，很多父母一边忙于赚钱养家糊口，一边督促孩子努力学习，

家风是最好的教育

争取考得高分,在这种现实和功利心理的驱使下,父母赚钱疲惫,孩子学习疲惫。疲惫之余,家庭生活也变得异常单调,大人每天下班回家,除了看电视就是上网;孩子放学回家,除了做作业,就是看动画片、玩游戏。长期闷在家这么大的空间里,让人感到无聊至极,是不是有一种方式,可以让家庭生活变得丰富多彩、趣味横生呢?是不是可以通过某些活动,进一步拉近亲子关系呢?答案是肯定的。在揭晓这个答案之前,先讲一个亲身经历的教育故事,透过这个故事揭示答案,大家的印象会更加深刻。

几年前,有一对夫妇带着上初一的儿子来咨询我,原因是他们的孩子染上了网瘾,无心学习。每天逃课去网吧打游戏,放学回家玩电脑,父母想过很多办法去制止,但都以失败而告终。

比如,不给孩子零花钱,但孩子会向同学借,借了之后被同学讨要,家长不还不行。同时,家长也怕孩子没钱了去偷、去抢,所以,家长不敢彻底切断孩子的经济来源。再比如,把家里的网线撤掉,这样一来,孩子经常放学后在外面玩,到了很晚才回来。

由于长期省吃俭用、熬夜玩游戏,孩子的精神状态非常糟糕,可以说是精神萎靡、面黄肌瘦。我问这对夫妇是从事什么工作的,他们说是做服装批发生意的,两人每天一早就出门忙生意,晚上八九点才回来,严重忽视了对孩子的管教。我当即指出,这就是孩子迷恋网络游戏的一个重要原因。

最后,我告诉这对夫妇:"最好能够平衡一下家庭与事业,比如,下班能够早一点,大概与孩子同一时间或比孩子晚一点回家。这样孩子回到家里,父母也差不多回来了,既可以督促孩子学习,又可以增加与孩子的交流,让孩子感受到家庭的热闹。另外,很重要的一点是,多开展一些家庭活动,让家庭生活丰富多彩一点,把孩子的注意力转移到这些活动上,这对帮孩子戒除网瘾非常有帮助。"

很庆幸的是,这对夫妇认真听取了我的建议,而且严格执行了我的建议,三个月之后,他们打电话给我,说他们孩子的网瘾减轻了很多,孩子的精神状态和对学习的热情也有了非常好的改观。

在这个家庭教育案例中,我提到了很重要的一点:多开展家庭活动以丰富家庭生活。我之所以认为这一点重要,是因为我小时候的生活对我造成了很大的影响。

小时候,我经常跟着爷爷去河边捡鹅卵石,去河边摸虾抓鱼,有时候跟

着爷爷去钓鱼。每当春季,爷爷、爸爸、妈妈还会带着我去乡下的山上采竹笋,到了夏季则是摘杨梅,在这些过程中,我与大自然有了亲密的接触,我认识了很多植物,丰富了自己的知识。同时,我与家人的感情也越来越深。

后来我长大了,家庭生活水平提高了,我和丈夫经常在周末去周边的郊区旅游。当成成、果果三四岁的时候,我们经常全家出去旅游,比如,到户外钓鱼、野炊,去登山、漂流,开展野外采摘活动。有时候我们会拉上亲戚朋友,每次出门就是一大帮子人,队伍十分庞大,有孩子的带上孩子,孩子们在一起玩得特别欢乐。

北京师范大学心理学院教授邹泓曾经说过:"带孩子到大自然中去,有条件的可以外出旅游,也可以周末到郊区让孩子亲近自然,这不仅有益于孩子的健康,培养孩子热爱生命的情感,增长孩子的知识,也增加了亲子沟通的机会。"儿童教育专家张原平也说过类似的话,他说:"孩子在旅游的过程中可以了解到地理、历史、建筑、文学、民俗等多方面的知识,还能增强体质,磨炼意志,而亲子旅游更是一个相互学习、沟通情感的好机会。"

在旅游中,大人和孩子的情绪都处于愉悦、放松的状态,平时在家庭生活中引起的小小不愉快,很容易在旅游活动中烟消云散。在旅游过程中,父母可以更多地了解孩子的内心,加强亲子沟通。如今孩子学习负担重,如果家长能够经常带孩子出门旅游,去接近大自然,去欣赏祖国的大好河山,不仅有益于孩子的健康,还能培养孩子热爱生命的情感,增长孩子的见闻和知识。

关于这一点,在《卡尔·威特的教育》一书中,也有十分典型的体现,老卡尔这样写道:

每逢节日,我都要带儿子到田野里去,摘下一朵花,拔下一棵草,砸碎一块岩石进行观察,窥视小鸟的窝,观察小虫的生活状况等。我利用这些实物向儿子讲述各种有趣的故事,涉及动物学、植物学、矿物学、物理学、化学、地质学、天文学等几乎所有的科学领域。儿子非常喜欢植物,采集的标本堆积如山,他还用显微镜观察各种东西,同时,还写出有关各种事物的极其有趣的散文。

有一次,我提了一只青虫给儿子看。当时,他害怕极了,认为这是一种可怕而令人恶心的动物。可是,在我仔细地向他讲述了青虫的生长规律之后,他便不再害怕,因为他知道了美丽的蝴蝶正是由这种难看的昆虫变来的。为此，他还写了一篇《美丽从哪里来》的童话故事。

他在故事中描述了一只小青虫在没有变成蝴蝶之前遭到了别人的冷眼嘲笑，可在它变成蝴蝶之后又赢得了所有动物的尊重和羡慕。写完文章后，他还若有所思地对我说："不仅小动物是这样的，人也是这样的。一个人在一无所有的时候就会受到别人的冷落，当他取得成绩的时候就会得到别人的赞扬和尊重。"

透过老卡尔的教育故事，我们可以发现：户外活动不仅可以增进亲子关系，还可以很好地拓展孩子的视野，让孩子在大自然中学习到书本中根本学不到的知识。因此，在工作之余，父母不妨带着孩子去郊外的田间地头、公园等地游玩，若能找几个亲朋好友，搞一次野外住宿、自行车郊游等，那么父母与孩子在同甘共苦中，彼此的心会贴得更紧。

当然，除了去户外旅游、接近大自然，还可以组织家庭小聚会，开展家庭购书活动、购物活动、访友活动，有机会的话，还可以带着孩子去看电影、听音乐会。总之，让你的家庭活动丰富多彩起来，不仅可以极大地充实孩子业余的生活，拓宽孩子的视野，使孩子见多识广。更重要的是，这些活动可以极好地培养亲子感情。

品读名人家风

田稷子是战国中期齐宣王的相国。田稷子在母亲的教诲下，奉公守法、廉洁清正。尤其是田稷母拒收百金，更让田稷子认识到慈母的一片良苦用心。此后，田稷子更加兢兢业业，使得齐国政治清明，官吏廉洁，国力日盛。

用孩子喜欢的方式沟通

伍德罗威尔森曾经说过："假如你握紧双拳找上我，我想我也不会示弱。"人有一种本性，那就是面对粗暴时，也会相应地选择粗暴的方式还击。同样，面对温和时，也会温和地回应。面对孩子的时候，很多家长摆出的姿态是高高在上、高人一等，当孩子犯错时，他们动辄就对孩子粗暴地吼叫、严厉地斥责，殊不知，这种沟通方式很不明智。

生活中，我们经常听到父母这样与孩子沟通：

"你怎么总是让我操心，难道你不会变得独立一些吗？"

"看看你的屋子，脏得像狗窝一样，难道你不会收拾吗？"

"你看你，整天就知道玩，也不知道学习，看你长大后有什么出息？"

听听这些话，是不是觉得很熟悉呢？而这正是很多指责型父母在教育孩子时用到的，他们没想到这样与孩子沟通，会刺伤孩子的自尊心，也会损害父母在孩子心中的形象，甚至很容易激起孩子的反叛之心，导致孩子忍不住顶撞父母。

有一天，我走在小区里，听到一对父子这样对话：

父亲骂儿子："你这么笨，真是个小猪猡！我猜你肯定不知道小猪猡是什么！"

见儿子不说话，父亲继续讥笑道："看到了吧，我就知道你笨，不知道小猪猡是什么。"

没想到儿子轻蔑地看了父亲一眼，冷冷地说："我只知道小猪猡是猪的儿子。"

那一刻，父亲傻眼了。

从这段对话里可以看出，这个孩子实际上是非常聪明的，他之所以在父亲面前唯唯诺诺，不过因为他的身份是儿子，是晚辈，在力量上也弱于父亲。如果父亲总是以这种姿态与孩子沟通，久而久之，就会营造出一种粗暴的家风，并且这种家风会传染给孩子。等孩子长大后，面对弱于自己的人，很可能表现得粗暴无理、飞扬跋扈。所以，与孩子沟通切忌粗暴、斥责，而应该多一些温情和蔼，追求一些沟通的质量和效率，这样对孩子的成长才会有益处。

和大多数孩子一样，成成、果果也有叛逆期。相比之下，男孩成成的叛逆比女孩果果的叛逆更强烈，我想这就是男孩与女孩的不同之处。不过，由于我和老公在与孩子沟通上比较顺畅，因此，面对有叛逆心理的成成、果果，我们也能轻松地将他们的叛逆心化解。

有一次，儿子成成回来告诉我："今天我顶撞老师了。"我细细一问，才知道由于成成在上学的路上堵车，导致迟到了，老师罚迟到的学生在讲台上蹲着听课，其余被罚的学生都蹲下了，倔强的成成却说："我的膝盖是直的。"

虽然老师的处理方式我不敢苟同，但我认为儿子的做法也有不妥之处，而且我知道，我对这件事的态度，会对孩子的人生观影响重大。我思考了一会儿，用很平静的语气说："儿子，你的话有力地维护了你的尊严，很好，这是男人应该有的骨气。但有一点我觉得不妥，那就是当着全班同学的面，你那样顶撞老师，会让老师的尊严受损，使老师觉得没面子，你觉得是不是呢？"

成成说："这个我还真没想过。"

我说："嗯，年轻人做事说话之前，欠考虑是正常的，不过，妈妈希望你以这件事为教训，以后说话、做事之前，想一想别人的感受，用一种别人更愿意接受的方式去处理，你觉得如何呢？"

成成问我："那你说，今天老师那样对我，我该怎么处理？"

我笑着说："如果我是你，我就听从老师的处罚，下课之后，再找老师单独谈一谈，对老师说：你那种处罚方式我不喜欢，因为会伤害学生的尊严。我想老师一般都会接受你的意见。"

之后，我建议成成给老师打电话道歉，儿子好面子，不肯打电话，于是我对他说："我是你的妈妈，你做得不好，是因为我没有教育好，那就由我来道歉吧！"然后我当着成成的面，向老师道了歉。成成非常惭愧，从那以后，类似的事情再也没有发生过。

在这次沟通中，我没有采用粗暴、怒吼和命令的方式与孩子讲话，我的语气非常温和，表情非常平静，我认为这种沟通方式更有助于促使孩子去反省自己。相反，大声地斥责孩子，命令孩子怎么做，往往会吓到孩子，孩子根本没有心思去反思自己的行为。而且由于大人的施压，孩子很多时候是被迫去做事，这种违背意愿的行为，终究有一天是压抑不住的，压抑不住就会爆发，而一旦爆发，那父母就很难再说服孩子。

所以，每一位做父母的在与孩子沟通的时候，都应该尽可能用孩子能够接受的语言，用孩子喜欢的沟通方式，考虑孩子的感受，用适当的提问促使孩子思考，用假设性的句式换位思考，如"如果我是你，我会怎么做"。这种温和、启发的沟通方式，不仅不会激起孩子的反感，还会在无形中教会孩子用温和的方式沟通，并且帮父母在孩子心目中树立威信，从而匡正家风、强化好的家风。

> 品读名人家风

古人曰："君子不饮盗泉之水，不食嗟来之食。"在母亲的教导下，田稷子为官真正做到了这一点。廉洁的传统美德在田稷母亲身上得到了很好的体现，她教子艺术是非常高超的，言辞真切、字字珠玑，不愧为教子有方的一代"圣母"。田稷子能成为战国名相，自身修身洁行固然重要，但也少不了母亲和家风的影响，这都是值得人们敬仰的。

好家风不允许溺爱孩子

在日常生活的闲聊中，总能听到这样的对话：
"人活着到底是为了什么啊？"
"还不是为了孩子。"
"为什么要为孩子而活呢？"
"因为孩子寄托着我的全部希望！"

的确，很多中国父母大半辈子都在为孩子忙碌：从孩子出生，到孩子进入大学，再到孩子工作、找对象、结婚，这些父母恨不得都要包办。这漫长的过程中，父母处处彰显对孩子的爱之心。

爱孩子是母鸡都会做的事，可是爱不能只是一腔热情，还要讲究艺术，因为爱的过程还需要伴随教育，没有艺术、没有智慧的爱是盲目的，是会毁掉孩子的。俗话说："慈母怀中出逆子。"讲的就是溺爱的害处，溺爱不但会影响孩子的健康成长和性格培养，还会影响父母与孩子之间的关系。因此，溺爱绝对是不可取的，好家风是不允许溺爱孩子的。

曾有一对母女来咨询我，女儿叫美艳，刚上初中，她一直在父母的溺爱下长大。在家里从来都是饭来张口、衣来伸手，不用做一丁点儿家务，刷牙的时候母亲帮她挤好牙膏；洗脚的时候母亲帮她倒好水；第二天上学，母亲提前为她准备好衣服。母亲不觉得自己越俎代庖了，相反，她认为自己所做的是一个母亲的职责。

小学毕业后，美艳未能如愿进入重点中学，整天闷闷不乐。父母也觉得遗憾，于是省吃俭用拿出5000元钱，托朋友、找关系，最后终于把美艳送进了重点初中。由于中学离家较远，美艳不得不住校，父母担心美艳住不惯集体宿舍，吃不惯食堂饭菜，干脆在中学附近租了一间房子，由母亲专门照顾美艳，每天为她洗衣做饭。为了让美艳全身心地学习，母亲连袜子、内裤这些小东西都不让美艳洗。

虽然家庭并不富裕，但是在物质生活上，父母对美艳有求必应。父母以为，在这样无微不至的关爱下，美艳一定能安心学习，却不料，美艳已经在悄然间变成了自私自利、脾气暴躁的孩子。无论是在班集体，还是在家里，她都蛮横不讲理，稍有不如意的事就发脾气。有一次，妈妈做的菜有点儿咸，她居然发脾气把碗筷往桌子上一摔；还有一次，美艳上课迟到被老师批评，她当即和老师顶撞……

在学校里，美艳的人际关系非常糟糕，美艳不从自身找原因，反而责怪父母："都是你们把我变成这样的！"这让父母感到心寒，也让他们开始反思自己：是不是自己的教育方式出了问题，才把孩子变成如今的这个样子？

这是一个典型的因溺爱造成孩子性格缺陷的家庭教育案例，它让我们清晰地看到：在父母的溺爱下，孩子会产生过分的依赖心理，会变得刁蛮任性，不懂得考虑他人的感受，最后成为一个霸道自私、不近人情、情商低下的人。这就告诉我们，千万不能溺爱孩子。

在《颜氏家训》中有这样一句名言："父子之严，不可以狎；骨肉之爱，不可以简。简则慈孝不接，狎则怠慢生焉。"意思是父亲在孩子面前要有威严，不能过分亲密；骨肉之间要相亲相爱，不能简慢；如果流于简慢，就无法做到父慈子孝，如果过分亲密，就会产生放肆不敬的行为。

我和丈夫十分赞同这句家教名言，在我们家，虽然大人与孩子相亲相爱，但从不允许有跨越界限的举动。比如，我们可以肆无忌惮地在一起游戏，但是我们不允许孩子在输掉游戏时发脾气。如果孩子发脾气，我们会先提醒他们，若提醒不行，我们会立即中止游戏，然后让他们自己反思。直到他们认识到自己的错误之后，我们才会继续游戏。

在我们家，我们很早就与孩子交流过，他们也是家庭的一员，没有特殊性，只不过他们年纪小一点，力量弱一点，做事少一点。但凡是他们能做的事情，我们肯定会让他们自己动手。比如，放学回家，红领巾脏了，我们会让他们自己洗；鞋子脏了，我们会让他们自己刷；每天的袜子、小裤头，都由他们自己洗。还有他们的房间，由他们自己整理。到了周末，我还会带着他们一起打扫卫生，他们负责抹桌子，我负责拖地、整理家务。

通过让孩子参与，让孩子付出劳动，我们既锻炼了孩子的身体，又训练了孩子的心理，更重要的是让他们认识到家庭是大家的，每个成员都有责任为之付出。我认为，这种参与、付出是培养孩子责任感的重要方式，还是培养孩子爱家、爱父母的有效途径。正是在这种"人人参与、没有特权"的家风中，成成、果果很小就产生了家庭责任感和主人翁的意识，这很好地培养了他们的心智。

不少家长总觉得，让孩子做家务会影响到孩子的学习，其实这种认识是不正确的。因为做家务既是学习之余的一种精神放松，更是加强父母与孩子交流，培养亲子感情的一种有效方式。在家务劳动中，父母各司其职、相互配合，更可以激发出孩子的劳动积极性，使孩子为自己的付出感到自豪。

最后，对于那些不清楚溺爱为何物的家长，我想介绍一下最典型的十种常见的溺爱表现：给孩子特殊待遇、过分关注孩子、无条件满足孩子、无视孩子的懒散行为、祈求央告孩子、对孩子大惊小怪、包办代替孩子、剥夺孩子的独立、害怕孩子哭泣、当面袒护孩子。如果你能做到不让这十种溺爱方式发生，那么溺爱之风也就荡然无存，你的家风也会瞬间清新许多。

品读名人家风

杨震（？—124），字伯起，东汉弘农华阴（今陕西华阴东南）人。少好学，博览群经，治学授徒二十多年，教学之余，种地奉养老母，以孝名传乡里。五十多岁开始到州郡当官，最后官居太尉。杨震为官廉洁，从不为自己私欲谋利益。良好的家风使其后人中名人辈出，成为弘农华阴望族。

"隔辈亲"是上帝恩赐的福报

小时候，我就听人说："隔辈亲，亲又亲，砸断骨头连着筋。"当时我并不理解这句话的意思，后来我听父母说，我小时候就是被隔辈亲的浓浓亲情包围着，这不由得让我想起了小时候与爷爷奶奶一起生活的经历。

小时候，我每逢假期就会和爷爷奶奶在一起，从某种程度上说，我是爷

家风是最好的教育

爷奶奶养大的。那时候家里并不富裕，每次家里改善生活，爷爷奶奶总会把肉往我碗里夹。逢年过节，亲戚们来看爷爷奶奶，送来的水果、罐头、糖，爷爷奶奶舍不得吃，也是留给我吃。

到了看露天电影的时候，爷爷总是一手搬一把凳子，一手扯着我，来到放电影的地方看电影，每次我总是坐在爷爷的腿上。有时候，前面有很多人时，爷爷干脆把我驮到肩膀上，我看得手舞足蹈，而爷爷根本看不到，但是他却高兴地说："真好看！"

当我长到十几岁时，同龄的孩子开始挑草、挑粮、担水时，爷爷总不让我干这些活儿，原因是怕我挑担子个头长不高。但爷爷并不溺爱我，他让我做一些轻巧的家务活，比如，洗碗、做饭、洗衣服、收拾房间、打扫卫生等。通过做家务，让我感受到了作为家庭一员的责任感。

隔辈亲是人类的一种自然规律，多数老年人都会感受到隔辈亲，这一点在我们家里体现得尤为明显。自从我们有了成成、果果之后，我的爸爸妈妈、公公婆婆都特别开心，他们纷纷表示愿意带孩子，甚至还说"一边带一个孩子"。我考虑到把成成、果果分开让他们带，对孩子的成长不利，就委婉拒绝了。就这样，照顾成成、果果的重任基本上落在了公公婆婆身上，正好公公婆婆退休得早，带孩子很好地充实了他们的生活。

成成、果果三岁之后，我就正常上班了，公公负责带孩子，婆婆负责做饭。那个时候，成成、果果要上幼儿园，从三岁到六岁这三年期间，基本上是公公婆婆接送孩子，我和丈夫只是每天下班回家和节假日陪孩子。

公公婆婆没有白疼成成、果果，他们特别记挂爷爷奶奶，我经常下班买好吃的给他们，他们总是及时把好吃的递到爷爷奶奶嘴边，稚声说："爷爷奶奶，这个很好吃，你尝一下。"每当这时，公公婆婆总会乐呵呵地笑纳。关于这一点，公公婆婆的做法与有些爷爷奶奶的做法不同，我和老公都十分支持。

在我们身边，有些小孩子给长辈好吃的，长辈虽然很开心，却拒绝道："爷爷（奶奶）不吃，给你吃。"久而久之，孩子渐渐习惯了这种拒绝，也就不会再向长辈表达孝心了。而我的公公婆婆笑纳孩子的孝心，很好地满足了孩子关爱人、孝敬人的心理，对培养孩子的爱心和孝心十分有益。

有一次，公公感冒发烧，躺在床上，当时成成、果果才五岁，他们见爷爷生病了，又是给爷爷倒开水，又是给爷爷讲故事，忙得不亦乐乎，嘴上还不停地问："爷爷，你好些了吗？"这让公公非常感动，让婆婆也十分开心，因为他们知道疼爱孩子有了回报,知道家风影响下的孩子非常懂事,因此内心非常满足。

后来听公公给我们讲成成、果果这些懂事的故事时,我和老公也不由得心生感动。感动之余,我想起了"隔辈亲"这三个字,我想,隔辈亲真是上天的一种恩赐,她让老人感受到了孩子的童真快乐,让老人与孩子成了玩伴、成了朋友。这种关系既是血脉相连的真情,也是老顽童和小顽童的真诚交往,难怪他们之间其乐无穷。

品读名人家风

杨震"天知,地知,我知,你知,何谓无知"的深夜拒金故事折射出古代廉吏洁身自好的高尚节操。子孙后代能够成为"清白吏子孙",与杨震的言行和清廉正直的家风家训不无关联。这些无形中影响了子孙后辈的成长,成了他们内心的一把标尺,一杆秤。让清廉正直的家风一直传承、弘扬。

不要剥夺孩子体验失败的权利

生活中,我们经常听到父母说这样的话:

"孩子,我都是为你好,不听老人言,吃亏在眼前!"

"我是过来人,我吃过的盐比你吃过的饭还多,你不听我的话会走弯路的。"

"如果我不提醒你,你吃亏上当了,可别怪我!"

这些话一般在什么情况下说出来呢?它们通常在孩子不听父母的建议、不按父母的要求行事时说出来,也许父母的意见和建议是对的,也许孩子按自己的想法去做会犯错,会失败,甚至会栽大跟头。但是,孩子的成长过程,不就是一个汇聚了犯错和跌倒的过程吗?孩子不正是在不断改错、不断爬起、不断总结经验教训、不断体验和尝试中成长、成熟起来的吗?如果父母处处担心孩子失败,想尽一切办法帮孩子扫清障碍,那么孩子岂不是失去了体验失败的权利?这样对孩子真的有利吗?

我曾在一本杂志上看到这样一则故事,故事对我们为人父母者具有非常

家风是最好的教育

好的启迪意义,故事的内容大概是这样的:

在一处海边的渔村里,有个人非常擅长捕鱼,每次出海都满载而归,比其他渔民捕的鱼要多很多,于是,他被村里人尊称为"渔王"。然而,令他苦恼的是,在他年老体衰的时候,他发现自己的三个儿子捕鱼技术很平庸,于是他向一位智者请教:"我真不明白,为什么我的捕鱼技术这么好,我三个儿子的捕鱼技术那么差?"

智者问:"你是怎样教孩子捕鱼的呢?"

渔王说:"我从他们懂事的时候开始,就手把手地教他们,从最基本的东西教起,告诉他们怎样织网,怎样抛网,怎样划船才不会惊动鱼群……后来他们长大了一些,我又教他们怎样识别潮汐,怎样分辨鱼汛……我把毕生的捕鱼经验都传授给他们了,可他们的捕鱼技术竟然赶不上普通渔民的儿子。"

智者问:"他们一直跟着你学捕鱼?"

渔王说:"是的,我让他们跟着我学,是为了让他们少走弯路。"

智者笑着说:"这就是你的错误所在,你只传授他们技术,却没有让他们体验失败和吸取教训。对于一种技能来说,没有体验失败和吸取教训与没有经验一样,都不能使人成大器。"

简单的故事,蕴含着深刻的寓意,值得每一位望子成龙、望女成凤的父母深思。故事中的渔王采取手把手的教育方式,不断将自己毕生总结的捕鱼经验传授给儿子,这种教育方式不正是当下很多父母教育孩子的方式吗?他们称得上是世界上最无私的人,为了孩子,可以倾其所有,从金钱到物质,从时间到精力,从个人的经验到教训,都毫不保留地交给孩子,希望孩子能够获得现成的东西,即学即用,即学即成才。殊不知,在这种急功近利的教育方式下,并不能把孩子培养成最棒的人。因此,成长与成才的过程,除了需要成功的体验和经验,还不能缺少失败的体验和教训。

成功固然是每个人的理想,但失败也在一种宝贵的财富,弯路也是一种有价值的经历,因为亲身体验、自我探索,并从中总结经验教训,这才是最深刻的教育。因此,父母不应该害怕孩子遭遇失败,不应该剥夺孩子走弯路的机会。相反,应该尽情地让孩子体会失败中的滋味,尽早接触世间的真实形态。在这个过程中,父母要做的就是在孩子身旁默默地支持、理解、安慰和鼓励孩子。

也许有人觉得,带孩子学习游泳,不准备游泳圈,不给孩子安全措施,

是一件危险的事情。对此,我必须赞赏一下我的老公,他敢于放手,敢于冒险让孩子去体验试水的快乐,并在教孩子游泳的过程中,鼓励孩子自己尝试和摸索,而不是越俎代庖,小心翼翼地看护着孩子。这种勇气和智慧,也许是很多父母没有的。

身为父母,爱孩子是一种本能,但是爱孩子不等于什么事情都为孩子考虑,不等于剥夺孩子体验失败的机会。真正的爱孩子是为孩子的成长考虑,给孩子尽情锻炼的机会,让孩子去体验失败,在失败之后引导孩子去反省,这不仅可以锻炼孩子的心理承受能力,还能培养孩子的自我反省能力,这对孩子意志、品质的培养至关重要。

品读名人家风

徐光启(1562—1633),字子先,号玄扈,上海县法华汇(今上海市)人。古代著名的科学家、政治家。徐光启为官清正,颇有政绩,一生著述丰富,在明清之际的中西文化交流中,具有突出贡献。他教导子孙"律己清廉、勤俭仁爱",其子孙后代名人辈出。

第二章

好家风就是对孩子最好的教育

中华家风源远流长，从最早的"周公诫子"到今天的"家家有家风"，家风不仅是中华民族传统文化中最具力量的精髓，同时也是对中国传统文化最好的传承。追溯家风的历史，实际上就是在追溯中华文化的历史，家风就是中华文化历史长河中极为耀眼的明珠。

用文化孕育好家风

中华民族是一个非常重视家教、家风培育的民族。在五千年的文明历史发展中，孕育了以儒家思想为代表的诸子百家文化和以人伦大道为主的传统美德，更孕育了独特而丰富的家庭文化和优良家风。不同的家风之中蕴含着不同的文化内涵和传统美德。勤俭节约、诚实守信、清白正直、忠厚善良、谦恭有礼……无不体现着传统文化的精华。从千千万万家的家风中随便选取一家，都足以窥见传统文化的缩影。

江南望族浙江临安钱氏的家风，以勤俭、忠厚、好学、有为为要，这正是中华传统美德的重要内容，而这样的家风深刻地影响了钱氏子孙。

京剧大师梅兰芳的家风是爱国、敬业、谦虚、俭朴。刻苦学艺、戏比天大，是梅家的家训，这样的家训让梅家子孙在继承梅派艺术时格外认真，梅兰芳更是把梅派艺术提升到了一个新的高度。但是在山河破碎之际，为了国家，艺术则显得次要了，在日寇侵我山河、气焰嚣张的岁月里，梅兰芳蓄须明志，退出舞台，表现了崇高的爱国气节。梅兰芳一生律己甚严，他不但把自己的表演艺术传给诸多弟子和儿子梅葆玖，同时把梅家谦虚谨慎、俭朴随和、乐善助人的淳朴家风传给了子孙后代。

当代文学名家、中国文联副主席冯骥才的家风是仁爱、善良。冯老每次本命年母亲都要亲手给他做一条红腰带。冯老的本命年是马年，在他72岁本命年时，他的母亲已经98岁了，依然坚持亲手为儿子做红腰带，并绣上"马年大吉"四个字。冯骥才感动不已，久久抱住母亲不撒手。他说："正是因为我在家里获得了这样美好的爱、知道爱是什么滋味，所以我更加希望把爱传递给别人。"

父母、家长总是希望自己的子孙德行高标、能力超群，行走于世，受人尊敬。那么在家庭教育中也应该以这样的标准来进行，这样才能达成所愿，让家风为社风服务，更好地传承传统文化。

中国现存最早有记录的家风，可以追溯到尧舜禹时代。尧为天下帝君，不把天下传给自己的儿子丹朱，却传给贤明又能干的舜，这种公正无私、以

家风是最好的教育

天下为重的精神就是廉洁家风之滥觞；而舜"以孝立身，以国为重"的行为正是忠孝家风之源头；禹"克勤于邦、克俭于家""三过家门而不入"的勤勉作风则是勤俭家风的开始。

春秋战国时期，是中华文化大发展的时期，百花齐放，百家争鸣，各种文化流派、风格传承以及社会文化都全面发展，儒家、道家、墨家、医家、农家、名家、阴阳家……百家学说林立，光华万丈，文化发展空前繁荣。在这些社会文化的推动下，家风也初步成形，并越来越受到社会的推崇和重视。在《论语》《管子》《孟子》《韩非子》《春秋》等经典著作中，都可以看到有关家风的记载。如《孟子·公孙丑上》载："纣之去武丁未久也，其故家遗俗，流风善政，犹有存者。"意思是说商纣离武丁时代不远，商朝世家大族遗留下来的传统习俗、流传的良好风尚、优良的政策，都还有留存。这里的"流风"指的就是一直流传到当时的商王室的家风家纪。在《论语》中，也有对孔子家教训子的专门记述：

孔子有一子，名鲤，字伯鱼，孔子对他管教很严，让他和自己的弟子一起读书。《论语·季氏》中记载：孔鲤两次于庭院中走过时被父亲叫住，盼咐他学习《诗》（即《诗经》）和《礼》（即《礼记》），并且训斥他，不学习诗，就不会说话，不学习礼，便不能立身处世。诗是立言之本，礼是立身之本，这就是孔子传达给儿子的家风。"诗礼传家"是孔氏家风的重要内容，一直到现在，这都是孔氏家风中的重要内容。

春秋时代，贵族之家大多非常重视家风建设，家训家规也逐步形成。《国语·鲁语下》中记载的一篇《敬姜论劳逸》，讲的是敬姜劝诫儿子做官要忠于职守，勤俭节约，不要贪图安逸。这不仅是春秋时期家训的代表，更是一篇教育子孙的范文，敬姜因此成为后世敬仰的贤母典范。

及至魏晋南北朝时期，社会对家风建设的重视有增无减，出现了集中记载家庭教育经验的读本——"家训"，如诸葛亮的《诫子书》、颜之推的《颜氏家训》等都非常有名。

唐宋以后，家风建设已经成为家庭道德建设的必备内容，专门的家规家训也大量涌现。如唐代李世民传给子孙的《帝范》，宋若莘给女儿写的《女论语》，李恕给儿子的《诫子拾遗》；宋代司马光给儿子司马康的《训俭示康》，陆游的《放翁家训》，袁采的《袁氏世范》，陆九韶的《居家正本制用篇》，都是齐家教子的典范之作。这一时期的家风也更趋严厉，治家犹如治国一般，一犯家规，就会有家法处置，绝不容半丝情面。很多大族之家都对子孙的行为有明确的规定，譬如北宋包拯立下遗训："后世子孙仕宦，有犯赃滥者，不得放归本家，亡殁之后，不得葬于大茔之中。不从吾志，非吾子孙。"由此框定了包家的家风以清廉为主。司马光定下的《温公家范》，不仅全面系统地论述了封建家庭伦理关系、治家方法、子弟的身心修养和为人处世之道，还告诫族人，一定要"以德业遗子孙"，而他的另一部家训《训俭示康》则给司马家的家风定下了"俭朴"的基调。

明清以降，家训家规更加普遍，不仅皇室贵胄有严格的家范，普通百姓家庭也都有自己的家训和家规，流传后世的家范家训也更加丰富。如明代姚舜牧的《药言》、杨继盛的《杨忠愍公遗笔》、何伦的《何氏家训》、孙奇逢的《孝友堂家规》；清代康熙帝的《庭训格言》、朱柏庐的《朱子家训》、张英的《聪训斋语》、汪辉祖的《双节堂庸训》、郑板桥的《家书十六通》、曾国藩的《教子书》、甘树椿的《甘氏家训》、邹岐山的《启后留言》等。在民间百姓千家万户当中，那些文字或口头上的《诫子书》《训子令》《谕子规》《教子经》《示儿帖》等家风家规更是五花八门、形形色色、数不胜数，以公开或秘密的方式在各个家庭、家族、宗族中世代流传。据《中国丛书综录》所列书目记载，中国古代公开印行的家训共有120多种，而且以明清最多。

现代家庭家族的家风更讲究与时俱进，不仅继承了传统家风的优秀内容，如诚实守信、谦虚谨慎、勤劳节俭、知书守礼、孝敬父母、忠于国家等，而且又增添了许多新的价值观，如自由民主、团结友爱、幽默风趣、庄重正派、善良感恩、自尊自信、自立自强等。许多名人的家风家训也为我们树立了新时期的榜样，如万里"淡泊名利，知足常乐"，彭真"在法律面前人人平等"，李先念"不允许子女经商赚钱"，陈云"家财不为子孙谋"，还有像《傅雷家书》这样深深地影响和感动了几代人的家教经典。

《傅雷家书》是我国文学艺术翻译家傅雷及夫人写给傅聪和儿媳弥拉的家信摘编。《傅雷家书》是一本"充满着父爱的苦心孤诣、呕心沥血的教子篇"，也是"最好的艺术学徒修养读物"，更是既平凡又典型的"不聪明"的近代中国知识分子的深刻写照。贯串其间的是对家国荣辱的教导，对艺术之美的热爱，对父子亲情的阐释。

近些年来，随着社会对家风家教建设的肯定和重视，特别是习近平总书记对家风家教和家庭建设的极力倡导，家风建设掀起了新的高潮。

家风是最好的教育

文化孕育了良好的家风，而家风又承载了文明。培育良好家风，是传承中华传统美德和传统文化的重要方法与途径。中华民族历来有重家教、守家训、正家风的文化传统，代代相传的良好家风是中华优秀传统文化在家庭中的具体表现，蕴含丰富的思想道德资源；其倡导和形成的基本道德规范和文化内核，是中华民族几千年来教育子孙后代最基本的形式。良好的家风和优秀的传统文化，互为表里、相互映衬，共同构成了中华文化的蔚然大观。

品读名人家风

徐光启开创的读书治学、清廉刚正的家风，为徐氏家族世代所恪守，后代人才辈出。四百年来，一代代徐氏族人以徐光启为荣，要求后代子孙以先祖为楷模，传家立命。家风代代相传，徐光启的精神也一直在延续，直到今天无数人被感动，实践他的家风、家训。

优良的家风哺育贤明子孙

那么，什么是家风？

家风，又称门风，是由一个家庭或家族所奉行的道德规范、所崇尚的风骨气节、所遵循的行为准则、所追求的价值标准、所沿袭的生活方式以及家庭中所特有的文化氛围、生活习惯、言行规矩和禁忌等，共同构成的一种相对稳定并世代承袭的文化风尚。因其产生于家庭，又有着鲜明的家族特色，因而称之为家风。家风通常以生活经验、实践智慧或价值理念的形式蕴含于家训、家规、族谱等文献载体中，也以实践理性的样态渗透在家庭成员的日常行为中。

家风是一个家庭的精神内核和道德源头。一个人，奉行什么，遵守什么，追求什么，反对什么，崇尚什么，摒弃什么，都与其家风密不可分，与家风息息相关。可以说，有什么样的家风，就有什么样的子孙。大凡家风严正、清明优良的家族，子孙也会贤良、文明、有成。

发祥于山西闻喜县礼元镇裴柏村的裴氏家族，自古以来就是山西望族、三晋名门，人才辈出，声名显赫。据《裴氏世谱》等资料记载，裴氏家族

"自秦汉以来，历六朝而盛，至隋唐而盛极，五代以后，余芳犹存"。在上下两千年间，"豪杰俊迈，名卿贤相，摩肩接踵，辉耀前史，茂郁如林，代有传人，彪炳史册"。

有人做过统计，裴氏家族先后出过宰相59人，大将军59人，中书侍郎14人，尚书55人，侍郎44人，御史10人，刺史211人，太守77人，郡守以下不计其数。正史立传与载列者600余人，名垂后世者不下1000人，七品以上官员达3000余人。仅隋唐两代活跃于政治舞台上的裴氏家族就不下数十人。

裴氏家族在历史上产生的优秀人物在诸多领域有着杰出的贡献，如政治领域有裴楷、裴蕴、裴政、裴寂、裴胄、裴度，军事领域有裴行俭、裴茂、裴潜、裴叔业、裴邃、裴骏、裴衍、裴镜民、裴济，典章法规方面有裴政，外交方面有裴矩、裴世清等。正可谓"将相接武、公侯一门"，其家族人才之盛、德业之隆、绵延之久，很少有家族能与之比肩！所以有"天下无二裴"之说。

直到今天，闻喜裴氏也依然是鼎鼎有名的山西大族，裴柏村更是为天下裴氏子孙所共尊的祖地。如今裴氏后裔遍布全国，可谓枝繁叶茂，人丁兴旺，而且在政治、经济、军事、文化、学术等方面都有特出人物，依然人才济济，罕有所匹。

很多人都被裴氏家族的人才和成就所震惊，不断追溯裴氏家族经久兴隆的原因。最终发现，裴氏家族之所以声名显赫，家族繁盛，历久不衰，至为关键的就是裴家严格的祖训，严厉的家规和严正的家风。

裴氏家族有两本重要的家风典籍——《河东裴氏家训》和《河东裴氏家戒》。

《河东裴氏家训》共十二条，这是每一个裴氏子弟都必须做到的，即：敬奉祖先，孝顺父母，友爱兄弟，协和宗族，敦睦邻里；立身谨厚，居家勤俭，严教子孙，读书明德，淳厚戚朋，慎重言语，讲求公德。前五条强调的是忠孝仁义，后七条则是并行的处世之道，涵盖了对后人"德、能、勤、绩、廉"等方面的要求。

后来又形成的《河东裴氏家戒》共十条，是规定每一个裴氏子弟都不能做的十件事情，即：毋忤尊亲，毋辱祖先，毋重男轻女，毋事赌博，毋为盗窃，毋贪色淫，毋吸烟毒，毋酗酒好斗，毋忘本崇洋，毋入帮派。这十个

家风是最好的教育

"毋"戒律严明，不容逾越，所以裴氏后人多忠义良善之士，很少有寡廉鲜耻的逆臣叛将。

裴氏家族诗书传家，谨守礼仪，同时重教守训，崇文尚武，德业并举，廉洁自律，就是要"吾姓子孙，须明廉知耻，做堂堂正正之人"。

自古以来，裴氏族人传承家风，严守祖训，躬身践行，不仅以此律己，更以此激励和教育着裴氏家族一代又一代后人修心正身、积极进取，才有了一代又一代贤良有为的裴氏后人，有了裴氏家族绵延两千余年的显赫和兴盛。

有什么样的家风，就会育出什么样的子孙。家风越是严正端方，子孙越是律己自重；子孙越是律己自重，家族就会越加兴隆繁盛，这是历史上许多家族兴旺发达的规律，也是许多显赫家族昌隆日久、人才辈出的秘诀。

俗话说"种瓜得瓜，种豆得豆""开什么花结什么果"，家风对子孙的影响也是一样，有什么样的家风就有什么样的儿孙。那些曾经在历史上风光显赫、传家久远的名门望族，无一不是家风严正、家教严厉、家规严整的家族。好家风才有好儿孙，这句话一点不假。

品读名人家风

曾国藩（1811—1872），初名子城，字伯涵，号涤生，湖南湘乡（今湖南双峰县）人。近代著名的政治家、理学家、文学家，湘军的创立者和统帅。曾国藩长期身居高位，廉洁奉公，重视家庭教育和教育的品质，被公认为"立功""立德""立言"的典范之一。

好家风从家规开始

参天之树，必有其根；环山之水，必有其源。好的家风不是天生就有的，而是一点一点培育，一天一天积淀而成的。这种培育和积淀的重要形式，就是家规和家教。立家规，严家教，立家训，正家风，是传承于中华民族数千年的优良传统，是许多成功家庭的治家宝典。有严厉端明的家规，才能匡正子孙的言行，引导子孙的思想，让子孙明确什么该做什么不该做，什么该奉行什么该抛弃，从而塑造出严正优秀的家风。

所谓家规，顾名思义，就是一个家庭的规则。它是由家庭或家族制订的、要求每一个家族成员以及子孙后代都必须遵守的言行规范、为人准则、处世规矩等一系列家庭制度和标准。它用来规范家庭中每个成员在家中需要承担的责任和义务，表明每个人可以享受到的权利和待遇。

有了家规，家庭就有了一个清晰的目标，好像一部车子知道了自己要去的目的地；有了家规，家庭中每个角色的界限都会更加清晰，每一个家庭成员都非常清楚自己在家里该做什么，不该做什么；有了家规，家庭成员间的关系也会因此更加温馨；有了家规，每一次家庭的问题也都更容易解决，因为有了解决的标准。

有的家规是由家族代代承袭下来的、要求子孙共同遵守的规范。家规实际上是针对全体家庭成员制订的一种"公约"，需要大家共同遵守，因而也叫"家法"。常言说"国有国法，家有家规"，家规在家族内部相当于"法律"，是维护家庭或家族长治久安的保障，所以一旦触犯，必惩不贷。特别是对于人口众多的大家族，更需要严格的家规才能保证家族兴盛繁荣，永得平安。因而很多大户之家都有严格的家规。

中国近代历史上执掌东北多年的北洋奉系军阀首领张作霖，虽然一生在政治上有诸多过错，但在管家治家方面，他还是有值得后人学习借鉴之处的。张作霖有一个大家庭，他有六位夫人、八个儿子、六个女儿，要让这样一个大家庭和睦共处，相安无事，不是一件容易的事。因此张作霖制订了十条极为严格的家规：

1. 严禁夫人干预政事，不听枕边风。
2. 严禁夫人聚众闲聊，以免滋生事端。
3. 各房太太地位不分尊卑，均以夫人相称。
4. 严禁夫人私自做寿。
5. 严禁虐待下人。
6. 实行严格的薪俸制，各夫人每月按时支取。
7. 饭菜实行等级分餐制，各夫人与子女分别在自己房间用餐。
8. 严格作息时间，外出活动一律不允许超过晚上10点钟。
9. 重视子女文化教育，延聘名师为子女启蒙。
10. 子女婚姻不得自主，须由他一人包办。

张作霖身后毁誉参半，褒贬不一，但他的家族在他的治理下，除了他本人作为大帅，在他身后，又走出了三位将军——著名爱国将领长子张学良、爱国民主人士、国民党陆军中将、次子张学铭，中国人民解放军少将、海军原参谋长、四子张学思。除此之外，他的子女都为人端正，孝顺上进，没有邪恶之徒。他家的家风还是很受人称道的，这与他的这些家规也不无关系。

家规对于整个家庭甚至家族，都有着非常重要的规范和凝聚作用，家规使整个家族的成员有着共同的行为规范，共同的责任和担当，共同的追求和向往，这样的风气代代相传，好的家风就建立起来了，家族的兴盛也就理所当然。历史上很多大族之家绵延千年都与其家规密不可分。

浙江浦江的郑氏家族，以孝义传家，历经宋、元、明、清、民国至今，岁月沧桑变迁，家族却依然绵延不绝，繁荣昌盛。当年明朝开国皇帝朱元璋就对郑家的孝义家风深为叹服，赐郑家为"江南第一家"。郑氏绵延千年的秘诀就是他们的家规——《郑氏规范》。

《郑氏规范》一共有168条，这是郑氏家族的家规汇编，也是郑家治家经验的大集合。它是一本集教育、管理、惩戒于一体的完整家规体系，内容包括道德修养、行为规范、生产生活、家族管理、犯规惩戒等各个方面。这套规范高度融合了儒家思想和宗族文化，以修身齐家治国平天下为基本的教育纲领，教育和引导子孙行正路，修道德，建功立业。

《郑氏规范》中对于子孙修养、教育、勤勉类的行为规范有具体而明确的规定，如"子孙当以和待乡曲，宁我容人，毋使人容我""家业之成，难如升天，当以俭素是绳是准""不得妄肆威福，图胁人财，侵凌人产"等，有违者按违规的程度，处以"不孝罪""重棰""削名""告官"等处罚，使子孙走向正道。特别是对出仕为官子弟的规定则更加严格，如"子孙出仕，有以赃墨闻者，生则削谱除族籍，死则牌位不许入祠堂""当蚤夜切切以报国为务，抚恤下民，实如慈母之保赤子，又不可一毫妄取于民""任满交代，不可过于留恋"，致仕回乡时"不宜恃贵自尊，以骄宗族"。如果发现郑家为官者有贪赃枉法的情况，就会被家族除名，死后不得进郑氏的公墓、祖坟，这在古代是非常严重的处罚。所以郑家出仕为官的子孙从来不敢有任何贪污腐败、贪赃枉法的行为。有人曾做过统计，经过宋、元、明、清四个朝代，郑氏家族一共出了173位高官，没有一个贪官。

《郑氏规范》对于家族管理的规定也很多，也很具体，这是家族凝聚力的关键。家族中的家长、典事、监视等管理人员的选拔也非常严格，要求家长须"至公无私""以诚待人""谨守礼法以制其下",典事"刚正公明、材堪治家、为众人之表率",监视须"端严公明、可以服众",而且任职者必须德才兼备,如"不贤"则立即更换;典事辅助家长进行工作,在处理家族事务时始终坚持公正、公开、公平,所有事务处理典事都必须"书之于籍"、公之于众,家族所有的生产经营都认真做记录;而监视则担当着纠察整个家族是非、维系家族兴衰的职责,因而要求其必须"有善公言之,有不善亦公言之"。郑氏子孙的婚姻,不看对方是否富裕,而以道德人品为第一;所有家族成员都是平等一致的,对家族内遭遇灾祸或是生活困难的,家族内要全力扶持,提供足够的经济保障;甚至对于聚居在一起的郑氏家族,每天早晨起床时间都是有规定的。每天黎明,敲四声钟,家族的人都要起床,不允许有偷懒的。然后梳洗打扮,响八声钟的时候,所有的人都要聚到祠堂里,由家族的族长,也就是家长宣读家训。

正是因为郑家有这样的家规在前,所以才有郑氏家族历十五世依然以同居共食、和谐繁茂而存世。《郑氏规范》是郑氏家族昌隆日久、和谐发展的根本原因。

现代家庭与古代家庭已经有了很大的不同,家庭规模、家庭结构、家庭成员的角色及地位,相比过去,发生了颠覆性的变化,大多是三口之家,或是三代同堂的家庭格局。像以前一样大家族聚居一起并建立统一的家规来规范全家族成员,已经不太现实,而且现代家庭所遵循的行为准则、道德风尚、核心价值观、教育理念等也都发生了很大的改变,传统的家规并不适应现代家庭。因而,现在制订家规要以家庭的实际情况来定,根据需要制订出合乎各自家庭特色的、有价值的、有意义的、又便于操作的家规,让全家人都能按照这样的规则办事,规范言行,匡正思想,以达到锻造良好的家风、教育子孙、和谐家庭的目的。美国前总统奥巴马,给两个年幼的女儿制订了九条家规,很值得我们参考。

1. 不能有无理的抱怨、争吵或者惹人讨厌的取笑。

2. 一定要铺床,不能只是看上去整洁而已。

3. 自己的事情自己做,比如自己冲麦片或者倒牛奶,自己叠被子,自己设置闹钟,自己起床并穿衣服。

4. 保持玩具房的干净。

5. 帮父母分担家务,每周一美元。

6. 每逢生日或是圣诞节，没有豪华的礼物和华丽的聚会。

7. 每晚八点三十分准时熄灯。

8. 安排充实的课余生活：大女儿玛利亚跳舞、排戏、弹钢琴、打网球、玩橄榄球，小女儿萨沙练体操、弹钢琴、打网球、跳踢踏舞。

9. 不准追星。

这九条家规看似简单、琐碎，但操作性极强，每一条都蕴含着深刻含义，体现了一个父亲的良苦用心。由这些细小的规矩培养出来的，一定是一个懂得尊重别人、有责任心、会劳动、自立自强，也懂得节俭、不慕虚荣的孩子。

家规没有固定的模式，每一个家庭都会产生不同的家规。山野村居的小门小户，耕读传家，家规一定憨厚朴素，亲切可人，看似简单却意蕴深远；高居庙堂的权贵之家，诗礼相继，家规可能会严正端厉，意旨高远；知识分子的家规，会以斯文为基调；军人家庭，家规会偏向于严格的纪律性……不同的家庭有不同的家规。但家规又不同于家训，家训是提纲挈领的指导性纲领，家规则是所有家庭成员应该遵守的一些大大小小的规则，是家庭成员之间的共同"约定"，儿孙后辈要做到，父母长辈也要做到。所以家规是更具体、更实用、更具操作性的条款，而家训则需要高度概括、高瞻远瞩。

"不以规矩，不能成方圆"，要建设良好的家风，就必须有严格的家规。当然，每一个家庭环境不同，理念不一，追求各异，家规肯定也不会相同。但只要我们制订出适合自己家庭的、能促进家风养成的良好家规，良好的家风也就指日可待。

当然，家规发挥作用的关键还在于执行。现代社会，人们对自由的向往和渴望十分强烈，过多的家规不但得不到很好的执行，反而会令家庭成员产生抵触情绪，因此，现代人制订家规，无须过多，只要三条或五条，这样既容易记住，也容易执行，更有利于好家风的形成。

品读名人家风

曾国藩的一生留给后人的宝贵精神财富很多，如俭朴、谦逊、自省、禁贪和清廉，等等，这些构成了他独特的廉政文化。终其一生，从平民到位居高官，曾国藩始终以高标准、严要求约束自己和家人，成为廉洁的典范。曾国藩以家训治家，培养了良好的家风，并能因时而变，不因循守旧，将曾氏家风发扬光大，广为流传，为人们赞许和借鉴。

品读吸收家训中的文化精华

所谓家训，简单理解就是家庭训诫之言，是指历代家长、祖先长辈及父母兄长用以训诫子孙立身处世、持家治业的教诲之言，包括家诫、家规、家范、家约、家书等。它既是家族长辈对社会文化、价值观念和道德标准的自我认识和体验感悟，也蕴含着他们对儿孙后辈的期许和指导。

《尚书·无逸》算得上是最早的家训。这是周公姬旦专门为周成王（姬诵）即位作的一篇诰辞，告诫成王不要贪图安逸享乐，不要荒废政事，要安定民心，要"知稼穑之艰难"。这篇诰辞算得上是家训最早文本的代表，周公也算得上是中国传统家训的开创者。最著名的家训也出自周公，是周公给自己的儿子伯禽的《诫伯禽书》。周公诫子的故事在《史记》《荀子》里都有记载，尤以西汉时韩婴的专著《韩诗外传》里记述最为详细。那谆谆的教诲至今还传诵不衰：

成王封伯禽于鲁。周公诫之曰："往矣，子无以鲁国骄士。吾文王之子，武王之弟，（成）王之叔父也，又相天子，吾于天下亦不轻矣。然一沐三握发，一饭三吐哺，犹恐失天下之士。吾闻，德行宽裕，守之以恭者，荣；土地广大，守之以俭者，安；禄位尊盛，守之以卑者，贵；人众兵强，守之以畏者，胜；聪明睿智，守之以愚者，哲；博闻强记，守之以浅者，智。夫此六者，皆谦德也。夫贵为天子，富有四海，由此德也。不谦而失天下，亡其身者，桀、纣是也。可不慎欤？"

文章意思是，周成王将鲁国土地封给周公的儿子伯禽。周公告诫儿子说："去了以后，你不要因为受封于鲁国就怠慢、轻视人才。我是文王的儿子，武王的弟弟，成王的叔叔，又身兼辅佐皇上的重任，我在天下的地位也不算轻的了。可是，一次沐浴，要多次停下来，握着自己已散的头发，吃一顿饭，要多次停下来，以接待宾客，即使这样还怕因怠慢而失去人才。我听说，道德品行宽容，并用谦逊的品行来保有它的人，必会得到荣耀；封地辽阔，并凭借行为约束而有节制来保有它的人，他的封地必定安定；官职显赫，并用谦卑来保有它的人，必定高贵；人口众多、军队强大，并用威严来统御它的

家风是最好的教育

人，必定会胜利；用愚笨来保有聪明睿智，就是明智；见识广博，并用浅陋来保有它的人，必定智慧。这六点都是谦虚谨慎的美德。尊贵如天子，富裕得拥有天下，便是因为拥有这些品德。不谦虚谨慎从而失去天下，进而导致自己身亡的人，桀、纣就是这样。你能不谨慎吗？"

对儿子的殷殷期望，全在这一片肺腑之言里。从中我们看到的，不仅是一个父亲对儿子的谆谆教诲，还有当时第一家族姬氏家族的家风——谦虚谨慎，不骄不躁。

在先秦时期，家训已经很普遍了，并有了著名的"畴人之学"，即家庭世代相传的学问。其后，家训逐渐丰富和发展起来。魏晋南北朝时期，北齐颜之推的《颜氏家训》在家风建设史上具有划时代的意义。宋人陈振孙在《直斋书录解题》中评此书说："古今家训，以此为祖。"清人王钺在《读书丛残》中也盛赞此书是"篇篇药石，言言龟鉴"，可见其在士人心目中的地位。

到了宋代，家训进入繁荣阶段，不仅文献资料数量多，而且在教育理论和思想上也有了大的发展。北宋司马光的《温公家范》等著作，继承和发展了颜之推的家庭教育思想，全面系统地阐述了封建伦理关系、治家方法、身心修养和为人处世的道理，堪称家训中的集大成者。此间在理学的影响之下，家训中"礼教"的气氛更为浓重，名分的拘束更为严格。明清时期是传统家训广泛推广的时期。由于家训作用的日益彰显和统治阶级的大力倡导，家训理论在广大民众中广泛传播，形成了家训教育空前繁盛的局面。

明末清初朱柏庐的《朱子治家格言》流传很广，影响巨大，也被称为《朱子家训》。它集中了治家教子的名言警句，仅用500余字，阐述了人生的深刻道理，总结了古代的治家之道，语言平实，脍炙人口，几百年来一直盛传不衰，成为官宦士绅、书香世家乃至普通百姓津津乐道的教子妙方和治家良策。

在《古今图书集成》中，《家范典》多达116卷，分31部，各又再分5类，辑录了先秦至清初的大量家训资料，真可谓浩如烟海。比较经典的有司马谈《命子迁》、诸葛亮《诫子书》、颜之推《颜氏家训》、袁采《袁氏世范》、朱柏庐《朱子家训》、朱熹《朱熹家训》、范仲淹《告诸子及弟侄》、司马光《温公家范》、吕本中《童蒙训》、曾国藩《曾文正公家训》、林则徐《林则徐家训》等。许多名人都为子孙留下了家训名言，有些甚至是千古传诵的、对所有人都有益的谆谆诲言。

三国时诸葛亮写给儿子诸葛瞻的《诫子书》中有"夫君子之行，静以修身，俭以养德。非淡泊无以明志，非宁静无以致远"；刘备写给儿子的临终遗诏中有"勿以恶小而为之，勿以善小而不为"；后来颜之推的《颜氏家训》中有"父不慈则子不孝，兄不友则弟不恭，夫不义则妇不顺"；朱柏庐《朱子治家格言》中有"黎明即起，洒扫庭除，要内外整洁。既昏便息，关锁门户，必亲自检点。一粥一饭，当思来之不易；半丝半缕，恒念物力维艰。宜未雨而绸缪，毋临渴而掘井"等，这些都已不仅仅是一家一族的训示，而演变成所有中国人奉行的行为圭臬，全社会乃至全民族教育后代的宝贵精神财富。

流传至今的众多家训，既是我们祖先对家庭教育深入思考的智慧结晶，也是中华民族传统文化宝库中极具特色的部分，不仅内容丰富，语言精辟，而且意蕴深远，经久不衰，一直到今天仍然闪烁着智慧的光芒。

今天，虽然随着时代的变迁，一些老旧的观念已经不适应今天的家风建设，但很多传统家训中的名言依然是我们为人处世、教子持家都有效的箴言。因而在今天我们的家风建设中，要善于学习和传承传统的家训，吸收传统家训文化中的精华，发扬家训文化，合理选择，取其精华，去其糟粕，对传统家训文化予以批判地继承，做到"古为今用，为我所用"，更好地继承和弘扬中华民族优秀传统文化，建设新时代的良好家风。

品读名人家风

李大钊（1889—1927），字守常，直隶乐亭（今河北乐亭县）人。中国最早的马克思主义者，中国共产党的创始人和早期领导人之一。他一生艰苦朴素，淡泊名利，为革命事业献身，为子女树立了光辉的榜样。

以身作则，做好家风榜样

好的家风是一个家庭或家族的精神核心和道德魂魄，是祖先的智慧结晶，更是祖先的殷殷期望。每一个子孙都有义务让好的家风传承并延续下去，世代相继，薪火相传，并在传扬中不断地发展和完善，让优良的家风影响一代又一代子孙，培育出一代又一代优秀的儿孙后代，让子子孙孙都昌隆兴旺。

家风是最好的教育

这一理想的实现又需要良好的家教来完成。

家教，即家庭教育，是家族、家庭中长辈对幼辈、父母对子女言传身教、引导管教的代称。家教是一种强大的教育途径，一种看似无形其实却无所不在的潜在力量，无时不在静静地、悄悄地、潜移默化地影响着家庭中的每一个人，并将这种影响渗透到心灵深处，浸入灵魂深处。因而家庭中每一个人的世界观、人生观、性格特征、道德素养、为人处事及生活习惯等，都会打上家风的深刻烙印。所谓"有其父必有其子""龙生龙，凤生凤，老鼠的儿子会打洞"，说的就是这个道理。

历代先贤大哲对家教都相当重视，教子有方的故事俯拾皆是，诸如家喻户晓的孔子训子、孟母三迁、曾子杀猪、岳母刺字等。清初冯班《家诫》中说"君子之孝，莫大于教。子孙教得好，祖宗之业，便不坠于地。不教子弟，是大不孝，与无后等"，把家教提到了一定的高度。《三字经》里也说，"养不教，父之过"。在古人看来，教育子女是一种爱的表现，如果"爱其子而不教，犹为不爱也；教而不以善，犹为不教也"，既要爱护子女，又要善于教之，才是为人父母兄长的职责。要"教之以义方，弗纳于邪"。很多家风端正的家族都是从先祖开始，就注重严格家教，使好家风能世代相传的。

山东临朐冯氏家族，是明清时期山东著名的文学世家，家族之中曾涌现出不少著名的诗人和官员。人才之鼎盛，如清朝大诗人王世祯所言："二百年来，海岱间推学者，必有临朐冯氏。"

临朐冯氏的繁荣昌隆，与生活在明代中期的冯裕有着很大关系，冯裕在归隐后曾经写过不少家规家训，并且开创了临朐冯氏独特的家风：学而优则仕，忠孝传家，兄友弟恭，清正廉明、不阿权贵，文韬武略、才智兼备，进退适宜，不迷恋权贵等。冯裕也为冯氏家族奠定了仕宦家族的地位。他之后的六代人中，有17人曾出仕为官，其中第六代冯溥更是曾任文华殿大学士，正一品官员。至于考中进士举人者则更多。

要说明清时期父子、叔侄、兄弟通过科举考试一同出仕为官的家族并不在少数，但是很少有家族可以持续六代以上考取功名或做官，临朐冯氏之所以能够在当时的文坛和官场上如鱼得水，与其家风中"进退适宜，不迷恋权贵"有着很大的关系。冯裕当时圣恩正隆，官位很高，但他退隐回乡，自己以身作则，不迷恋权贵官位，才能教导子孙淡泊处世。这样的家风才使冯氏的官宦子弟在官场上保持本分，进退自如，不会因贪恋官位而惹祸端。

家教对家风的形成甚至民族风气的形成作用巨大。中华民族创造过世界民族中罕见的奇迹：那就是国民整体的教养气质，都是彬彬有礼、温柔敦厚的，国民的行为举止，也是有理有据、规矩方圆的。还有一些是在很大一部分民众都不识字、从未读过书的基础上形成的。这完全得归功于家教的力量，归于父辈们言传身教、以身作则的"教化"。

家教是一种特殊的知识和信息传播途径，更多来自父母的言传身教。家教中最重要不是棍棒打骂，不是强迫严苛，而是言传身教，以身作则。言传很重要，引导、训诫、督促和教诲，都需要言传。但光说不做，效果会大打折扣，最有效的是身教。"教子贵以身教，不可仅以言教""以身作典型，训诲复不惜"，身教胜于言教，以身作则，才是教育子孙最无言却最直观、最平常却最有效的方法。

现在已经是大学教授的顾先生非常有感触地说：小时候父母对我家教还是很严格的，从我记事起父亲就告诉我要孝敬自己的长辈，将来不管走到哪里、不管贫穷还是富贵都要踏实、守信，不能说大话骗人。他自己也是村里有名的厚道人，一辈子都没欺负过人，没骗过人。

那时候一家人在一块吃饭，父亲没回到家是没有人敢动筷子吃饭的，父亲回家了，要先给他老人家盛饭，然后其他人才能开始吃饭。夹菜也有讲究，不能在盘子里乱翻，夹菜只夹自己够得着的。

有一次一个堂叔伯爷爷生病了，当时他的儿子在县城里住。父亲帮他端茶递水，又叫我去陪伴这位爷爷，然后自己步行几十里地到县城叫他儿子回来。孝敬老人这一点，从父亲的前几辈开始一直到现在始终不变、代代传承，如今我几个儿子对待老人也都很孝顺。

"桃李无言，下自成蹊。"有时候根本不需要父母说什么，只要自己认认真真地做了，后辈儿孙也都会仿照着来做。父母的言行在孩子心目中是最有权威性、最具楷模的力量。在面对老人、长辈时以身示范，良好的家风就在这无声的教育中被传扬下去。所以，父母、家长一定要以身作则，做好家风建设的榜样。

家教的形式也非常多元，并非只是言传身教或留下家训。在孩子的婴幼儿阶段，通过读童谣、讲故事、唱儿歌灌输一些启蒙或基本知识，培养孩子认识事物和起码的是非观念，种下道德的种子，这是一种家教。进行实地的劳动实践，如到野外割草、放牛、放羊、打柴、锄地、浇水；到山上种树、采药、采蘑菇、看果园，或者到秋收时节，父母带孩子一起收割、搬运、打场等，都可锻炼劳动能力，提升劳动观念，使孩子了解社会、了解生活、掌握劳动技能，这也是一种家教；从小培养孩子讲卫生、讲勤俭的习惯，饭粒掉在桌子上也要给孩子念一遍"锄禾日当午，汗滴禾下土。谁知盘中餐，粒粒皆辛苦"的古诗，并讲一讲粮食来之不易的道理，这都是良好的家教。长期这样的教育，有助于让子女养成良好的道德观念和生活习惯，让良好的家风在他们的心中生根发芽，家风自然就能一代一代传承下去，世代绵延，经久不衰。

当然，家教的内容远不止这些，它可以说无所不包、无微不至，包括对子女、幼辈的德育、智育、才育、美育、生活习惯、行为模式、言行礼仪各个方面。越是严格的家教越能在孩子的心中留下刻痕，越能让孩子记住自己的家风。家长越是能以身作则，做出榜样，就越能让孩子受到无声的影响，传承良好的家风。

品读名人家风

手中掌管万贯财，公私分明廉与洁。李大钊不仅将经费全部用于革命事业，从未动用一分钱，还将自己的收入拿出来支持革命事业，堪称廉洁奉公的典范。李大钊的儿孙辈，都在重要岗位上有所贡献，且以廉洁、为民著称。优秀的家风不仅让家庭和睦清正，也影响了社会。

把传统文化导入日常家庭活动

弘扬中华文化，建设良好家风，不是一朝一夕所能形成的，而是一个长期的过程，一个潜移默化、润物无声的过程。在日常的家庭生活中，只有把传统文化和良好的家风导入家庭生活的方方面面，才能让传统文化和优秀家风在无声无息中传承。

对于普通家庭来说，家风、家训也许就是父母常挂在嘴边的"唠叨"，就是日常生活的点点滴滴。比如小的时候，家里来了客人，父母一定要求我们在门口迎接，见到客人要主动问好；吃饭的时候，老人没有动筷子，孩子就

要等着,如果先动了筷子、吃了东西就要挨骂……这些生活方式和做人方法都是传统家风的体现。我们的人生观、性格特征、道德素养以及生活习惯等的每一个方面都会在不知不觉中打上家风的烙印。所以,把一些传统习俗、"老规矩""老家风"融入平常的家庭生活中,让孩子在日常生活中就能领悟到传统家风和传统文化的精髓,在潜移默化中使传统文化深入孩子的内心,也不失为一种良好的弘扬传统文化、建设良好家风的方法。

过年过节或是家中亲友团聚时,正是给孩子示范很多老规矩的大好时机。一些传统的礼仪文化、老规矩、老理儿,在这个时候最能无声地影响孩子,成为家风形成的良机。

比如旧时春节客人到来之前要提前打扫门庭,以迎嘉宾,并备好茶具、烟具、饮料等;客人在约定时间到来,主人应提前出门迎接;端茶送糖递果盘时要用双手,并代为客人剥糖纸,削果皮;添茶倒酒要注意"浅茶满酒"。所谓浅茶,即将茶水倒入杯中三分之二为佳。端茶的时候对有杯耳的杯子,通常是用一只手抓住杯耳,另一只手托住杯底,把茶水送给客人,而倒酒则应是满杯才是礼貌的。客人告辞,主人一般应婉言相留;客人要走,主人应等客人起身后,再起身相送,不可客人一说走,主人就站起来。在见面中,"尊位"是表达尊敬的重要环节。中国传统的做法是"以左为尊",将客人安排在主人的左侧,以示尊敬。

再如平常人与人之间相互往来也有一些规矩,像客人来访会带礼物来,对此主人送客时应有所反应,如表示谢意,或请求客人以后来访再不要携带礼品了,或相应地回谢一些礼物,绝不能受之无愧似的若无其事;如果领着孩子去别人家做客,一定要引导孩子在问好之后主动把脱下的鞋子排整齐;切不可乱翻别人东西,如果想玩玩具或看书,一定要经过主人的同意等,这些都是最基本的礼仪文化。

还有用餐,在传统礼仪中也是有很多讲究的。入座时,应先请客人入座上席,再请长者入座客人旁,依次入座,最后自己坐在离门最近处的座位上;进餐时,先请客人、长者动筷子,夹菜时每次夹少一些,离自己远的菜就少吃一些;吃饭时不要发出声音,喝汤时也不要发出声响,最好用汤匙一小口一小口地喝,不宜把碗端到嘴边喝;汤太热时要等凉了以后再喝,不要一边吹一边喝;进餐时不要打嗝,更不要对着人咳嗽;如果要给客人或长辈布菜,最好用公用筷子,也可以把离客人或长辈较远的菜肴送到他们跟前;吃到鱼

家风是最好的教育

头、鱼刺、骨头等物时，不要往外面吐，也不要往地上扔，要慢慢用手拿到自己的碟子里，或放在紧靠自己的餐桌边，或放在事先准备好的纸上；吃饭时要适时地抽空和左右的人聊几句风趣的话，不要光低着头吃饭，也不要狼吞虎咽地大吃一顿，更不要贪杯；离席时，必须要向主人表示感谢，或者就在此时邀请主人以后到自己家做客，以示回谢。

像这样的老规矩其实是很多的，它们看似琐屑繁杂，实际上却与日常生活紧密相关。比如老北京的老规矩就还有"不许吧唧嘴儿""不许斜楞眼儿""不许罗着锅儿""不许称长辈为你""不许捋袖管儿""不许挽裤腿儿""不许搅菜碟儿""不许嗑牙花儿""不许抖搂腿儿""不许当众咋呼""夹菜不过盘中线""不许吃饭咬着筷子""不许管闲事儿""不许壶嘴对着人"……这些都是大多数家庭成员从小就被要求遵守的准则，点点滴滴，琐琐碎碎，却正是家风的重要内容。

其实，传统文化的传承和发扬也正是在这些琐碎的家庭生活之中。把传统文化的精髓以"老规矩"的形式融合进家庭生活，对于子孙后代甚至民族国家都能产生深远的影响。我们可以看到，在古代，其实大多数的底层民众是不认字不能读书的，那些经史子集、圣人教诲他们根本接触不到，但是古代中国却依然是"礼仪之邦"，是"衣冠上国"，每一个"引车卖浆者"都彬彬有礼，进退得宜，俨然是文明的化身，很大一部分的原因，就是因为家风的影响，受日常生活的熏陶，他们已经把传统文化的精髓融入了日常生活的点点滴滴，不需要读书认字，就已经把这些东西刻在心里。

所以，良好的家风建设，就应当注重把一些社会道德的基本价值观、传统文化的精华、代表文明的优雅礼仪，融入家庭生活，父母长辈要在日常生活中多给孩子讲解这些传统文化的精华，并努力践行，在潜移默化中把传统文化刻进子孙后代的骨子里。

品读名人家风

疏广（？—前45），字仲翁，号黄老。西汉东海兰陵（今山东省兰陵县）人。古代名臣。自幼好学，早年家居教授，从游弟子甚众，后被征为博士、太中大夫、太子太傅。他在身为太子太傅、获有令名的情况下，主动辞官回家，将赏金遍赠乡里，以自身教导子孙勤俭贤德。优秀家风由此沿袭，世代不绝。

从各种文化中汲取营养，打造特色家庭文化

好家风，除了要从传统文化中汲取营养、传承精华外，还要体现与时俱进的特点，从世界各国家庭文化中借鉴和吸收，打造具有自家特色的家庭文化，引领社会新风尚。

今天的社会和家庭已经与古代中国有很大不同，传统意义上的大家族已然式微，但在"小家庭时代"的当下中国，良好的家风文化并未过时，不管是几口之家，或者流动、留守家庭，只要有"家"的存在，就会有家风；只要需要"立德立人，成人成才"，于家于国，就需要良好家风的培育与传承，需要建设与自己的家庭实际情况相适应的特色家庭文化。我们可以从当代名人、世界名人的家风中吸取营养，吸收经验，培育自家特色的家庭文化。

美国第32届总统富兰克林·德拉诺·罗斯福是美国历史上唯一一位连任四届的总统。他出身于富豪家庭，父亲学过法律，又经过商，很有钱。罗斯福的父亲和母亲相差26岁，当罗斯福出生时，父亲的年龄已经很大了。罗斯福的降生给这个本来就十分幸福的家庭又带来了无比的欢乐。幼小的罗斯福成为父母关注的中心。然而，罗斯福的父母并不娇惯他，而是严格地管束他，特别是罗斯福的母亲。母亲为小罗斯福安排了很严格的作息时间表：七点起床，八点吃饭，跟家庭教师学习两至三小时，然后休息，下午一点吃饭，午饭后又学到四点，休息（自由活动）。小罗斯福游戏时总习惯于自己是赢家，为了教育他，有一次母子玩一种棋类游戏，母亲故意不让他，接连赢了儿子。小罗斯福生气了，母亲故意不去理他，并坚持让儿子道歉。结果，小罗斯福认输了。

罗斯福的家庭是民主的。小罗斯福不满意母亲制订的严格作息制度，一次他提出了抗议，要求母亲给他"自由"。母亲认真地考虑了儿子的要求，允许他"自由"一天。到了晚上，六岁的儿子满身灰尘，一脸疲惫地回来了。这一天儿子去干什么了呢？母亲没有过问。

这就是罗斯福家的家风：规矩严格，管教严厉，但尊重孩子，满足他的合理要求。严管不等于束缚，给孩子自由活动的时间，使孩子在无拘无束中

松弛一下，尽情地享受生命的欢乐，这对一个人个性的发展和良好品格的形成是有好处的。他山之石，可以攻玉，我们在建设自己的家风时不妨多借鉴一些名人的优秀家风，古为今用，洋为中用，培育自家的特色家庭文化。

那么，如何培育自家特色的家庭文化呢？

一、树立家庭正确的价值观

价值观影响一切行为，因而正确良好的价值观是正确优良家风的基础。培育特色家风文化，价值观是应当最先明确的。一个家庭最核心的价值观包括尊老爱幼、孝敬父母、勤俭节约、忠诚守信、正直清白、勤奋努力、好学上进等内容。这些要求，沉淀了优秀的民风民俗，从不同侧面体现了我们中华民族的性格，反映出我们中华民族的精气神儿。组合起来，就是中华民族传统文化和精神气象的生动写照。这样的价值观锻造出来的家风，不仅继承了传统文化的精髓，也发扬了历代家训家教的精华，同时与时代结合，必然成为引领时代的优秀家风。

二、以身作则，率先垂范

家长以身作则，做出表率，才能把孩子培养成人格健全、对社会有用之才，这也是家长最重要的责任。古人云"父母亦师"，身教重于言教，家长的言行举止、生活习惯等都潜移默化地影响着孩子的世界观、人生观、价值观的形成，甚至左右着孩子一生的行为。要以身作则，当然首先得保证自己德优品端，身正心直。良好家风的养成，首先在于父母个人品行的培育，然后再言传身教、率先垂范，以教子孙。家风的形成，有的有明文规定，有的没有，但总会从父母长辈那里传承下来一些做人处事的品德要求，父母长辈的言传身教、以身作则正是良好家风的最大源头。

三、立规立诚，严格执行

"不以规矩，不能成方圆"，家庭也是如此。建设好的家风一定要有严格的规矩在前。制订规矩，就是要让家庭中的每一个人都能分辨责任、承担后果，学会主动、自发地去做正确的事。每个家庭都不一样，每个孩子都有不同的特质、不同的性格和习惯，所以各家也有各家的规矩。如教导孩子料理自己的事，培养良好习惯。孩子自己能做的事，尽量让孩子去做，切勿凡事代劳。父母宜从小鼓励孩子料理自己的事，并依孩子的能力要求孩子分担家务。如此，孩子不仅能学习独立，也能从中肯定自己的能力，增进自信心。所以，父母应依自家生活习惯及孩子的需求，制订一些能帮助孩子建立良好

习惯的家规。比如：就寝、起床的时间，吃饭时不看电视，饭后帮助收拾碗筷，饭后必须刷牙等。此外，父母也应避免设定太多的非必要的规矩，使孩子因做不到而放弃。

规矩定下后，执行非常重要。好的家庭文化、好的家庭价值理念、好的家庭生活习惯，都需要家庭成员身体力行地去做，才能最终形成良好的家风。所以执行的时候一定要严，切不可无所谓。在孩子违反规则的时候，一定要严厉惩处，绝不能姑息迁就。因为有一次迁就，孩子就会蔑视规矩，不把规矩放在眼里，这样一来，规矩再多也没有用了。

四、尊重人格，和谐相处

良好家风的重要基础是团结、平等、和谐、相互尊重、相互关爱的家庭关系。家庭关系不正常，互相指责、埋怨、争斗，孩子感受到的是冷淡、冷酷、敌对情绪，心灵深处就会留下痛苦的伤痕。因此，家庭成员之间要相互尊重和理解，和睦相处，互相关心，互相爱护。家长要理智，善于调节和控制自己的情感，不要当着孩子的面吵架；要发扬民主，主动倾听孩子的意见，平等协商；要开朗、乐观，和孩子一起玩，让家庭充满欢乐情趣。总之，要给孩子创造和谐的家庭环境，让他们在和谐、温暖和相亲相爱的人际关系中健康成长，良好的家风也就会这样潜移默化地刻进了孩子的心中。

每个家庭都自觉地培育自己优良的家风，重视家教、家训，使家庭关系健康和谐，成为个人生活成长的沃土，使家庭充满温暖、正气、亲情和正能量，使家庭中的每一个人都明是非、知廉耻、懂礼让、守本分，那么整个社会文明水平就会大幅度提高。

品读名人家风

常言道：贤而多财，则损其志；愚而多财，则益其过。疏广并没有想着如何为子孙积累财富，因为他懂得所有的金银财宝都只是一时的，如果没有真本事迟早有一天会坐吃山空。宋代史学家司马光称赞疏广：真是有远见卓识。我们应当在有能力时，多帮助那些处在困境中的人们，成全别人，成就自我，弘扬美德。

家风是最好的教育

中华民族崇尚家风传承

  家风是什么？面对这样的问题，小学生的回答是："好好学习，天天向上。"小店老板娘的回答是："女生要自爱。"普通村民的回答是："不打架、不斗殴，老老实实做人，踏踏实实做事。"商贩的回答是："诚实守信，合法经营。"

  家风是什么？顾名思义，家风就是一个家庭的风气、风格与风尚。家风建立在规矩与习惯的基础上，在长期的实践中，慢慢内化成一种性格、态度与品质，规范着一个人如何为人处世。

  说到这里，我不得不谈谈我的家风。我出生于一个书香门第，父母都是人民教师，从小受到了较好的家庭教育。从我记事的时候开始，父母就教导我要与人为善，要诚实做人，要懂得换位思考、学会通情达理。什么叫与人为善呢？我的母亲曾给我讲过一个故事：从前，有个人嘴巴很"毒"，见到谁都会想办法揭他的伤疤、指出他的缺点，借此取笑他。每个与他打过交道的人都不愿意再次与他来往，到后来，他也失去了朋友。

  母亲借这个故事想告诉我的是，与人交往，要本着一颗善意之心，不要无端地揭人之"短"，以免引起别人的不快。相反，应该嘴巴甜一点，主动与人打招呼；嘴巴甜一点，说些好听的，让别人心情好，这样别人才愿意与你交往。

  我一开始并不理解"嘴巴甜"的好处，不过，我还是照做了，很快，我就发现收到了奇效。因为每当我热情、主动地与人打招呼，在交谈中赞美别人时，别人都会露出开心的微笑。再后来，我听人在背后夸奖我，说我懂事、有礼貌，大家都很喜欢我，我在学校里成了人缘最好的人。

  当然了，我这种嘴巴甜并非无缘无故地说漂亮话，说虚伪的话，而是事出有因的，有所指向的。否则，别人也会察觉到我的虚伪，你说是不是呢？可以说，这个家风对我的影响比较大，每当回想起成年之后我顺利的事业、美满的婚姻、和谐的家庭生活，我无不感激当年母亲的谆谆教导。看来嘴巴甜一点，与人为善，真的非常有意义。

每个家庭都有自己的家风，无论你说得出来与否，家风都在潜移默化地影响着我们。那么，曾经的那些年，影响过我们的家风有哪些呢？要说这个问题的答案，那么多本书都写不完，我就挑几条比较普遍的家风和大家分享一下吧！

一、"崇俭"型家风——代表人物晏婴

晏婴是春秋战国时期的齐国宰相，官高位显，但却提倡节俭。他每次出行，都"乘弊车驽马"，"布衣栈车而朝"，在他的带动下，家人也不穿绫罗绸缎。晏婴临终前，不忘告诫夫人："我死之后，不管世道如何变化，一定要保持我们的家风。"难怪司马迁在著《史记》的时候为他写传，并在传首赞美他："事齐灵公、庄公、景公，以俭力行重于齐。"这种节俭的家风具有广泛的影响，后来蜀国政治家、军事家诸葛亮，也提倡节俭，那句"静以修身，俭以养德"至今被人传颂。

二、"崇廉"型家风——代表人物卢怀慎

卢怀慎是唐朝宰相，他以廉洁著称。《旧唐书》上有这样的记载："怀慎清俭，不营产业，器用服饰，无金玉绮文之丽，所得俸禄，皆随时分散，而家无余蓄，妻子匮乏。"据说卢怀慎从来不贪污、不受贿，连别人送给他的礼物都不收。他的儿子卢奂自幼受到良好家风的熏陶，历任中书舍人，自始至终坚持廉洁从政，不贪不占。这种廉洁奉公的家风被一些廉洁的干部奉为珍宝，不断传给后人。

三、"崇学"型家风——代表人物欧阳修

欧阳修是北宋著名文人，他四岁丧父，家境贫寒，母亲曾用荻秆画地教他识字。由于他从小勤奋自学，又接受名师的教导，所以后来文章名闻天下。尽管如此，欧阳修并不骄傲自大，而是一直严谨求学。受欧阳修的影响，欧阳修的儿子欧阳发、欧阳奕也从小好学，饱读诗书，后来颇有学问。俗话说："学习贵在持之以恒。"这种求学的家风在欧阳修的家族有很突出的表现。

四、"崇勤"型家风——代表人物曾国藩

谈到家风，我们就不得不谈到曾国藩，他是清末忠臣，他在家庭教育方面有着令人瞩目的成就和影响力。他以"勤"为人生第一要义，身体力行地发扬勤劳的作风，也教育子女养成勤劳的习惯。他要求"诸男在家勤洒扫"，"诸女学洗衣，学煮茶烧菜"。还为家里的妇女规定了"日课"四项：每天早饭后做各种小菜，上午刻纺花或绩麻，午饭之后做针黹刺绣，晚饭后做男女布鞋或缝制衣服。虽然身为封侯拜相之人，但曾国藩却定期检查"日课"。不少家庭受曾国藩这种"崇勤"型家风的影响，也提倡勤劳持家、勤奋治家的家风，从而使这种家风源远流长。

五、"崇礼"型家风——代表人物丰子恺

丰子恺是中国现代漫画家、散文家，他曾经说过这样一句话："孩子的心灵是最纯洁的，他们是身心全部公开的人，好的教育和坏的教育都很容易接受。父亲是孩子们的第一任老师，因此父亲对孩子们的影响是至关重要的。"在生活中，丰子恺无时无刻不注意自己的言行对孩子的影响，努力使他们健康成长，他特别重视对子女进行礼仪教育。每逢家里来客人了，他总是跟孩子强调："要给客人倒茶、添饭，一定要双手捧上。"他还打了个比方，如果你用一只手给客人倒茶、添饭，就好像皇上对臣子的赏赐，或像是主人对乞丐的施舍。而当客人送礼物时，一定要双手、躬身去接，双手表达敬意，躬身表达谢意。这话深深印在了子女们的心里，也反映在子女的行动上，使他们受益终生。

曾经影响过我们的家风数不胜数，好的家风可以影响好几代人，千千万万个好的家风，可以汇聚成良好的社会风气，从而影响到一个国家的风气。所以，重视家风，重提家风，不仅关乎着"小家"的幸福和谐，也关系到"大家"的繁荣昌盛。

品读名人家风

范仲淹（989—1052），字希文，北宋苏州吴县（今江苏省苏州市）人。古代杰出的思想家、政治家、文学家。他为官清廉自守，一生为民。在家庭教育上，以"清俭"为宗，教子严格，平时儿子吃的穿的，也是蔬食常服，没有一点官家之后的奢华。王安石赞曰："一世之师，由初起终，名节无疵。"

家风显润雨无声

春节期间，中央电视台推出了一个关于"家风"的新春专题节目，名叫《新春走基层，家风是什么》。这个系列专题报道引起了公众对传统家庭教育

的关注,备受好评,也引起了我对家风的深深思考。

过去,大家总以为只有名门望族才有家风,比如《曾国藩家训》《傅雷家书》等,其实普通的家庭也有自己的家风,因为每一位父母都是孩子的第一任老师,每一个家庭都是孩子的第一课堂。每个课堂都有不一样的风气,或好风气,或坏风气,都会给不断成长中的孩子带去潜移默化的影响,甚至直接左右了孩子将来是否能够成为幸福的人。

著名的法国作家罗曼·罗兰曾说过:"生命不是一个可孤立成长的个体,它一面成长,一面收集沿途的繁花茂叶。它又似一架灵敏的摄像机,沿途摄入所闻所见。每一分每一寸的日常小事,都是织造人格的纤维。环境中每一个人的言行品格,都是融入成长过程的建材,使这个人的思想感情与行为受到感染,左右着这个人的生活态度。环境给一个人的影响,除有形的模仿以外,更重要的是无形的塑造。"

联想起罗曼·罗兰的这段话,我意识到自己其实就是家风的受益者,因为我的幸福正是源于淳朴的家风。如果你要我说出我的家风是什么,也许我无法用一两句话完整地将其总结出来,但有一点是少不了的,那就是"己所不欲,勿施于人"。

我的父母都是非常敬业的教师,经常义务为学生补课,由于工作较忙,小时候我经常在乡下的爷爷奶奶家住。周围邻居的孩子都比我大一点,而且以男孩居多,爷爷奶奶怕他们欺负我,平时总是拿好吃的"拉拢"他们,他们也很"给面子",大多数都让着我、照顾着我。久而久之,我就变得有些恃宠而骄,有些霸道不讲理。

一天,我和伙伴们去池塘边的小溪里捉鱼,一个哥哥捉到一条很漂亮的小鱼,我很喜欢,就想当然地把小鱼抓到我事先准备好的玻璃瓶里,哥哥不干了,从小溪里爬上岸,一把将我推倒在地。我非常生气,当即哇哇大哭起来,跑去向小哥哥的爸爸告状。结果,那个小哥哥被他爸爸臭骂了一顿,那条小鱼又回到了我的手里。

然而,事情不是这么结束的。奶奶很快知道了这件事的来龙去脉,她很不高兴,但是没骂我,更没打我,不过她的做法却让我觉得比挨骂挨打还难受,因为她让我把小鱼还给哥哥,还让我向哥哥道歉,向哥哥的爸爸说明这件事的原委,说我要为自己的行为负责。

我当然不愿意这样傲,在家里号啕大哭,甚至在地上打滚,想让奶奶心

家风是最好的教育

软下来。可一向仁慈的奶奶这次十分坚持，她没多说话，只问了我一句："如果今天你捉到了一条鱼，你很喜欢这条鱼，哥哥也很喜欢，但他没经过你的同意，拿走了这条鱼，你愿意吗？"

"当然不愿意，那是我辛苦捉来的，我那么喜欢，凭什么给他？"我不假思索地说。

"那你又是怎么做的呢？你都不愿意把鱼让给别人，为什么要强迫别人这样做呢？"

那年我五岁半，还没上小学，我清楚地记得。虽然奶奶不识几个字，但她简单的几句引导性的问话，使年幼的我意识到要学会换位思考，不能一味地使性子、不讲理。渐渐地，我长大了，我知道奶奶教导我的做人道理叫"己所不欲，勿施于人"，就是自己不愿意接受的事情，自己不愿意面对的局面，不要推给别人，让别人承受和面对。

"己所不欲，勿施于人"的家风就像春雨那样，润物细无声地通过点滴琐事渗入我的骨子里，使我在以后的日子里，在处理事情时少走了很多弯路，在与人相处时少了很多不必要的人际矛盾。与我交往过的人都说我脾气好，说我善解人意。

有一次，我和丈夫带着双胞胎儿女成成、果果坐火车出去旅游。上车后，我发现一位先生坐在我们的位子上。丈夫示意那位先生坐了我们的座位，当我们坐定之后，我发现那位先生的一只腿有些不方便，便在途中假装起身上厕所，多次让那位先生坐我的位子，以减轻他站立的疲惫。下车的时候，那位先生冲我流露出感激的微笑，这让我们的旅游在微笑中开始。

那位先生下车后，丈夫对我笑了笑，说："你真是善解人意，连陌生人都肯定你。"我说："凡事换位思考一下，事情就会变得简单许多，我们的心情也会好很多。"丈夫点了点头，十分赞许我的观点。

换位思考，就是要设身处地地为他人着想，即想人之所想，理解别人，这是与人和谐相处的前提，是处理好人际关系的保证。在生活和工作中，当我们与别人发生矛盾或意见不统一时，我们就会自然而然地想到"己所不欲，勿施于人"的家风，这样就少了争执，多了理解；少了摩擦，多了和谐；少了痛苦，多了幸福。

换位思考，就是要相互宽容，相互体谅，当别人无意伤害自己时，体谅地说声"没关系"。我们是这样做的，也是这样示范果果的，果果耳濡目染，

也受到了这种家风的影响。当我看到果果大度地体谅别人，替别人着想时；当我看到果果与同伴们打成一片，孩子之间相互体谅、相互理解、嬉笑一片时，我会由衷地感到幸福。我想，幸福就是一种感觉，而我的这种感觉，来源于我的"家风"。

品读名人家风

范仲淹一生为民，无怨无悔，秉承"先天下之忧而忧，后天下之乐而乐"的理念，做到了"贫则独善其身，达则兼济天下"。他开创的范氏义庄堪称中国慈善史上的典范，惠及子孙后代数百年。范仲淹的家风值得当代人积极学习，这有助于推动中国的慈善事业进一步发展。

好家风让家庭更和谐

如果说家庭是圃，那么孩子就是苗。家风就像春雨和甘露一样，滋润着万物细无声，小苗只有在雨露的滋润下，才能健康茁壮地成长。小时候，爸爸妈妈经常给我讲"要懂礼貌，不能顶撞父母和长辈；要讲卫生，勤洗勤换衣服；要诚实，不能说谎、不占小便宜……"如今，这些好习惯已经融入了我的骨子里，成了我为人处世、与人交往的风格和秉性。细想起来，这就是家风带给我的影响。

其实，家风带给我的影响远远不止如此，它让我感受最深的是，好的家风能够让一个家庭中的几代人和谐相处。我们都知道，不同年代的人有不同的思想观念，有不同的处世之道。对待同一问题，不同年代的人所持有的看法是不同的。这就很容易造成分歧，而这种分歧又没有对与错之分，在这种情况下，就很容易产生家庭矛盾，小则闹得大家不愉快，大则闹得人心涣散，家庭不和。

初为人妻的时候，我要与公公婆婆（其实称呼爸爸妈妈更好，显得更加亲切，更像一家人，但为了区别于我自己的爸爸妈妈，故这样称谓）、爷爷奶奶相处，起初我内心忐忑不安，老公得知此事后，还安慰我，叫我不要担心，"我的父母都是善良通融之人，非常好相处的，他们不会为难你的。"听了老公的安慰，我的忐忑之心稍有些平复。确实，新婚之后，生活归于平静，生活并不像我想的那么复杂，公公婆婆、爷爷奶奶都是好相处的人，大家一起其乐融融。

如果你要问我："怎么与不同年代的人和谐相处呢？"我的答案很简单，那就是将心比心，对长辈多一些尊重与礼貌。每次我下班回家，都会笑着与公公婆婆、爷爷奶奶打招呼。见婆婆在做饭，我会过去帮忙；见公公在下棋，我会过去看一两眼；见爷爷在拉二胡，我也会凑过去听两段。总之，我一贯对他们保持关注与重视。

在生活中，有什么事情拿不定主意，我会讲给公公婆婆听，请求他们给我建议。出门办事时，我会打招呼，而不像有的媳妇那样，一声不响地出门。中午是否回来吃饭，我也会提前告知，免得他们多做了饭，或等我回来耽误他们吃饭的时间。不要看这些都是鸡毛蒜皮的小事，就认为不值一提。殊不知，很多儿媳妇与公公婆婆（尤其是婆婆）之间的矛盾，最初都表现在不起眼的小事上。

为什么这么说呢？我先举一个小例子吧，我有一个闺蜜，与婆婆关系很僵。问题出在哪里呢？据我所知，她每天回家一声不响，出门也是一声不吭，和公公婆婆坐在一起看电视，很少与他们说话。

我曾提醒过她："为什么不和公公婆婆说话呢？"

闺蜜说："不知道跟他们说什么。"

我说："随便聊啊，看电视，就聊聊电视剧里的内容，或聊聊生活中的小事。"

闺蜜不听，依然如故。这在婆婆看来，觉得闺蜜很孤傲，瞧不起或不尊重长辈。久而久之，大家在这种冷漠的气氛下相处，一点小小的不愉快就会成为引发矛盾的导火索。

有一次，闺蜜躺在沙发上看电视，可能是剧情太有吸引力，婆婆从外面买菜回来，连续敲了几次门，闺蜜没听到，结果婆婆用力地砸门，闺蜜才听到。她慢慢悠悠地起身开门，嘴里还念叨着："敲这么重干什么？把门敲坏了。"

婆婆也有怨气："你还说我把门敲坏了，我敲了那么久，你居然不开门，你什么意思啊？成心的是吗？"

闺蜜明知婆婆生气了，还不知道道歉退让，却据理力争道："我没听到，什么叫成心的?"

婆婆说:"你就知道看电视,家里明明没有菜了,也不知道去买菜……"

你看,就这样吵着吵着,就开始偏离原来的话题,话也越来越难听了。最后,吵得大家都不愉快,原本彼此关系就非常冷淡,经过这件事,大家更是互相有成见。

类似我闺蜜的遭遇,相信很多家庭的婆媳之间也遇到过,为什么会出现这种问题呢?其实,我想还是大家没能将心比心,作为儿媳妇的晚辈,如果多换位思考一下,想一想长辈们需要什么,就不容易触碰到他们的"雷区"。长辈们不就是需要尊重、需要关心、需要体谅和赞美吗?如果我们能从小事上表达尊重,在生活中表达关心,遇事多体谅一下他们,偶尔赞美一下他们,做家务活时勤快一点,也许婆媳关系也会变成母女关系,一家人和和美美地生活。

与公公婆婆相处,毕竟是两代人之间的问题,关系还没有那么复杂。可是当我们的龙凤胎儿女成成、果果出生后,在教育孩子的问题上,我和丈夫与公公婆婆也存在不小的分歧。记得成成、果果三四岁的时候,他们已经上幼儿园了。每次吃完饭的时候,公公婆婆都会一人负责一个孩子,喂饭给他们吃。我和老公就提出了不同的意见,"孩子在幼儿园已经学会了独立吃饭,为什么要喂他们吃呢?"可是公公婆婆不听,他们觉得孩子还小,自己吃饭太慢了,喂饭孩子吃得快、吃得多,对成长有好处。

有一次,我当众提出了反对意见,惹得婆婆不开心。婆婆说:"孩子是你们的,你们不喂饭给孩子,我们来喂饭,你们还嫌我们多事……"此话一出,我立马意识到自己的不对,想想也是,公公婆婆也是爱孩子心切,不辞辛劳地喂饭给孩子吃,我倒好,居然说他们不应该,换作别的父母,也会不开心。后来,我向公公婆婆道歉了,并真诚地与他们沟通,我说:"孩子已经学会了吃饭,这正是培养他们独立性的时候,幼儿园老师也打电话给我,说要家长配合幼儿园,共同培养孩子。因此,我们不妨让孩子独立吃饭,虽然孩子吃得慢一点,但是没关系的,我们可以等他们。相信他们的'慢'是暂时的,经过一段时间的练习,他们吃饭的速度就会快起来。"

这次沟通非常顺利,公公婆婆也理解到我与丈夫的苦心,最后答应放手让孩子独立吃饭。经过一段时间的训练,成成、果果俨然成了小大人,吃饭的时候你争我抢,不肯落后。经历了这件事,公公婆婆在教育孩子的问题上,也更相信我们了。以后,遇到教育观点的分歧时,他们也愿意接受我们的建议。于是,我们一家三代人相处得越来越和谐,我想这正是得益于良好家风的影响。

品读名人家风

张謇(1853—1926),字季直,号啬庵,祖籍江苏常熟,江苏省海门县长乐镇(今海门市常乐镇)人。清末状元,近代著名的实业家、政治家、教育家。张謇从小深受祖父辈影响,乐于助人,兴办实业的同时,他将大量的心血倾注在办教育、做慈善事业上,是近代中国慈善家的楷模。

好家风能影响孩子的一生

家风是一个家庭的思想、生活习惯、情感、精神、态度和情趣等多种因素的综合体,是一种综合的教育力量。家风的好坏,直接体现在家庭的语言环境、情感环境、人际环境和道德环境上。在日常生活中,家风会潜移默化地影响孩子的心灵,对塑造孩子的性格是一种无声的教育,对培养孩子的品质是一本无字的典籍,是最基本、最直接、最经常的教育,它对孩子的影响是全方位的,会影响孩子世界观、人生观、性格脾气、道德素养、处事方式以及生活习惯等。可以毫不夸张地说,孩子的每个方面都会打上家风的烙印,有什么样的家风,就有什么样的孩子。

我曾看过这样一则故事,讲的就是家风对孩子的影响力。

美国有一个爱德华家族,该家族的主人爱德华是一位德高望重、博学勤勉、多才严谨的人,他的后辈子孙受他奠定的这种家风的影响,取得了非常大的成就。其中,有13位担任大学的校长,有100多位文学家,有60多位医生,还有一人当过美国副总统,一人担任过大使,20多人当过议员。

美国还有一个珠克家族,该家族的主人珠克是一个酒鬼、赌徒、无赖,终生浑浑噩噩。他的子孙后代,有300多人是乞丐、流浪汉,有400多人因酗酒导致残废或死亡,有60多人犯过诈骗、盗窃罪,还有7人是杀人犯。可以说,珠克家族的后代很少是有出息的。

看了这则资料，我十分震撼，它让我意识到家风的好与坏、正与邪，具有长远的影响力和强大的渗透力，它不仅仅会影响孩子的一生，还会影响到一个家族好几代人的成长。所以，在家庭生活中，重视家风的建设与传扬，让孩子从小生活在优秀的家风之下，是我这些年来和丈夫一直在做的事情。

在我看来，家风很大程度上体现的是为人父母的人生态度和处事风格。要想营造良好的家庭风气，父母必须有积极健康的人生态度，有积极进取的人生追求，有高雅的兴趣爱好，有乐观向上的心态，这样才能够引领孩子健康快乐地成长。

我的老公是一位媒体工作人员，长期从事文字工作。有人说这份工作很乏味，也有人说这份工作很累，但是他对工作充满热爱，有时候工作没有做完，回到家里还会加班，在电脑上写文章，一写就是大半夜。我从来没有抱怨；相反，我还经常与他交流工作中的心得体会，分享完成某一项工作后的快乐。

无形之中，我们的行为给成成、果果带去了积极的影响。有一次，成成背着我老公的采访包在客厅里走来走去，然后拿着话筒采访果果。当他看见我走过来时，又把话筒对向我："妈妈，你看我像不像一名记者？"我忍不住笑了，我知道老公的职业自豪感不知不觉地传染给了子女。我对成成、果果说："如果你们想成为记者，那就要从小好好学习，掌握丰富的知识和学问，这样将来做记者才能与他人侃侃而谈。"

在学习中，成成和果果基本上不让大人操心，每天放学回家，都会自觉地做作业，如果作业没做完，吃完饭后会抓紧时间做。做完作业之后，他们才会看电视。有一次，我做好了晚饭，叫成成吃饭，成成没有答应，果果在一旁对我说："妈妈，哥哥叫我们先吃饭，他说还有一道题没做完，做完了再来吃。"

我来到成成跟前，问他为什么不先吃完饭再做作业，成成说："爸爸妈妈经常说，把工作做完了心里踏实，我把作业做完了，吃饭时才踏实。"这一年，成成和果果刚满十岁，还在上小学四年级，我不由得感动于孩子的懂事。

后来我与老公谈论此事，我们都认为成成与果果的这种表现，得益于我们平时对待工作的态度，无形之中给他们带去了积极的影响。的确，假如我和老公经常不认真完成工作，回到家里就打麻将，或做其他的事情，不谈论工作，也许孩子会是另外一种样子。在我们周围，有些家长让低级趣味充斥

着家庭，对孩子造成了极坏的影响。

听成成、果果说，他班里有个男生特别不爱学习，经常不完成作业。班主任把他的家长叫到学校，父母没来，孩子的爷爷来了，孩子的爷爷告诉老师："孙子的爸爸整天招来一帮人在家打麻将，吵吵闹闹不说，还经常抽烟、说脏话，把家里搞得乌烟瘴气的。"

再一问，原来他的爸爸妈妈开了一个小商店，顺便开了一个麻将馆，每天除了经营超市，就是打麻将。与关心孩子的学习成绩相比，他们更关心今天打麻将赢了多少钱，更关心商店一天的营业额有多少。

听那个孩子说，父母一打麻将，他就烦，因为稀里哗啦的洗牌声，啪啪的拍桌子声，吵得他心烦意乱，哪有心思写作业、背课文？可是爸爸还不断地叫他给客人倒水、递烟。有时候爸爸凑不够一桌麻将，就命令他去周围找牌友，还给他10元钱的跑腿费。他当然乐意了，因为轻松就能"赚"10元钱，可以买零食吃……就这样，久而久之，他就变得不爱学习了。

试想一下，孩子生活在这样的环境里，怎么能健康成长？怎么能热爱学习呢？因此，家长一定要给孩子创造一个良好的家庭氛围，只有让孩子生活在家风健康、气氛和谐的环境中，他们才能心情愉快、积极进取，养成良好的行为习惯。否则，恶劣的家风会毁掉孩子美好的一生。

品读名人家风

纵览中国近代历史，张謇无疑是一颗炳蔚中华的巨星，他办实业、兴教育、做公益等都产生了广泛的影响。这一切皆源于良好的家风，深受祖父辈的熏陶。张謇强烈的爱国热忱，"敢为天下先"的实干精神，热衷公益、造福乡梓的奉献精神，随着时代演进，仍在不断焕发新的价值，值得国人学习。

好家风让孩子的情商更高

家风是一个家庭智慧的结晶，包含了修养、气质、智慧和人品等孩子成长不可或缺的多种因素，从某种程度上来讲，家风影响着孩子成为怎样的人，影响孩子做人做事的风格与待人的态度。

有的孩子说，他的父母工作很勤奋，做事很认真，这种精神影响了他，他学习也非常认真；有的孩子说，他的父母非常孝敬爷爷奶奶，非常尊重老人，在公交车上，只要看到老人上车，就会主动让座，这也无形中影响了他，使他懂得为老年人考虑，主动为老年人让座。有的孩子说，他的父母教育他"吃亏是福"，诚实守信，与人交往不怕吃亏，这使他变得心胸宽广，大家都喜欢和他做朋友……

细细分析，勤奋工作，做事认真；尊敬老人，主动让座；吃亏是福，诚实守信，这些不正是情商的重要内容吗？有什么样的家风，就有什么样情商的孩子。在团结、和谐、平等的家庭氛围中成长起来的孩子，也会懂得与人团结、与人和谐相处；在家庭关系不正常，互相指责、埋怨、争斗中成长起来的孩子，往往会变得冷漠冷酷、敌对情绪严重、脾气暴躁。所以，我一直认为，好家风可以让孩子的情商更高。

在我的家风中，有一条是"今日事今日毕，要善于管理时间"，这一点是父母教给我的，也是公公婆婆所推崇的，更是老公非常认同的。在平时教育孩子上，我和老公要求孩子每天做事有计划、有条理，学会制订计划并按计划办事。

成成、果果从这一条中感受到益处，渐渐养成这样的处事习惯。如果他们第二天要穿校服，会在头一天晚上把校服准备好，放在自己的床头；第二天要上什么课，他们会把课本和文具提前准备好。每年寒暑假，他们也会制订可行的计划，这使他们的假期生活有章可循。

与成成、果果相比，我发现有些孩子假期生活十分混乱。比如，我有一位朋友的孩子，一到暑假就过上了无拘无束的生活，每天晚上和大人一样，玩到十一点多，第二天早上起得很晚，早饭也不吃了。这样不仅会造成孩子的饮食规律紊乱，对孩子的成长不利，还会影响孩子暑假作业的完成，对孩子的学习是不利的。当然，最严重的是不利于孩子情商的培养，让孩子变成一个随心所欲、没有计划的人。

有一户人的家境非常优越，父母常年在外忙于生意，家中请了一个保姆，专门负责照顾孩子的生活起居，一切都不用孩子动手。孩子从小学三年级的时候就过这种生活，父母隔三岔五地开车回来，每次回来都会给孩子一笔零花钱，少则一两百，多则七八百甚至上千。对于这么小的孩子，有这么多的零花钱，他根本不知道该怎么花，于是，他会在小伙伴面前炫耀，以零花钱

家风是最好的教育

为筹码,对小朋友指指点点,让小朋友称呼他为"老大",然后买零食给他们吃。

有一次,父母回家看望孩子时,发现孩子出于好奇学着保姆擦桌子、拖地,妈妈就说:"没出息。这些事情不用你干,你天生就不是干这个的命,这是下人做的事情,你要做人上人。"年幼的孩子看到妈妈对保姆挑三拣四,从来没有满意的时候,也渐渐认为自己是"人上人",好吃懒做不说,还经常对别人出言不逊,毫无礼貌和教养。

在学校大扫除的时候,老师让这个孩子摆一下桌椅,他却说:"我妈妈说干这种事情没出息,我要做人上人。"如今,这个孩子仍然习惯于做"人上人",对同学、亲戚、朋友指手画脚、吆五喝六,经常要求别人为他做事,却从来不考虑别人的感受。由于他的自私懒惰、自以为是,他身边没有朋友,内心孤独。

由于懒惰,怕吃苦,学习成绩一塌糊涂。这个时候他的父母不但没有意识到问题,反而安慰他说:"学习不好没关系,你看我和你爸爸也没上大学,照样赚大钱。你以后长大了,就接我们的班,做大老板。"

其实,要想改变这种状况,也不是特别难的事情,只要成年人改变对家风的认识,认识到家风的重要性,然后规范自己的言谈举止,慢慢地给孩子传递积极的影响,那么,时间会带给孩子一个巨大的改变。要相信,潜移默化的影响对孩子的改变是最大的,看似不经意间一点一滴的转变,在时间的累积下,将会使孩子整个人生面貌发生大转折。

品读名人家风

吉鸿昌(1895—1934),字世五,原名吉恒立,河南扶沟人。近代抗日英雄,爱国将领。少年时,深受父亲正直、豁达思想的影响,立志不忘父亲告诫的"做官即不许发财"的家训。他视兵如子,国家危难之际,挺身而出,最后壮烈牺牲,用自己的行动践行了父训。

第三章

以身作则，规矩有成的家风助孩子成大器

父母是孩子的第一任老师，家庭是孩子成长的第一环境。在这个环境中，父母的一言一行、一举一动，都会给孩子留下深刻的印象。父母的所有行为，对孩子都会起到示范的作用。

家风是最好的教育

成为一个好父亲的关键

美国著名的哈佛大学心理学硕士、哲学和组织行为学博士泰勒·本·沙哈尔曾经在他的著作《哈佛幸福课》中讲过这样一个故事：

有一位社会学家想研究父母对子女的影响，是先天的遗传因素影响大，还是后天的环境影响大？在他的研究对象中，有一对双胞胎兄弟，他们的父亲是一个暴虐的酒徒，童年他们没少受父亲的虐待，心理上有很多创伤。长大之后，他们在不同的城市工作，而且成立了各自的家庭。

社会学家首先来拜访哥哥，一进家门，发现屋子里乱糟糟的，到处是酒瓶，两个孩子见到来访者，怯生生地躲在一边。社会学家问哥哥生活为什么会这样？这位哥哥说："伙计，你知道我是从一个怎样的家庭出来的，你也知道我有一个怎样的父亲，我不这样还能怎样呢？"

过了几天，社会学家又去另一个城市拜访弟弟。一进家门，他看到的完全是另一种景象：房间里整洁有序，夫妻关系和睦，孩子非常可爱，家人的脸上都洋溢着幸福。社会学家简直不敢相信自己的眼睛。为了防止弟弟作假、刻意制造一种和谐的画面，社会学家几天之后再次拜访弟弟。最终，他相信这一切是真实的。

当社会学家问这位弟弟："你是怎么过上这么好的生活的？"这位弟弟说："伙计，你知道我是从一个怎样的家庭出来的，你也知道我有一个怎样的爸爸，我不这样还能怎样呢？"

这对双胞胎兄弟从父母那里得到了同样的遗传基因，从父亲那里得到了同样的粗暴对待，他们拥有同样不幸的童年经历，他们的回答从字面上看一模一样，但是他们所做出的实际回应却是截然不同的。哥哥被童年的痛苦和创伤牢牢控制，长大之后被动地复制父亲的模式："我只能像父亲那样。"而弟弟却理性地思考、深刻地反省、积极地行动，做出了与父亲、哥哥完全不同的选择："我的父亲都那样了，我怎么还能那样呢？"由此可见，深刻而理性的反思，是走出原有家庭教育桎梏的唯一途径。这个案例也证明，后天的环境比先天的遗传因素对孩子的影响更大。

中国的《礼记》中有这样一句话："知为人子，然后可以为人父。"意思是知道怎样做一个好儿子，然后才能做一个好父亲。这个"知"字非常关键，它指的是用理性去认知、去理解。上面案例中的弟弟，就很好地参透了"知"，他对自己所经历的家庭教育做出了积极的回应，认识到了作为一个父亲，应该怎样对待自己的家庭和孩子，这是他成为一个好丈夫、好父亲的关键。

在我们身边，很多人也知道怎样做"人子"，但这种知只是停留在感性的熟知层面，而没有把熟知的经验接受下来，没有对其过程的合理性进行分析并提出独到的见解，这种现象被大哲学家黑格尔称为"熟知并非真知"。也就是说，只有客观理性的"真知"，才能有后面积极正确的"为"。这样一来，我们在"为人父"时，才不会被动地复制父母错误的教养方式。

事实上，我们需要做的理性反思，比那对双胞胎兄弟复杂得多，因为父母对我们的教育行为不能简单地用"好"与"不好"来判断。这就要求我们有辨别是非的理性思维，有能力将一种教育行为中的"好"与"不好"理性地剥离出来，借鉴其中好的教育行为，规避不好的教育行为，只有这样，我们在教育下一代，在为人父母的时候，才能保证我们的教育方式充满理性与智慧。

举一个十分常见的例子，很多人小时候经常挨打，对于这些经历他们记忆犹新。有的人认为父母打孩子是天经地义的，是教育孩子不可缺少的方式，于是，当他们做了父母时，他们就会简单地复制这种粗暴的教育方式。有的人认为父母打孩子不好，这种教育方式不可取，想到自己小时候挨打那么痛苦，所以当他们有了孩子之后，他们坚决不打孩子。

在这里，我暂且不谈论打孩子的对与错，我想说的是，这些父母虽然放弃了粗暴的教育方式，往往也可能丢掉了规矩教育。在他们的教育行为中，他们很可能做到了不打孩子，但是却没有对孩子进行规矩教育，而是很简单的用极端的溺爱方式代替父辈的粗暴教育。

从某种角度来说，这种改变不过是从一个极端走向了另一个极端，虽然他们没有简单复制父母的教育方式，但是他们对孩子的教育方式与父母的没有本质差别，因为它们都缺乏理性的反思，没有真正从父母的教育模式中走出来。

在我看来，要想真正"知"为人子，就有必要进行有步骤的反思。

家风是最好的教育

一、童年的经历中，究竟发生了什么？

回忆一些对自己影响较大的事件，特别是至今仍然耿耿于怀的事情。在回忆时，尽可能客观详尽地描述事情的始末，而不要急着加入自己的主观评价。回忆事情发生的时间、地点、父母对你做了什么、当时你的感受怎样。如果你是独自反思，我建议你把它记录下来，这样比较容易做到理性反思。

二、这件事情为什么会发生？

这一步是对事件的分析和解释，主要反思：为什么自己会做那些事？为什么父母会那样处理？在分析这些内容时，要结合父母的成长背景和个人特点去理解，而不要停留在简单表面的答案上。例如，父母就是一个粗暴的人，不会用温和的教导来处理。

三、这件事对父母和我产生了什么影响？

在反思的过程中，要想一想：为什么我还记得这件事？这件事对父母和我有什么影响？然后用规矩和爱的理论去解释造成这样的结果。例如，父母打我是为了让我改正某个缺点，一旦从规矩和爱的角度反思，你也许就容易发现父母粗暴行为的背后，藏着一种深层的爱。

四、既然这样，我应该怎么做？

在前面三步的反思基础上，有意识地把父母的教育行为和过去的经历联系起来，看看今天的自己是否重复了父母的教育模式，并考虑是否需要更换教育方式。其次，用规矩和爱的模式来思考：如果让我来处理当年的事情，我会怎样处理？

需要指出的是，反思的目的不是为指责父母找理由，而是为了帮助自己更深刻地认识这些经历，以便自己在为人父母的时候比自己的父母做得更好。即使父母当年对自己的教育行为失当，给自己造成了痛苦，也应该理解和宽容父母，毕竟父母是常人，也会犯错。不管父母曾经在自己身上犯了多少错误，他们能够把我们养大，我们就应该感恩。正如《弟子规》中所说："亲爱我，孝何难。亲憎我，孝方贤。"即使父母对我们十分严格，我们仍要去理解、去感恩父母。

品读名人家风

吉鸿昌临终的绝命诗与刻在细瓷茶碗上的"做官即不许发财"这七个字，两者之间其实是有着很大关联的，都是在传承优良家风——一心为国、为民。

有一种热血,像长江奔涌不息,浸润着每一寸山河;有一种责任,像长城守护中原,不容许一丝一毫的践踏;有一种仁爱,是想要保护每一个弱者;有一种光芒,是代代相传的忠魂闪耀!

父母相亲相爱就是孩子的榜样

曾有这样一项针对父母的调查:"在你心目中,谁最重要?"百分之八九十的中国父母不假思索地说:"当然是孩子最重要。"而百分之七八十的西方父母却回答:"伴侣。"从这两种回答中,我们可以发现,中国人有浓厚的血缘情节,而西方人则认为孩子18岁之后,就应该独立了,只有自己的伴侣才会陪伴自己度过一生。因此,他们把伴侣排在第一位。

国外曾有人访问过四到八岁的孩子,问他们:"爱是什么?"孩子们的答案超出了一般人的想象。四岁的罗切斯说,爱就是当妈妈看到爸爸上厕所时,仍然不觉得恶心;七岁的马克说,爱就是当爸爸给妈妈端咖啡时,他会在妈妈之前品尝一口,以确保味道是好的;八岁的瑞贝卡说,奶奶得了关节炎,不能弯腰剪指甲,爷爷总会帮她剪指甲……

这就是西方孩子眼中的爱,他们对爱的理解很大程度上是从父母、家人身上看到的、学到的。而在中国,如果你问孩子:"爱是什么?"也许得到的回答大多数是父母怎么对我好,父母怎样爱我。这就是中西方家庭教育的差别所在。

事实上,只有夫妻相爱的家庭,孩子才会幸福快乐。而只会爱孩子,不重视夫妻感情的家庭,孩子并不幸福。为什么孩子不幸福呢?这一点其实很好理解,我们假设有这样一种情景:一家三口在吃晚饭,父母彼此黑着脸,不说话,母亲和父亲不停地给孩子夹菜,叫孩子多吃点。孩子看见父母的表情,再感受一下令人窒息的气氛,试问:他吃得下去吗?恐怕孩子会忍不住想:父母为什么不开心?他们为什么不说话?是不是他们吵架了?

如果父母连续几天依然冷战,依然不说话,甚至争吵、发脾气,小孩子的担忧就更多了,他害怕父母有一天会离婚,让自己失去完整的家。有了这种担忧,就证明孩子已经失去了安全感,他会忐忑不安,在这种情况下,他

家风是最好的教育

怎么能专注地学习？怎么能快乐地游戏呢？

所以，父母能够给孩子最好的礼物，就是一个充满爱的家，其中又以父母相亲相爱为主体。一个在爱的环境下长大的孩子，受父母的影响，也会学会去爱周围的人。这样孩子将来在人际交往、在适应社会、在包容他人方面，都会有出色的表现。

我曾经主讲一个儿童教养培训的课程，第一课我给大家讲"夫妻关系"，结果遭到了现场家长的质疑。我没有慌张，而是从容地告诉他们："你们作为父母，给孩子最好的礼物不是玩具，不是房子，不是重点学校，不是漂亮的衣服，而是你们夫妻相亲相爱，让你们的孩子看在眼里，让他知道父母永远不会离开他。因此，首先学会怎么爱自己的伴侣，学会处理夫妻关系，这就是另一种爱孩子的方式。"

在我做家庭教育咨询的这些年里，我发现一种奇怪的现象：很多家长在孩子出现问题时，比如，早恋了、厌学了、染上网瘾了，他们不惜花重金去寻求教育专家和心理医生的帮忙，动辄几千甚至上万元地投入，却没有想过花钱找心理医生或情感专家"诊断"一下自己的婚姻。正是因为他们的婚姻中出现这种不愉快的问题，才导致整个家庭硝烟弥漫、剑拔弩张。在这种气氛之下，孩子很容易失去安全感，没有安全感的孩子很容易出现性格孤僻、情商低下等问题。有些孩子在青春期出现焦虑、抑郁、自闭等问题，其实根源是童年时父母给他们播种的种种伤害。

我曾遇到这样一对夫妇，两人均是名牌大学的高才生，对孩子的教育十分重视。在孩子出生后，妻子就十分自信地说："以后我家孩子一定会品学兼优。"她说这话也是有根据的，因为他们夫妻智商都特别高。

然而，由于他们性格差异太大，无法调和，丈夫是完美主义者，特别注重细节；妻子是影响型的人，热情冲动，不拘小节。孩子在学习爬行的时候，他们就为孩子应该穿多大的袜子而争执，为孩子每餐喝多少刻度的奶水而辩论。虽说都是鸡毛蒜皮的小事，但两人却毫不相让。

后来孩子上幼儿园了，妻子把妈妈叫来带孩子，可是丈夫不放心，担心神经质的岳母把孩子带坏了，就叫自己的妈妈来带。妻子心里不平衡，婆婆未到，就心生敌意。后来婆婆来了，她对婆婆一百个不顺眼，经常下班故意在外面闲荡，回到家里，常给婆婆脸色看。久而久之，婆婆对她也产生了不满，最后婆媳大战公然上演。

偏偏丈夫是个"大孝子",对于婆媳之间的矛盾,一味地指责妻子,结果,婆媳矛盾又演变成夫妻矛盾,夫妻床头不和,积怨颇多,有意无意地在孩子面前表现。有时候,因为一些小事甚至当着孩子的面怒目相向,又是摔盘子摔碗,弄得家里鸡犬不宁。就这样,孩子在爸爸妈妈的争吵和仇视中长大。

后来夫妻分居,但他们对孩子的"迫害"却没有结束。怎么个迫害法呢?他们夫妻经常在孩子面前说对方的坏话。对于自己最亲、最信赖的人,你告诉他们是坏人,对孩子会造成什么影响?一个国家最可怕的是分裂和动乱,一个家庭同样是如此。家庭分裂了,就会离婚;目光分裂了,就会斜视;人格分裂了,就会患精神病。在孩子正长身体、价值观正在发展的时候,家长给孩子分裂的教育,灌输分裂的意识,孩子长大怎么可能健康呢?一个心理不健康的孩子,怎么懂得去爱人呢?

一位台湾专家曾说:"我们就像一棵大树,父母是大树的树根,孩子是树叶和果实,要想让大树枝繁叶茂,一定要在树根上浇水,而不是在果实上浇水。"在现实生活中,很多家长喜欢把目光集中在孩子身上,而忽视了自己作为父母,应该如何处理夫妻关系。到最后,树根都动摇了,果实怎么还能顺利成熟呢?所以,良好的夫妻关系是家庭教育的基础,父母相亲相爱,孩子才会健康、快乐常伴。

品读名人家风

霍英东(1923—2006),原名官泰,祖籍广东番禺。香港著名实业家、商业巨头,爱国爱家的典范。霍英东的一生都在为祖国、故乡的繁荣和富强而努力付出。长子霍震霆深受父亲的影响,为中国体育事业的发展孜孜不倦地努力着。

孝敬老人具有示范作用

中国有句古话叫:"百善孝为先。"孝顺父母是中国传统的第一美德。一个人如果都不知道孝敬父母,就很难想象他会善待他人了。而要想培养孩子

家风是最好的教育

孝顺的美德，父母对待长辈的态度就显得至关重要。如果父母孝顺父母、尊敬长辈，孩子自然会跟着学。相反，如果父母行为不孝，即便嘴上再怎么给孩子讲"仁义道德"，也是枉然。

有一对中年夫妇，他们对年迈的父亲非常不孝。爷爷行动不便，吃饭时还流口水，结果这对夫妇嫌老父亲脏，不让他上桌吃饭，把他赶到一旁独自吃。有一次，老父亲不小心摔碎了饭碗，儿媳破口大骂："你这老不死的，以后给你准备个木碗吃饭算了，免得你把碗摔碎了。"

过了几天，夫妻俩带着儿子去逛街，儿子停留在一个卖碗的地摊上很久，夫妻俩不解，问儿子在看什么，儿子一本正经地说："我在挑木碗，等爸爸妈妈老了用来吃饭，免得把碗打碎了。"

故事虽短，但意义却深远。它告诉我们，父母对孩子的影响很大，如果父母不孝敬老人，就别指望孩子今后孝顺父母。现实中，有些年轻人不孝顺，大都与父母的言行有关。有些父母对孩子的祖辈不孝敬，甚至逃避赡养义务，虐待老人、遗弃老人，这些不孝的做法，往往会扭曲孩子的心灵。

家庭教育，身教重于言传，父母是孩子从一出生就开始模仿的对象，孩子耳濡目染，自然有样学样。父母对孩子说的话，在日常生活中做的事，对孩子都是一种无声的教育。如果父母是个孝敬长辈的人，那么将来孩子也会接过孝敬的接力棒，将孝敬的美德继承下去。这就叫"上行下效"，是对孩子最有效、最生动的教育。

在我18岁的时候，我的奶奶患偏瘫，不会走路，从那之后，就再也没起来过。那个时候没有轮椅作为代步工具，我爷爷的身体也不是很好。可怜我的父母，经常下班回家就照顾奶奶。一日三餐，都由父母或爷爷喂饭，有时候爸爸还会半夜起来给奶奶端水喝。每天早晨，父亲和母亲都会给奶奶穿衣服，扶奶奶大小便，给奶奶端屎倒尿。

俗话说："久病床前无孝子。"可是我的父母用实际行动批驳了这一言论，也给作为晚辈的我和哥哥以无言的身教。岁月无痕，在我出来工作后，父母也渐渐步入老年，家里的哥哥无微不至地照顾着父母的衣食起居，他就像当年父母照顾爷爷奶奶那样无微不至，而且没有任何怨言。

与哥哥相比，我感觉在孝顺父母方面做得远远不够。每次回家探亲，我都会依偎在父母身边，除了睡觉之外，尽量利用有限的时间来弥补不能常年在家的缺憾。有几次回家，我带着笔记本，把我日常工作中的照片和一家四

口的生活照给父母看,老人都会露出欣慰的笑容。有时候我还会带着丈夫和成成、果果回家看望父母,每当这时,父母总是最快乐的人,他们见到孩子之后,仿佛都返老还童了一样。

孝敬父母是子女的责任,也是父母教育孩子的重要内容之一。孝敬一词有两个含义:一是孝,即照顾父母、赡养父母;二是敬,即对父母恭恭敬敬,尊重老人的意愿。很多人知道赡养老人、照顾老人,但是在这个过程中,却显得对老人不够恭敬,言语之间颇有微词和抱怨,其实这算不上真正意义上的孝敬。

要想做到孝敬父母,给孩子带去积极的影响,我建议从下面三个方面来努力:

一、建立合理的长幼有别的家庭关系

所谓"合理的长幼有别"与封建家长制、一言堂是不同的,合理指的是全体家庭成员之间要平等相待,父母要尊重老人,尊重孩子的独立人格,在孩子能够处理的事情上,一定要充分听取他们的意见。对于老人的意见,同样要予以重视,即便老人的意见不合理,也应该耐心听取。即便不采纳,也应说明理由。千万不要对老人表现得粗暴和无礼。

对于老人,家长的态度会直接影响孩子的态度,如果家长对老人恭恭敬敬,相信孩子也会恭敬地对待老人。见到老人,主动问好、打招呼,主动起立示意,都是恭敬的一种表现。当孩子表现不佳时,家长应及时提醒孩子。相信在父母的正确示范下,孩子一定能学会如何孝敬长辈。

二、让孩子了解长辈对家庭的付出

关于这一点,结合当下的现实情况:很多年轻人搬出去了,留下老人住在乡下。对于这种现状,我最想谈论的就是,家长有必要经常带孩子回老家看望老人,带孩子去田间地头,参与一些简单的农活,带孩子在老家逛逛,给孩子介绍一下老家的现状与历史,讲一讲自己小时候的故事,使孩子对老家增加更多的认识,增加对家乡的感情和对老人的感情。也好让孩子了解老人曾经对家庭的付出。

三、给孩子示范具体的孝敬的行为习惯

教育子女孝敬长辈,最好的方式是以身示范,比如,某个亲戚长辈生病了,家长不妨买一些礼品,带着孩子回去探望。见到老人后,父母对老人说一些安慰的话,对老人嘘寒问暖,对孩子就是一种很好的示范;如果父母、孩子与长辈生活在一起，那么这种示范就无处不在了。出门的时候，向老人道个别；回家时，向老人问个好；吃饭的时候，为老人盛饭夹菜；闲暇时，为老人端茶倒水，如果有水果，给老人拿一个。总之，孝敬之心体现在生活细节上，家长要多一些示范，多一些引导，孩子就会多一些孝心。

品读名人家风

2006年，香港一家知名媒体在悼念霍英东时有这样一段话："爱国，就是付出，不问回报地付出。这与当今的现实有极大距离，不少人以爱国为名，计算权力和金钱的回报，见风使舵。付出，已经很稀罕了。"而这种不计回报的付出，霍英东用自己一生的行动做到了，并且教导子女们也做到了这点，让优良家风得以传承，真不愧为时代的楷模。

家风家规，孩子看在眼里记在心里

家风是一种无言的教诲，是一种无痕的教育，是一种影响力巨大的综合力量。家风说到底，就是一个家庭行为处事的规矩。俗话说得好："没有规矩，不成方圆。"对于一个家庭来说，为了使自己的后代具备良好的品行与操守，就必须用规矩约束孩子的言行举止。当孩子违反了这些规矩时，家长应该严格执行家"规"，这样才能让家风家规深入孩子的内心。

需要说明的是，家风是一种无形的约束力，这种约束力就像一双看不见的手，虽然不会打人，但是当人违反它时，它却能让人感到一种自责和惭愧，这是一种发自内心的约束力，是一种自省的力量。它看似和风细雨，却能给人最有力的教诲。因此，在执行家风家规的时候，不能粗暴，而要温和，温和到让孩子自己教育自己，这样的教育才是最有效的。

有一次，我和丈夫开车带着成成、果果去钓鱼，我们是出钱钓鱼，一天200元，只要在湖边告示牌上面规定的时间里钓鱼，不论钓多少，都归自己所有，但是超过了时间，不允许钓鱼。告示牌上写着："钓鱼时间为9：00－16：00。"

一到河边，我和丈夫就提醒成成，要把握好时间，在下午四点准时收竿

回家。丈夫和成成钓鱼的时候,我和果果坐在汽车里玩扑克牌。下午三点四十多分的时候,成成钓到了一条大鱼,鱼的力量很大,成成一个人应付不了,就喊他爸爸帮忙。

父子两人经过半个小时的努力,终于将一条七八斤重的草鱼钓了起来。丈夫非常开心,他双手抓着大鱼,跟孩子一起欣赏。突然,他看了看手表,发现时间已经到了四点二十多,按照规定,只能钓到四点整。丈夫收起了笑容,对成成说:"儿子,你看看手表,现在已经是四点二十多分了,按照规定,我们超出了钓鱼时间,因此,我们必须将这条鱼放掉。"

成成听了这话,不以为然地对他爸爸说:"可是我们钓到的时候,还没有到四点啊,这条鱼应该可以带回家的。"成成露出了渴望的表情,他看着爸爸。

起初我认为孩子的观点有道理,于是悄悄地把丈夫拉到一边,问他打算怎么处理,但丈夫表示必须执行"规定",这种信守诺言的表现也是我们家风的重要内容。我对丈夫的话十分赞同,支持他执行家规。

随后,丈夫对成成说:"儿子,规定只能钓到下午四点,到了四点就不能钓了,是不是?既然到了四点就不能钓了,我们怎么还能拉鱼呢?如果说拉鱼是一种延续性的行为,是无法中断的,那么当我们把鱼拉上来时,完成了这一钓鱼动作,也欣赏到了大鱼,那么我们完全有理由把鱼放回去。你说是不是呢?"在丈夫的耐心说服下,儿子最终同意将鱼放回湖里。

为人父母者,要时刻为人师表,以身作则地教育孩子。如果家长凡事以家风家规为自己的行动指南,当自己违背家风家规时,立即停止行为,执行家规,那么孩子看在眼里,一定会深受教育。反之,如果父母口口声声要求孩子执行家规,而自己却无视家规的存在,那么将会大大损害自己的影响力。

生活中,有些家长要求孩子诚实做人、诚信做事,自己却谎言不断。比如,有一对夫妇的单位组织旅游,他们很想借此机会带孩子出去玩,但由于孩子没有放假,他们就打电话给孩子的班主任,谎称孩子感冒发烧了,不能去学校上课,要请几天假。旅游回来之后,他们还对孩子说:"你去学校,如果老师问你病好了吗,你就说好了,知道吗?千万别说出去旅游了。"

表面上看,这对父母的做法很聪明,他们的出发点也是好的,是为了带孩子出门开开眼界,可是他们的行为方式却有违对孩子的一贯教育,有违自己的家风家规。这样一来,就会对孩子造成很大的困扰,孩子会疑惑:为什

· 79 ·

家风是最好的教育

么父母要求我诚实,这次又让我撒谎呢?我到底该怎样做呢?以后碰到类似的事情时,孩子就会很自然地考虑自己的利益,以此决定是说实话还是说谎话,这样还叫诚实、诚信吗?

俗话说得好:"上梁不正下梁歪。"家长的品行对于家风的形成和家风的发扬至关重要。在日常生活中,家长应该做好执行家风家规的表率,用自己的行为给孩子做榜样。当孩子的行为有违家风家规时,家长应指出孩子的错误行为,教导孩子修正自己的行为,将家风家规落实到底。

品读名人家风

敬姜,齐侯之女,姜姓,谥曰敬,鲁国大夫公父文伯的母亲。年轻时,她的丈夫便去世了,抚养、教育儿子的重担就落在敬姜身上。她以古代圣贤为榜样,教导儿子谦虚谨慎,继承先辈遗愿教子勤奋劳作。在母亲的教导下,文伯为官忠于职守,成绩卓著,最终成为一代名臣。

父母谦恭有礼,孩子差不了

良好的礼貌习惯是人际关系的起点,是尊重他人的重要表现。一个不懂礼貌、举止粗俗、不尊重他人的人,也不会得到别人的尊重。在人际交往中,就很容易产生摩擦,很难获得同事的友好协作,在生活中也不易结交朋友,这样就很容易失去成功的机会。因此,教育孩子礼貌待人十分重要。

事实上,每个做父母的都希望自己的孩子成为懂礼貌、有教养的孩子。可是对于礼貌的重要性,他们认识不够深刻,在生活中又不注意自身行为对孩子的影响,发现孩子不礼貌的表现时,也不以为然。久而久之,就很容易助长孩子无礼的恶习。

我家隔壁的王女士说,她儿子三岁的时候非常可爱,偶尔还会说"谢谢""请""你好"等礼貌用语,这让她感到非常欣慰。然后,儿子五岁的时候,礼貌的影子与他渐行渐远。有一次,王女士家来了一位朋友,快到吃饭的时候,儿子不愿意坐在餐桌旁,拒绝与客人交谈,并且急躁地要求马上开饭。

还有一次,王女士带儿子去朋友家串门,儿子举着杯子,命令主人给他

的杯子添满果汁,就好像一个将军对待士兵一样。朋友扭过头对王女士说:"你平时能忍受他这样吗?"王女士说,当时她真的很惭愧,她从未意识到,礼貌就像一首乐曲中的和谐音符,一旦和谐音符不在了,乐曲就不再动听了。

事后,王女士积极反思,意识到自己平时没有给孩子做好表率。在家的时候,她有时候会粗暴地命令丈夫,比如"把垃圾倒掉""把地拖一下",有时候丈夫也会用命令的口吻粗暴地指挥她:"先去做饭,饿死了!""把我的衣服洗了。"

正是因为他们没注意自己的言行,无形中给孩子造成了不良的影响。与此同时,当孩子在家表现得蛮横无理时,他们也没有及时制止孩子,教育孩子,这也在无形中助长了孩子无礼的气焰。

意识到这些之后,王女士开始和丈夫交流,最后他们达成教育共识:从自身做起,给孩子做有礼貌的榜样,发现孩子不礼貌时,及时制止和教育。渐渐地,他们的孩子也学会了礼貌待人。

礼貌教育是良好家风的重要内容之一,孩子能否礼貌待人,很大程度上取决于家庭环境的影响,取决于父母的影响。如果父母都是彬彬有礼之人,日常生活中,彼此以礼相待,相敬如宾,孩子看在眼里,也会跟着学习。如果父母之间表现得过于随意,言辞粗俗,孩子同样会跟着学习。可以说,父母对礼貌的态度,对礼貌的认识,关系到孩子的礼貌教育。

我曾经和一个教育研究机构组织过一次调研活动,调研活动在某小学展开,我们要求孩子讲文明懂礼貌,不说脏话粗话,并且回到家里跟父母说这件事。父母有怎样的反应呢?当孩子回到家里对父母说:"学校老师说了,不能讲脏话粗话,要讲礼貌。"

有些父母对孩子说:"你们老师说得对,我们都应该讲文明懂礼貌,不讲脏话粗话。从今天起,我们相互监督,一起改变。"然后,父母与孩子一起讨论平时所说的哪些话是脏话粗话,制定共同遵守的制度。一旦有人说了脏话粗话,其他人就可以指出来,并根据制度的规定,进行相应的处罚。

有些父母则对孩子说:"你们老师说得对,你要按老师说的做。"孩子说:"爸爸妈妈,你们也不能讲脏话粗话。"父母说:"好好好,不讲脏话粗话。"结果,他们一不注意就说了脏话粗话,当孩子指出来时,他们却说:"我们说了几十年,早就习惯了,慢慢改吧!"可是什么时候能改呢?没过几天,父母又讲脏话粗话了,当孩子指出来时,父母却发火了:"什么时候轮到你来教训我？没大没小的！"孩子被父母这么一吼，再也不敢说了，可心里却是一百个不服气。

孔子说过："其身正，不令而行；其身不正，虽令不从。"家长自己都做不到的事情，却要求孩子做到，这显然是很困难的。因为家长做不到，却要求孩子做，孩子会心里不服气，心里不服气，他就不会认真去做，这样自然做不好。如果你想让孩子真正佩服你、认同你、受你的积极影响，不妨从自身做起，把自己该做的做好，相信孩子自然会跟着你学好。

我家成成、果果上小学的时候，有一次，班主任在家长会上说了这样一件事：

班里有些学生到一位同学家去玩，临走的时候，大家都忙着拿书包、穿鞋子，成成、果果走在最后面，他们把自己坐的椅子认真摆好，把弄乱的东西放回原处。这一瞬间的细小行为，被那位同学的妈妈看在了眼里，很受感动。她告诉班主任："这反映了学生良好的文明习惯，说明这两个孩子家风很好，很有教养。"

听到班主任讲这件事以及那位家长的评价，我感到由衷的欣慰。我想成成、果果有今天的表现，与我们大人的榜样示范是分不开的。从成成、果果上幼儿园开始，我们就有意识地在各种场合引导他们怎么做。比如，早晨起床，我们会和家人道一声"早安"；出门的时候，会和家人说一声"再见"；去别人家做客时，我们会引导他向主人家的人问好，比如"叔叔好""阿姨好""爷爷好""奶奶好""哥哥好""妹妹好"等等。他们那稚声稚气的样子实在是惹人喜爱。

说句心里话，我们对成成、果果的这些教育，很多父母也做到了。为什么在孩子身上产生的效果会有很大的差异呢？我想最关键的一点在于没能持之以恒。这包括教育引导没有持之以恒，更包括了父母的榜样示范没有持之以恒。因此，我建议父母要保持恒心，通过自身的礼貌行为不断给孩子示范和强化，帮孩子形成礼貌的行为习惯。

> 品读名人家风

谆谆教诲，以小见大而言理，敬姜提醒儿子戒奢戒怠，使公父文伯深受启迪。原来老人家纺织不辍，是为了言传身教而使儿子勤于政事，传承克勤克俭的家族遗风，方保家祚永昌。家庭之事，并非全然一家之事，也能上升为社会、国家问题。因此，有良好家风才有清明的社会风气，国家才会更加繁荣富强。

播种幽默，快乐地生活

家是放松身心的地方，不能没有歌声和笑声。如果家庭气氛太沉闷、太严肃，对孩子心理健康发展和性格的形成都会造成不利的影响。因此，我特别推崇法国人的生活态度，那就是生活不能没有幽默，就像春天里不能没有鲜花。他们深深懂得这一点，并将其渗透到家庭教育的点滴中去。这种独特的幽默教育方式，不仅很好地维护了孩子的自尊心，还很好地激发了孩子的想象力和创造力。

有一次，我和几位朋友去一位法国朋友家做客，女主人给我们准备了一些食物。我们还没来得及品尝，便发现巧克力少了，随后我们看到女主人孩子的脸上残留着巧克力的痕迹。

面对如此情形，女主人没有生气地质问孩子："是不是你把客人的巧克力吃了？"而是幽默地说："巧克力是给客人准备的，为什么少了呢？是不是你的小恐龙（小孩子玩具的名字）偷吃了？"

孩子不好意思地说："一定是它，它看到巧克力就会嘴馋。"

女主人对孩子说："那麻烦你帮我转告它，下次想吃巧克力，请提前告诉我一声，好让我给它也准备一份。"

在这样的问答中，女主人既保护了孩子的自尊心，又委婉地教育了孩子。我相信，那个孩子以后不会再犯类似的错误了。

如果这样的事情发生在我们家里，家长很可能会直接质问孩子："是不是你偷吃了巧克力？"那样会让孩子很没面子，也会让家里的气氛很尴尬，孩子还可能说谎为自己开脱。这样不但教育不好孩子，反而会在亲子之间造成不愉快。

对比一下法国女主人的教育方式，我们可以发现：幽默教育法既能使人轻松愉快，又能达到教育目的，真是一举两得。所以，当我们在教育孩子时，与其板着面孔说教，不如来一点儿幽默，这样教育效果会更好。

家风是最好的教育

幽默是人际关系的润滑剂，不仅能使大家融洽地相处，还能顺利地解决问题，化解矛盾，使家庭生活充满和谐与快乐。在幽默的家风下，孩子也会受到良好的熏陶，从而慢慢成为一个懂幽默的人。

有一次，成成和小伙伴们在玩的过程中，两个小伙伴争执不停，他走过去说："你们这样争下去也不能解决问题，这样吧，我们来唱一首歌，你们两人在我们唱完之前，谁捡到的树叶多就听谁的。"这个提议得到了两位小伙伴的赞同，其他小朋友跟着成成一起唱歌，那两位小朋友拼命地捡树叶，结果大家早把争执的事情忘了，开开心心地唱着歌捡树叶。

在一个充满幽默欢笑的家庭里，孩子就会变得活泼、开朗、热情、大方。家长在平时的生活中，可以在恰当的时候对孩子开些善意的玩笑，鼓励孩子说一些内容健康的俏皮话，用幽默的方式教育孩子，这对培养孩子的幽默感和活泼的性格十分有益。

当孩子犯错时，严肃认真的批评是一种教育方法，幽默轻松的批评也是一种教育方法。两种方法比较而言，我更喜欢选择后者，因为后者既能让彼此轻松，又不影响教育质量，它往往能在欢笑声中使孩子受到教益。

小时候，成成吃饭的时候喜欢说话，这样不仅消化不好，还会延长吃饭的时间，而且这种行为是不礼貌的。尤其是在有客人的时候，孩子吃饭时嘴巴不停地说话，显得很没教养。因此，我和丈夫决定教育孩子。

一天，我笑着对成成说："成成，我们来比赛边吃饭边说话，看谁厉害怎么样？"成成一愣，马上说："那肯定是我厉害。"随后，我们嘴巴不停地吃饭，嘴巴还不停地说话，但吃着吃着，我们嘴巴里塞满了食物，却很难咀嚼下咽。

见此情况，我叫停了比赛，然后对成成说："嘴巴可以用来说话，也可以用来吃饭，但是吃饭的时候如果说话，就没法吃饭了，你觉得呢？"

成成肯定地点了点头，说："妈妈，我知道了，以后吃饭的时候我再也不说话了。"

说实话，我很惊讶于成成这么强的理解力，显然他是知道我在委婉地批评他吃饭时说话的毛病。就这样，成成吃饭时说话的不良行为得到了矫正。

幽默不仅是一种心态，一种说话的技巧，更是一种生活的智慧。但凡孩子懂得幽默，你去看看他们的父母，肯定都有一定的幽默细胞。我曾认识一个女孩，她每天都乐呵呵的，从没见过她愁眉不展。有一天，她的朋友给她

看手相，突然惊呼："你的生命线怎么断了一截儿？"换作是疑心重的女孩，或许会胡思乱想，可她却笑着说："那有什么关系呢？拿支笔把它连上不就得了。"

后来，我有一次偶然的机会见到了这个女孩的妈妈，发现她妈妈是个极其乐观开朗的人。再后来，我又认识了她的奶奶，终于知道这个女孩为什么那么乐观开朗和幽默了，因为他们整个家庭都非常乐观和幽默。这个家庭每天都充满了欢声笑语，其乐融融，小女孩从小耳濡目染，也就很容易沿袭这种品质。由此可见，幽默是可以播种的，快乐是可以相互影响的，从小就在家庭播种幽默，孩子就很容易变成幽默的人。

品读名人家风

司马光（1019—1086），字君实，北宋陕州夏县（今山西省夏县）人。古代著名史学家，主持编纂了中国历史上第一部编年体通史《资治通鉴》。他生活十分俭朴，为人温良谦恭、刚正不阿，更把俭朴作为教子成才的主要内容，其人格堪称儒学教化下的典范。

没有规矩，不成方圆

中国有句老话叫："不以规矩，不成方圆。"所谓规矩，就是人为设定的界限和遵循的规律。规矩对人既是一种约束，也是一种保护，它就像道路上的红绿灯，虽然会影响人的顺畅通行，但也防止行人和车辆随意穿行，这又从根本上保护了人的正常通行。所以，理解规矩的本质意义，对家庭设定规矩极为重要。

美国是一个崇尚自由的国度，但这不影响他们崇尚规矩。在美国，无论是科学的杂志，还是通俗的育儿必读刊物，都强调要从小给孩子设定规矩和界限，甚至呼吁从婴儿出生开始，就要设定规矩。为什么要这样做呢？道理其实很简单，那就是规矩是迟早要做的，越早给孩子定规矩，孩子越容易学会守规矩，从而付出的代价越小，而收益越大。

很多人说，新生儿除了吃和睡，什么都不懂，没必要给他定规矩。其实新生儿并非我们想象的那样无能，比如，新生儿认得母亲的脸和声音，只是由于他们的表达能力有限，我们才以为他们什么都不知道。其次，即便新生儿只知道吃和睡，那么也需要定吃和睡的规矩。

美国有一项研究证实，如果能够在婴儿的吃与睡上设定规矩，建立规律，对孩子的情感和认知的发展都有重大的意义。这不仅关系到孩子身体的健壮，还会影响孩子智力和行为的发展。美国一个极为权威的儿童研究机构的心理学家特曼说，那些智力超常的孩子都有一个共同点：他们都有一个良好的睡眠规律和睡眠质量。而那些患有多动症的孩子，与早期不规律的睡眠习惯有关。

当然，早期给孩子定规矩，不仅仅是为孩子智力发展和身体健康考虑，还是为培养孩子良好的性格和情商考虑，这也是家风教育的重要内容。很多家长反映，现代独生子女太没有规矩了，他们都很想知道，如何让小孩子懂规矩。小孩子之所以不懂规矩，很可能是家长没有给他们定规矩，或者给他们定了规矩却没有得到很好的贯彻和落实。那么，家长到底该给小孩子定怎样的规矩呢？

在我看来，对于学龄前的小孩子来说，他们的规矩主要围绕吃、睡、玩这三方面来定，在这三种活动上给孩子定规矩，对孩子将来遵守其他的规矩有十分重要的引导作用。一个孩子从小懂得遵守吃的规矩，长大后他就很容易懂得餐桌上的礼仪；一个小孩子懂得睡的规矩，长大后他就懂得养成规律化的作息；一个小孩子懂得玩的规矩，长大后就知道如何分配学习与游戏的时间，从而做到劳逸结合。下面，我们就来谈一谈这三方面的规矩如何定。

一、吃的规矩

孩子的饮食是父母最有能力控制的。从某种意义上来说，最早的规矩是从有规律的喂养开始的。无论是母乳喂养，还是给孩子吃奶粉，都要尽快建立规矩。一般来说，在婴儿出生前八周，每天的喂奶次数在七到九次，每次时间间隔为两个半至三个小时。

在建立吃的规矩时，要注意两点：第一，不要见宝宝哭泣，就给他喂奶，因为宝宝哭泣的原因有很多，而饿了只是其中一个原因。虽然喂奶有时候会缓解孩子的哭泣，但付出的代价却是沉重的，那就是破坏了规律化的饮食规矩。第二，有时候间隔了两个半小时，到了喂奶的时间，可是宝宝还在睡觉，这个时候很多父母不忍心叫醒宝宝。其实，大可不必不忍心，你不妨轻轻地

唤醒宝宝，给宝宝喂奶，然后再让宝宝睡觉。大部分时候，宝宝吃完了就会很快睡着。

二、睡的规矩

成功建立吃的规矩，是宝宝获得良好睡眠的重要前提。有一项针对520名婴儿的调查发现，不论婴儿的性别是男是女，不论婴儿是母乳喂养还是人工喂养，只要是有规律的喂养，八成的宝宝在七到九周时能够一觉睡到天亮，也就是夜间连续睡眠七八个小时。到了第12周，有超过96%的宝宝能一觉睡到天亮。

很多中国父母喜欢和宝宝一起睡觉，这对宝宝的睡眠质量是不利的。比如，宝宝对父母形成了依赖，容易剥夺宝宝与生俱来的独立自然入睡的能力，而且还可能导致孩子在行为和情感上出问题。从这个角度来说，中国很多孩子的教育，一开始就输在了起跑线上。

随着孩子慢慢长大，睡的规矩就更应该遵守了。除了晚上正常的睡眠，最好让孩子养成午休的习惯。在这一点上，我想我的父亲是很有发言权的。成成、果果四五岁的时候，暑假，我们经常会把他们送到乡下的老家，让他们跟外公外婆生活一段时间。

乡下的夏天，忙碌的人们喜欢在午后休息一会儿，为下午的劳作做准备。而小孩子们总是不安分，在院子里跑来跑去，吵吵闹闹，严重影响了大人们休息。与成成相比，女儿果果文静多了，她很听外公外婆的话，中午他们都会按时午休。成成却不这样，小男孩特别淘气，经常偷偷溜出去玩，村子里的气氛一下子就被打破了。

有时候，他把村里的小伙伴都聚集起来，浩浩荡荡地去小河边玩耍。有时候，他们在村子里捉迷藏，有时候他们在村子里追逐嬉闹。为此，父亲有时候放弃午休的时间，去把他"抓"回来。但父亲从来不会严厉批评他，他只是抚摸着成成的头，温柔地说："成成，让我们安静一会儿，好不好？你仔细听，看能听到什么声音？"

其实，夏天的村子里，能听到什么呢？不外乎热乎乎的风声、树上的虫鸣蝉叫声。听着听着，成成就睡着了。通过这种办法，父亲慢慢帮成成建立了午睡的规矩。通过这个规矩，成成也懂得了尊重他人、不随便打扰他人的道理。

三、玩的规矩

一般来说，宝宝出生一周之后，醒的时间就越来越规律。宝宝睡醒了，就是玩的时间，这个时候，父母应该多和宝宝进行肢体和语言上的交流。比如，给宝宝唱儿歌、讲故事，愉快而充分的交流不仅有助于宝宝情感、语言和智力的发展，而且对接下里的睡眠也很有帮助。当然，不能过分地逗宝宝，以至于宝宝过于兴奋，不利于宝宝接下来的睡眠。

其实，做规矩的道理很多父母都知道，但是面对可爱的孩子，父母总是于心不忍，尤其是现代很多家庭，只有一个孩子，父母总认为疼爱孩子才是最应该做的，很多时候对孩子过于迁就，认为规矩等孩子长大了再做。殊不知，人之初，规矩始，越早在宝宝心中建立规矩意识，孩子越容易接受规矩。

品读名人家风

司马光不仅自己勤劳俭朴，更把俭朴作为教子成才的重要内容，并写了《训俭示康》的文章作为家训传承。他的后人秉承着勤劳节俭、耕读传家的祖训，和睦、融洽地居住在一起，让优良的门风得以很好地传承了下来。直到现在，司马家的后人还聚居在司马光祖茔和祠堂所在的小晁村，延续着司马光遗留的家训和优秀家风。

既讲规矩又有爱

我曾在报纸上看过这样一则新闻：父母对孩子百般疼爱，爷爷奶奶也都围着孩子转。出去吃饭，大家都根据孩子的喜好来点菜。一桌子人，长辈还没到，孩子就先吃了。回到家，爷爷奶奶拿着水果、饮料，满屋子追着孙子、哄着孙子喝……不知不觉中，孩子成了家里的小霸王，上高中的时候，连鸡蛋都不会剥，对长辈不敬，对他人无礼，刁蛮任性……

这样的例子不在少数，很多家长对孩子爱得过度，却忽视了规矩教育，忽视了传统美德和家风教育。家长对孩子的爱中没有体现出规矩，导致孩子凌驾于整个家庭之上，不知道尊老、敬老。毫无疑问，这是家庭教育的悲哀。

每个父母都知道爱孩子，但不能只知道爱，爱的同时应该给孩子设立规矩。爱孩子是做父母的一种本能，而给孩子做规矩却是逆着孩子的本能去限

制孩子。很多父母知道规矩是什么，却不忍心给孩子做规矩，这看起来是对孩子的一种大爱，实质上却是在用爱的名义亵渎规矩。

教育专家王涛在他的著作《规矩和爱》中讲到这样一个故事：

一家四口坐在地铁站的凳子上休息，爸爸、妈妈、外婆和一个四五岁的男孩。妈妈和外婆在闲聊家常，爸爸和孩子在玩一种无聊的游戏。爸爸把手从孩子的后面绕过去，快速地打了一下孩子的头，然后迅速把手缩了回来，装作若无其事地看着别处。孩子很清楚，一定是爸爸在打他，但是他怎么也找不到打他的那只手。而这个爸爸为自己的小聪明而陶醉，屡次得手，依然乐此不疲，结果儿子愤怒了，一巴掌抽打在爸爸的脸上。但爸爸却哈哈大笑起来，丝毫没有责备儿子的意思。

在这个案例中，我们可以看到这对父子之间没有丝毫的规矩意识，父亲屡次戏弄孩子是不懂规矩的表现，孩子打爸爸一个耳光也是不守规矩的表现，爸爸对孩子打他的行为不予批评教育，更是不重视规矩的表现。而且，孩子的不守规矩，是建立在爸爸不守规矩的前提之下。透过这个情景，我们可以推测，在家里，父母定然是非常宠爱孩子的，正因为如此，孩子才敢在愤怒的时候抽爸爸一个耳光。这个案例告诉我们的是，父母对孩子的爱因为没有规矩而变成了溺爱、错爱、奴爱，这种爱是愚昧的。

在我的老家，有个小企业老板，他对儿子百依百顺。儿子不好好念书，早早离开校园，混迹社会，他也不以为然。儿子迷恋赌博，经常找他要钱，他也不在意。他想着：我赚钱不就是为了孩子吗？孩子需要，我就应该给。后来，儿子在外面借高利贷赌博，最后债台高筑，没钱还债，就逃掉了。可是跑得了和尚跑不了庙，债主拿着几百万的欠条找到了父亲，无奈之下，这位父亲把小企业卖了，给儿子还了赌债。债主走后，父亲给儿子打电话，让他不必害怕。可是过了一段时间后，儿子又借高利贷……

这位可怜的父亲，并非什么大富大贵之人，他对儿子的教育失败，归结于没有给孩子立规矩，他对孩子的爱是没有规矩的爱，这种爱是典型的溺爱，它就像一把无形的手，直接把孩子推向了歧途。

还有一种父母，为了让孩子守规矩，经常用暴力、愤怒、粗鲁的方式去维护规矩，这看起来是帮孩子建立规矩，实质上是以建立规矩的名义亵渎了爱。比如，有位先生向我咨询，说他的儿子太调皮了，上幼儿园没几天，就被老师告了两次状，说他的孩子经常在幼儿园抢别的孩子的东西、打别的孩子。这位先生和妻子很生气，为了让孩子懂规矩，他每次被老师告状之后，就把儿子打一顿。可是打过之后，孩子的不良行为依然存在。

生活中，这样的例子非常多，当孩子听话、乖的时候，父母才是爱孩子的。当孩子不听话、调皮捣蛋时，父母对孩子的爱转化成愤怒，然后斥责、打骂孩子，想以此帮孩子建立规矩。然而，这种培养规矩的方式缺少了爱，也是很难成功的。

那么，真正智慧的教养方式是怎样的呢？答案是爱与规矩同时兼顾，他们就像人的两只手，缺一不可，缺了哪一只都是残废。因此，真正的规矩是体现爱的规矩，真正的爱是体现规矩的爱。所以，给孩子建立规矩的时候，要充分体现出父母对孩子的爱，要注意管教孩子的方式。只有用爱的方式去管教孩子，去给孩子定规矩，孩子才能充分感受到爱的力量，也才能充分理解规矩的意义。在这一点上，陶行知先生著名的四块糖的故事就是一个很好的例子。

有一天，陶行知先生见一位男生捡起石头准备砸另一名学生，立马将其制止，然后叫他到办公室等着，随后陶行知到了办公室。他首先掏出一块糖给男生："这是我奖给你的，因为你比我先来到办公室。"

接着，陶行知又给男孩一块糖："这是我奖给你的，因为我叫你住手，你就住手了，说明你很尊重我。"男生将信将疑地接过第二块糖。

陶行知又递第三块糖给男生："据我了解，你刚才打那个男生，是因为他欺负一个女生，这说明你很有正义感，这块糖也是我奖给你的。"

这时候这个男生哭了，他对陶行知说："校长，我错了，同学再不对，我也不能用石头砸他。"

陶行知拿出第四块糖，说："你已经认错了，我再奖励你一块糖。我的糖发完了，我们的谈话也结束了。"

很多孩子往往因为别人先犯错，而采取错误的方式去报复，结果被教育时还拼命地为自己辩解。可是陶行知先生却用爱的方式，让学生领悟到了深处的规矩，这个严厉的规矩教育是在爱与包容中实现的，我相信这个男生一辈子也不会忘记这个爱的规矩。

从这个案例中我们看到了陶行知先生教育的艺术，他能将爱与规矩有机地统一起来，真不愧是当代的教育艺术大师。这也启示我们做父母的，在给孩子定规矩的时候，不要忘记爱，在爱孩子的同时，不要忘了规矩。只有把

爱与规矩结合起来，才能把孩子教育得更加优秀。

那么，怎样把爱与规矩结合起来呢？我想首先要求父母尊重孩子，小孩子也是独立的个体，有自己的需要，需要他人的尊重。你越尊重他，他就越尊重自己，也越尊重别人。在尊重的基础上，不能轻易妥协。当孩子违反规矩时，父母首先应控制好自己的情绪，耐心地蹲下来与孩子讲话，用眼神与孩子对视。在说教的时候，切忌啰唆，即使话说得很重，也要保持语气的平稳。这样才不伤害孩子的自尊心，孩子才容易接受教育，同时感受到父母的爱。

品读名人家风

郑板桥（1693—1765），字克柔，号板桥，江苏兴化（今兴化市）人。古代著名的画家、书法家、文学家，"扬州八怪"之一。他一生严于律己，为官清正，家庭教育也是"严"字当头，要求子女自强自立、克勤克俭，成为教育子女的楷模。

让孩子对规矩产生敬畏之心

在中国传统家庭中，很多父亲都会有意识地树立自己的威信。怎样树立自己的威信呢？很多父亲做法很简单，就是与孩子保持一定的距离，并尽可能寡言少语，显得很严肃、很严厉，从而让孩子敬畏他。正如孔子所言："夫人言不发，言必有中。"

需要说明的是，少言寡语不一定能树立权威，真正的权威是按理办事，即按规矩办事。正如朱熹说的那样："言不妄发，发必当理，惟有德者能之。"如果家长这样做，个性再顽劣的孩子，在行为上都会有所收敛。就像《红楼梦》里的贾宝玉，一到父亲贾政面前，就会不自觉地战战兢兢、规规矩矩。

然而，孩子对严父有敬畏之心，并不等于对规矩有敬畏之心。有些孩子在父亲面前老实巴交，一旦父亲不在身边，就会变成另一个人，甚至干违法犯罪的事情。这就说明规矩意识没有在孩子心目中生根发芽，孩子表面上守规矩，是因为严父这个外力给他制造的压力所致，而并非出于自愿。所以，培养孩子对规矩的敬畏之心才是关键,这样,无论孩子今后走到哪里,都是一个守规矩、懂规矩、有教养的人。

怎样才能真正让孩子对规矩产生敬畏之心,而不仅仅是对父亲有敬畏之心呢?我认为至少应该从三点去努力。

一、做规矩不能太随意

不能太随意,指的是做规矩时要有准备的心态,这种准备表现在了解孩子的问题,针对孩子的问题做规矩;与家人沟通,让所做的规矩取得家人的支持。我就以吃饭为例来说明这一点。

孩子不好好吃饭,对于这种行为,不是简单地随便做一次规矩就能矫正的。因为孩子不好好吃饭,往往有一定的"历史"。开始几次可能表现得不太明显,你也没有引起注意。只有当这一行为成为习惯时,你才开始重视。这个时候,如果你匆忙上阵,与孩子正面交锋,很可能大败一场。就像打仗一样,你突然发现敌人,不做准备就匆忙迎战,怎么可能顺利战胜敌人呢?

正确的做法是,宁可暂时让孩子得逞。也不匆忙出招。以免匆忙出招,没有教育好孩子,反而影响了规矩的权威,因为你不认真做规矩,会使孩子对规矩失去应有的敬畏。暂时"不管"孩子不好好吃饭的问题,是为了把精力用在思考规矩上。

首先,好好分析孩子为什么不好好吃饭,例如,可能是家里零食比较多,也可能是孩子的零花钱比较多,很轻易就能买到零食。针对这种情况,最好的办法是减少零食,甚至杜绝零食,或减少孩子的零花钱。孩子没了零食,胃口填不饱,到了该吃饭的时候,他自然会吃饭。当然,如果孩子不吃饭,也不要紧,饿他一两顿就行了。

很多父母担心,饿孩子几顿,把孩子饿坏了怎么办?你看,还没做规矩,就自己败阵下来。我有一个堂妹,儿子三岁多,每次吃饭的时候,要不就是看电视,要不就是玩玩具,总之,就是不好好吃饭,堂妹经常端着饭喂孩子吃。有一次,我在堂妹家吃饭,见孩子不吃饭,建议她饿孩子一两顿,堂妹却说:"孩子这么小,饿坏了怎么办?"事实上,孩子在没饿坏之前,早就乖乖吃饭了。因为饿了就会吃,累了就想睡,这是人的本能。

其次,一定要让家人支持你的做法。接着讲我堂妹的孩子,后来我说服我堂妹饿孩子,可是呢?由于她没和丈夫、婆婆达成一致,堂妹的丈夫说她不疼爱孩子,堂妹的婆婆自己拿起碗筷,给孩子喂饭。这样一来,孩子得到了大人的庇护，自然不会把规矩放在眼里。

给孩子做规矩是一件很神圣的事情，在做规矩的时候不能随便、草率，而要有所准备。否则，规矩就像儿戏，做得快也毁得快。就像黎巴嫩作家纪伯伦在《先知》中所说的那样："如同你那在海滨游戏的孩子，勤恳地建造了沙塔，然后又嬉笑地将它毁坏。"这样只会让孩子对规矩越来越没有敬畏之心，因为父母的行为告诉孩子：做规矩是一件很随意的事情。

二、规矩不是给孩子做的，而是给全家人做的

很多父母以为，给孩子做规矩，这个规矩就是让孩子遵守的。其实，我们表面上说给孩子做规矩，实际上这个规矩是全家人的信条，全家人都要遵守。如果家长不去遵守，却要求孩子遵守，家长和规矩的威信都会下降。只有在规矩面前人人平等时，孩子才会真正敬畏规矩。

说到这里，我想起了一个故事。

很多人去德国，就会去柏林，还要去离柏林不远的波茨坦看一看。这不仅是因为波茨坦有一个著名的《波茨坦公告》，还因为这里有一座磨坊，这座磨坊是德国司法独立的象征。

18世纪70年代，"军人国王"弗里德里希·威廉皮特成为德国的皇帝，当时他的行宫建在波茨坦市。一天，他登高远眺全市的风景，发现有一座磨坊紧挨宫殿，他认为这有碍皇宫的尊严，于是派人下去与磨坊主协商，希望对方拆掉这座磨坊。没想到磨坊主是个认死理的人，他不想让祖上传下来的基业毁在自己手里，所以坚决不同意。

威廉皮特大怒，派军队强行拆除了磨坊。有意思的是，磨坊主没有吵，也没有闹，只是平静地向法院递交了起诉书，把皇帝告上了法庭。法院不但受理了此案，而且最后判定皇帝败诉，不仅要求把磨坊恢复原样，还要求赔偿磨坊主的损失。威廉皮特拿到判决书后，遵照执行了。从那以后，这个磨坊就成了纪念碑，屹立在德国的土地上，给德国市民留下了深刻的启示。

这个故事告诉我们，在法律和规矩面前，人人都是平等的，皇帝也不例外。在家庭中，人与人也是平等的。家长要求孩子守规矩，自己一定要先守规矩，如果破坏了规矩，一样要接受惩罚。千万不能今天要求孩子不能随地丢垃圾，明天自己就随手丢垃圾。

我家成成、果果很少看电视，也不爱玩电脑游戏，这与我和丈夫正确的引导和以身作则有关。我和丈夫曾经与孩子交流过看电视、玩游戏的利弊，

第三章 以身作则，规矩有成的家风助孩子成大器

· 93 ·

家风是最好的教育

并定了规矩：每天看电视不能超过两个小时。当成成、果果做作业时，我们从来不看电视。

我们也不爱玩游戏，并且会跟成成、果果分析，有些游戏不是好东西，最好少玩，因为没把握好，就会迷上游戏，影响学习。但我们鼓励他们玩益智类的游戏，比如英语的猜词游戏、成语接龙游戏等。我们有空的时候也会玩这类游戏，有时候还会跟孩子一起玩，无形中给孩子树立了榜样。

三、做规矩需要有惩罚

做规矩是为了让孩子敬畏规矩、遵守规矩。但是当孩子违反规矩时，家长该怎么办呢？我认为必要的时候，可以惩罚孩子。这就要求在制订规矩的时候，就和孩子商量好惩罚的措施。惩罚是规矩的底线，有了这道底线，才能确保孩子在规矩的范围内行事。

我和丈夫在教育成成、果果的时候，每次看到成成、果果认错，我们就会肯定孩子认错的行为，但这不意味着他们可以不接受惩罚。否则，我们担心孩子一犯错就认错，认错之后不改错。怎么惩罚孩子呢？我们的惩罚其实很温和，比如，罚孩子倒一个星期的垃圾，或罚孩子打扫一周的卫生，罚孩子一周步行去上学等。

当然，如果大人违反了规矩，也会接受惩罚。惩罚的措施与孩子有所不同，具体会和孩子商量。这是为了确保大人和孩子在规矩面前平等，以维护规矩的权威，以培养孩子对规矩的敬畏之心。

品读名人家风

郑板桥"严"字家风源于自己的家世和成长经历。即使做了县令之后，他依然保持低调作风，生活清贫，并教育子女自食其力，让朴实的家风得到传承。直到今天，人们还在传诵这些故事，可见其优良家风魅力无穷。

在细节中让孩子守规矩

随着生活水平的提高，超市购物成了很多家庭喜欢的休闲方式。晚饭之后或周末，一家人来到超市，推着小推车，在商品琳琅满目的超市里徜徉，

挑选自己需要的、喜欢的商品，这不仅是家庭生活的一种必要，也是家人交流的一种方式。

然而，不少家庭在购物的时候不注意购物规矩，严重扰乱了超市的秩序，不仅会给别人造成不便，也可能给自己带来麻烦。最常见的不守规矩的行为有三种，下面我们就来逐个谈一谈：

一、小推车横冲直撞

我们一家也爱去超市购物，每次购物，成成、果果都非常开心。年幼的时候，他们喜欢坐在小推车里，我和丈夫一人推一个小推车，把他们推着走。走在货架间，成成、果果如果想买什么，就会伸手指一指，然后我们会和他们商量是否购买。在推车购物的过程中，我们一家人增加了交流，享受到了很多欢乐。

后来成成、果果大了，他们也喜欢推小推车，而且他们还喜欢抢着推小推车，为了减少矛盾，我们建议他们各推一个小推车。这个时候，问题就出现了，顽皮淘气的成成经常推着小推车在超市的货架间、走道里跑来跑去，有时候还会不小心蹭到别人。

有一次，小家伙差一点就把一名准妈妈撞到了，幸好丈夫眼疾手快，将小推车拉住。否则，后果不堪设想。回到家里，我们把两个孩子叫到跟前，跟他们分析推小推车的规矩，千万不能推着小推车到处跑，横冲直撞不看人。因为那样会撞到别人，即使不撞到别人，也可能导致超市过道堵塞，不方便大家通行。

通过我们一番耐心细致的分析，成成、果果认识到了推小推车的规矩，虽然在后来的购物中，他们有时候也会忍不住"犯晕"，但，每次只要我们一提醒，他们立马就知道该怎么做了。

其实，不仅是小孩子，有些大人推小推车的时候也不注意规矩，明明看见对面有人过来了，过道也不宽，他们硬要挤过去。有时候两个小推车卡在一起，还可能引起矛盾，影响购物的心情。有些人在选小推车的时候，把不要的小推车随手推到一边，而在购物结束时，也是随手把小推车一甩，管它滑向哪里。我认为这些行为都是不守规矩的，不利于维护超市的秩序。

二、随意品尝食品、水果

有些人带着孩子购物时，发现散装的食品或水果时，会随意拿起来给孩子吃，他们认为这是不要钱的，吃了也白吃。因此，贪便宜的大人往往会这么做。殊不知，这种行为直接损害了超市的利益。

有一次，一位少妇带着三四岁的儿子走到水果区，儿子想吃橘子，她就随手给儿子拿了一个，大大方方地剥给儿子吃，还问儿子："酸不酸？"这时超市工作人员看见了，劝说道："女士，这是不能试吃的。"没想到那少妇不但不觉得不好意思，反而问道："不吃怎么知道好不好吃？万一买到不好吃的，那不是白花钱了？"

与随便试吃的顾客相比，有些人在购物选商品的时候，把东西翻个底朝天，弄得货架子上乱七八糟的。我曾亲眼见到一位女士在选购瓜子的时候，把黑瓜子翻个底朝天，将中间的装入塑料袋。对此现象，超市管理员耐心地劝说，但是顾客根本不买账。

虽说顾客是上帝，有试吃和挑选商品的权利，但是试吃也有试吃的规矩，有些产品，超市准备了试吃品，而有些商品没有准备，则不能随便试吃。试想一下，如果你试吃一个苹果，我试吃一个香蕉，那超市岂不是赔死？而挑选商品也有挑选商品的规矩，挑选商品之后，应把不需要的商品摆放到原位。否则，人人都像强盗那样打劫式地挑选货物，那超市岂不被翻得乱七八糟，后续的顾客还怎么购物？

三、挑选货物时嫌多，不要就随手抛弃

你在逛超市的时候，有没有发现这种现象？在饮料货架上，看到一瓶酱油；在食品货架上，竟然藏着一包洗衣粉；在水果区，居然有一盒鸡蛋。为什么会出现这种现象呢？很明显，是顾客在挑选商品的过程中，忽然改变主意，随意将已选购的商品抛弃在任何一个货架上。顾客这种行为方便了自己，却让超市管理人员疲于应付。

我和丈夫带孩子购物的时候，为了避免出现随意抛弃商品的情况，在挑选商品时，我们会慎重考虑。当孩子一会儿选购这个商品、一会儿又选购那个商品时，我们会问他："你到底想要哪个？考虑好了，再做决定。"如果孩子在购物过程中，反悔了自己所选的商品，我们会让他把不需要的商品送回原来的货架，这也是对他随意做决定的一种惩罚，让他们知道为自己的决定负责。

总的来说，购物时需要注意以上三个规矩，不能推着小推车横冲直撞，推车时要注意周围的人，以免擦撞别人；不能随意品尝食品，爱护超市的商品，做有素质的顾客；不能随意抛弃不想要的食品，维护超市商品的秩序。

对于一个重视家风的家庭来说，应该把这"三不"规矩灌输给孩子。

品读名人家风

詹天佑（1861—1919），字眷诚，号达朝，祖籍徽州婺源，广东省南海县（今广州市荔湾区）人，近代著名的铁路工程专家。主持修建了我国自建的第一条铁路——京张铁路，培养了我国第一批铁路工程师，为国家争得了巨大的荣誉。他从不居功自傲，而是严于律己，对子女要求也非常严格，一心一意为国家和事业着想，具有崇高的品质和爱国思想。

让孩子充分表达，但不能乱插话

我曾听一位朋友说：有个女孩子特别优秀，她的优秀不是哪一门功课好，而是很全面的那种。但就是这样优秀的孩子，却是老师眼里的问题学生，也是父母眼里的问题孩子。为什么会这样呢？她的问题到底在哪里呢？

原来，这个女孩子已经上六年级了，无论是在学校还是在家里，都一言不发，老师提问不回答，父母跟她说话，她也不回答。为此老师和家长都很发愁。老师还建议家长带孩子去看医生，但是经过检查，发现孩子一切正常。最后，看了心理医生之后，才发现孩子患了严重的闭音症。

我们不禁要问，孩子为什么会患这个症状呢？原来，这与她的家风有很大的关系，在家里，父母从来不让她发言，尤其是大人讲话的时候，如果她插话了，父母就会严厉地批评她，说她不懂礼貌、不尊重大人。

有一次，家里来了亲戚，小女孩特别兴奋，大人在聊天的时候，她频繁插话，结果被父亲当众狠狠批评了一顿，这让她的自尊心很受伤。从那以后，她慢慢变得不爱说话，发展到后来，就成了闭音症。

生活中，不少家长始终把孩子视为长不大的孩子，认为孩子的观点和意见幼稚，因此，也不给孩子发言的机会。当家人商量事情，孩子插话时，家长往往会说："去一边玩，不要插嘴，你根本不懂。"殊不知，孩子再小，也有自己对事物的认识，也有表达的欲望，也有发言的权利。如果父母不允许孩子发声，禁止孩子发言，那是不尊重孩子的表现。

有些家长可能会说，孩子插嘴是很不礼貌的，这一点难道不应该教育吗？孩子插嘴当然应该教育，但是插嘴与正常的发言不是一回事，家长应该有区别地对待。对于孩子该做的事情，应该允许他做，鼓励他做；对于孩子不该做的事情，应该教育他，让他懂规矩。这样才能教出既守规矩，又敢于发表自己想法的孩子。

有一次，我的一位朋友失业之后又和妻子一起创业，每天他们从早忙到晚，根本顾不了家。家里还有老母亲，谁来照顾呢？一天，朋友和他的妻子正在商量这个问题的时候，儿子插话道："你们怎么没想到我呢？我可以照顾奶奶啊！"

一开始，朋友的思绪被打乱了，他显得有些生气，不耐烦地说："谁叫你插话？作业做完了吗？我和你妈在商量大事，没你什么事，赶快做作业去吧！"朋友的妻子说："让孩子说说他的想法又有什么关系呢？"

儿子得到允许之后，大胆发表了自己的观点，他表示每天放学回家后，可以自己做饭，照顾奶奶。等到爸爸妈妈回家，他才开始写作业，保证不耽误学习。朋友和妻子也想不到更好的办法，就抱着试一试的态度鼓励孩子这么做。没想到，经过一个星期的观察，儿子做得还不赖，虽然他做的饭菜味道差了点，但是毕竟他以前很少做饭。吃完饭后，孩子还会给奶奶捶背按摩。

从那以后，朋友家里有事情，就会把儿子也叫过来，三人一起商量。在商量的时候，他们会提醒孩子："在别人说话的时候，你不要随便打断、插话，那样对别人是不礼貌的。就像你在说话的时候，如果我突然打断你，抢话说，你的观点没有说完，是不是也会不愉快呢？"通过这种温和的教导，儿子懂得了发言的规矩。同时，他感觉自己在家的地位提升了，自信心也增加不少。因为以前爸爸妈妈从来不找他商量事情，很少给他发言权，现在完全不同了。

孩子是家庭中的一员，家里的事情孩子也有责任参与进来。因此，家长千万不要把孩子排斥在外，不给孩子发言权。正确的做法是，像我那位朋友那样，有什么事把孩子也叫上，一家人坐在一起商量，大人和孩子把各自的观点都摆出来，大家一起讨论，谁的观点更合理，就采纳谁的观点。这不仅表达了对孩子的尊重，还能增加孩子对家庭事务的参与热情，激发孩子的家庭责任感和自豪感。

教育家魏书生曾经写过一篇有名的文章，题目叫《商量，商量，再商量》，倡导的就是要多与孩子商量，听取孩子的观点，与孩子保持交流。美国成功学家戴尔·卡耐基甚至这样说："对待杀人犯，还该讲三分道理。"可见，与孩子商量，给孩子发言权，鼓励孩子大胆地表达自己的观点是完全有必要的。

值得注意的是，为了让孩子更好地发表自己的观点，家长在倾听的时候务必保持耐心，千万不要想当然地认为孩子的观点幼稚，过早地打断孩子的讲话。因为这样打断孩子，不但会给孩子错误的示范，使孩子形成随便打断他人的毛病，还会损害家长在孩子心目中的权威，影响孩子对规矩的敬畏感。

品读名人家风

詹天佑强调自力更生、为国家着想，这也是勤劳节俭的新写照。这些好家风故事告诉我们，无论何时，都要重视家庭建设，"家是最小国，国是千万家"，有了强大的国，才有富裕的家。今天，我们要充分发扬这些优良的家风，让好家风世代沿袭，让新一代人撑起中国的脊梁。

培养孩子正确的生活习惯

不少人吃饭的时候习惯于边吃边聊天，他们以为这是很平常的事情。有些人甚至认为边吃饭边聊天，可以与家人交流感情，愉悦心情，还可以增进食欲。更重要的是，边吃饭边说话，可以放慢吃饭的速度，可以促进消化液的大量分泌，使肠胃处于最佳消化状态。真是这样吗？我看未必，据医学研究表明，吃饭的时候高谈阔论，影响吃饭的专注度，可能会引起一些疾病。

我有一位远房亲戚是一位司机，他经常在外面送货，要接很多电话，因此养成了边吃饭边打电话的习惯。有一次，他觉得胁肋部有些胀痛。到医院一检查，发现是胆汁反流性胃炎。医生告诉我这位亲戚，他这个毛病是因为吃饭时说话太多引起的，至于这里面的医理，我也解释不出来，反正它告诉我们，吃饭时说话是不利于健康的。

家风是最好的教育

其实，吃饭时高谈阔论不仅不利于健康，也是不礼貌、不卫生的。大思想家、教育家孔子曾经说过："食不语，寝不言。"明确提出吃饭时说话是不符合礼仪规矩的。反之，一个人如果在吃饭的时候保持专注，而不是高谈阔论，可以给人留下彬彬有礼、有教养的印象，从而极大地提高他的形象。

著名的台湾艺术家朱铭，在长媳第一次见到他的时候，他正坐在池塘边吃西红柿。只见他一口一口地吃，非常专注，根本没有注意到一旁有人。这一情景给长媳留下了深刻的印象，她说："我第一次看到，有人吃西红柿可以吃得那么津津有味。"专注吃饭，不仅是一种健康需求，也是一种修养，更是卫生的需要。

在我的脑海里，有一件事印象很深。有一次，我带成成、果果回娘家，吃饭的时候，一位族上的大妈也在一起。大妈是很热情豪爽的人，可能是见我带着小孩回来了，心情比较激动。吃饭的时候，她不停地说话，口沫横飞，我都能看到她的唾沫星子像下雨一样飘落下来，让我觉得特别恶心。

那次从妈妈家回来，在路上我与成成、果果谈到大妈吃饭时讲话的问题，巧的是他们也注意到了大妈的唾沫星子。由于平时在家里，我和丈夫教育孩子吃饭的时候不要讲话，所以成成、果果也很反感吃饭时讲话的人。因此，谈起大妈吃饭说话，我们聊得特别投机，我们的观点十分一致，那就是吃饭时说语口沫横飞，真的很不卫生。

除了吃饭，睡眠也是人们生活中的另一件大事。良好的睡眠质量可以使白天活动的中枢神经从兴奋到抑制，使大脑细胞和各器官组织得到充分的休息，彻底地消除身心疲劳。要想保证睡眠高质量，首先要确保快速入睡。可是有些人在睡觉之前喜欢高谈阔论，或思考问题，这样一来，就会使精神过于兴奋，久久无法入眠。这不仅会影响睡眠质量，还会影响身心健康。

在我们家里，一旦躺到床上，关了灯，就会禁止发言，有什么事情第二天再讨论。有一段时间，我和果果睡，丈夫和成成睡，果果非常兴奋，躺在床上好像有说不完的话要对我讲，但都被我委婉地劝阻了。我告诉她："有什么话明天再说，躺在床上就是睡觉的，要保证好的睡眠质量，第二天才有好的精神状态。"

第二天起床后，我发现老公睡眼蒙眬，我问他怎么回事。他说："昨天晚上被成成拉着，让我给他讲故事，我讲了一个又一个，很想他听着故事入睡，没想到他越听越有精神。这不，影响了入睡，早上起来感觉昨晚没睡好。"

再看看成成,还在床上躺着呢。我走过去,轻轻地把他唤醒,"今天怎么还没起床呢?昨晚睡得不好吗?"成成揉揉眼睛说:"昨晚和爸爸聊天,爸爸给我讲了很多有趣的故事,我们很晚才睡觉。"

我对他说:"你看吧,爸爸今天眼睛都红红的,因为昨晚给你讲故事,影响了睡眠,你的睡眠也不好,这都是睡觉讲话惹得,记住啊,下次睡觉的时候不要说话了,不然的话,第二天哪有精神上课呢?"

在我摆事实、讲道理的情况下,成成认识到了睡觉前讲话对睡眠不利,点头表示认同。从那以后,为了让孩子睡觉时不讲话,我们很少和孩子睡觉了,而是让他们独自睡觉。独自睡觉想说话也难,因为没有听众。这样很好地抑制了孩子睡觉前的说话欲望,久而久之,孩子养成了睡觉前不说话的习惯。

后来成成、果果上初中,由于离家有些距离,我们让他们住校。在寝室里,六个学生住在一个屋里,到了晚上,学生们忍不住闲聊。但成成、果果每次都能约束自己,不轻易和大家讲话,而且他们还经常提醒大家睡觉前不要说话,这一点得到了他们班主任的高度肯定,也使得他们在寝室同学中比较受人欢迎。可见,睡不语不仅是一种健康的睡觉习惯,还是一种受人欢迎的礼貌规矩。

品读名人家风

周恩来(1898—1976),字翔宇,曾用名伍豪等,原籍浙江绍兴,出生于江苏淮安。伟大的马克思列宁主义者、中国无产阶级革命家、政治家、军事家、外交家。他一生两袖清风,心系群众,鞠躬尽瘁,艰苦朴素,克勤克俭。他膝下无儿无女,却抚养了许多革命烈士的子女,他对这些"子女"和亲属要求特别严格,从不偏爱和娇惯。周恩来堪称"廉政楷模,道德典范"。

站姿坐姿体现教养

小时候,父母经常说我"站没站相,坐没坐相",并不断地教导我要站有站相,坐有坐相。多年之后,当我做了母亲时,我才终于体会到父母当年为何要求我站有站相,坐有坐相,这是因为从一个人的站姿和坐姿可以窥见这个人的修养、秉性、家教和综合素质,一个人的站姿和坐姿关系到他的自身成长,影响着他与别人的交往。

在我们的生活中,相信你看过这样的人:他们站立的时候喜欢歪着脖子,浑身扭动,或靠在墙上,交叉着双腿;他们坐下的时候,整个人松垮垮地靠在椅背上,或背部弯曲着,好像年老体衰的驼背者。不知道当你看到这种站姿与坐姿时,对行为者有怎样的印象,我对他们的印象就是觉得他们没规矩、没教养、没精气神,总之,对这种人没有好印象。

作为母亲,我不希望自己的孩子成为别人眼中没规矩、没教养、没精气神的人,我不希望他们站如松、坐如钟,但至少希望他们站有站相、坐有坐相。应该有什么样的站相呢?我想至少应该做到这样几点:身体的重心放在双腿上,头要正,颈要直,挺胸收腹不斜肩,双臂自然下垂,从头到脚看上去是一条直线。这种姿势不仅优美,而且有助于扩大胸腔的容积。

应该有什么样的坐相呢?我想至少要做到这样几点:坐下之后上身自然挺直、挺胸,两肩放松,不要歪扭,大腿和小腿基本上成直角,双脚平放在地上,使重心落在臀部,切忌不要抖腿。这种坐姿不仅显得端庄、大方、自然、舒适,而且有利于青少年的身体发育。

从成成、果果上幼儿园的时候,我就开始要求他们站有站相,坐有坐相,由于较早对他们的身体姿态进行教育,他们很快就养成良好的站姿和坐姿。在家里,我和老公也尽量给孩子做榜样,除了特别累的时候躺在沙发上,我们一般不会歪歪扭扭地摊坐在沙发上。有时候我们觉得彼此躺在沙发上的姿势不雅,会提醒对方去房间躺着,以免给两个孩子造成不好的影响。正是因为我们很注意这些细节,孩子们才没从我们这里受到不良的影响。

也许有人觉得我们对孩子的家教有些严格,其实这并不是严格的问题,而是为了孩子的身体健康发育。我的意思是,如果不注意站姿和坐姿,特别是坐姿,对成长中的青少年会造成非常不利的影响。

我曾听说有个学生,年仅九岁,就因脊柱侧弯而住进医院,必须通过手术治疗才能矫正过来。据这个女孩的母亲说,三年前女儿六岁,有一次她给女儿洗澡,发现女儿的脊背不平整。中间高,两边低,呈弓形。当时她没在意,但是三年之后,她的左肩和右肩始终高低不一,买来的衣服穿起来始终不合身，稍一运动就气喘吁吁。她把女儿带到医院检查，得知女儿脊柱侧弯成 S 形，已经挤压到心脏，影响到体型。

家长非常纳闷，孩子为什么会出现这种问题呢？医生告诉她，这与孩子缺少运动、长期坐姿不良有关。说到坐姿不良，孩子的母亲一下子恍然大悟，她想起孩子上学这几年，每次写作业、看书的时候，都弓着背部。孩子爱学习，每次坐下来学习，就是一个小时，长年累月下来，孩子的背部已经变形了。

我有不少当老师的朋友（因为我以前也当过老师），我和他们谈到学生的坐姿时，他们纷纷表示担忧，因为很多学生不注意坐姿，家长也很少关注到这一点。殊不知，这里面有很大的隐患。隐患之一是坐姿不良，影响孩子的骨骼正常发育；隐患之二是影响孩子的外在形象，青少年原本是朝气蓬勃的群体，如果因为站姿、坐姿不良，给人一种颓废的印象，那就抹杀了青少年的优点了。因此，家长一定要让孩子站有站相，坐有坐相。

当然了，孩子不是机器人，不可能时时刻刻保持一种刻板的站姿或坐姿，但这些基本的姿势是很有必要的，就像学习书法时要掌握基本功一样，掌握了基本功，孩子的身体姿态才能自如而不呆板。

品读名人家风

周恩来是大国总理，管理着一个"大家"，在这个"大家"中他始终把自己当作人民的勤务员，以身作则，从自己做起，从自家里做起，决不让亲属之事影响"大家"，这是培养干部家风的极好教材。他是中国共产党坚持党性的楷模，是实践党的全心全意为人民服务宗旨的典范，更是党的优良作风的化身。

餐桌上的规矩也能体现家风

餐桌是我们避不开的场所，在餐桌上，一个人是否懂规矩，反映了这个人的家教。如果孩子在餐桌上不懂礼貌、没有规矩，那么尴尬的是父母。别人往往会说他们教子无方，这对父母来说无疑是一种莫大的耻辱。

张女士带着六岁的儿子去参加亲戚的酒席，路上，张女士生怕儿子不懂餐桌礼貌，特意嘱咐他要注意一些规矩。可是在家无法无天惯了的儿子，到了餐桌上就原形毕露。几个菜刚上桌，他就急不可耐地把所有的菜吃了个遍，还把自己最喜欢吃的菜放在自己面前，旁若无人地大吃起来。酒席刚进行了十分钟，儿子就饱嗝不断，还大声喊道："我吃饱了，我要回家。"搞得张女士非常为难。

很多父母不注意对孩子进行餐桌礼仪的培养，认为孩子小，无所谓，长大了他们自然会懂。在家里吃饭的时候，父母只要保证孩子吃饱吃好，至于餐桌上的规矩，他们根本不在乎。殊不知，孩子在餐桌上没礼貌，走出去就会让大人的形象掉价，也会让孩子讨人厌。

有些家长发现孩子餐桌上不懂规矩之后，意识到问题的严重性，便把孩子送到相关的培训机构培训餐桌礼仪。孩子学了一段时间，变得懂礼貌了，可回到家里没几天，又被打回原形，和以前一样没礼貌。再送去培训，孩子又变得有礼貌了。再回到家，还是不懂礼貌。如此反复，问题究竟出在哪里呢？毫无疑问，关键在于孩子在家太受宠，父母自己不注意餐桌规矩，也不重视培养孩子的餐桌礼仪，才导致孩子不把餐桌规矩当回事。

我小的时候，父母告诉我们，餐桌上要注意长幼尊卑。我们在家里吃饭，父母一左一右端坐于上位，在父母的教育下，我们都会自觉地坐在自己的位置上。吃饭的时候，父亲经常会观察我们的吃相和姿态，"吃有吃相"是父亲的口头禅。

有一次，家里来了几个客人，妈妈准备了一桌佳肴款待客人。菜一上齐，爸爸妈妈就让我招呼客人上桌。可是我被美味佳肴冲昏了头脑，不仅没有招呼客人上桌，还自顾自地一屁股坐下，拿起筷子偷吃了几口菜。这一幕恰巧被父亲看到，他把我叫到房间，语重心长地教育我："吃饭的时候，即使饭菜再好，也要等长辈和客人上桌、动筷子之后，你才能动筷子。这是我们的家风，也是最基本的餐桌礼貌，知道了吗？希望你以后不要犯今天的错误。"

在家里，父母不会因为我是小孩子就迁就我，因为我不是家里的小祖宗，只是家庭中的一员。今天，当我成为孩子的妈妈，当我看见很多小孩子在家里被父母当成小祖宗一样"供"着时，我感觉当年父母对我的平等相待是给我的最好的尊重，这种尊重是今天的孩子所缺乏的。

此外，父母还教导我吃饭要注意一些忌讳，比如，不要随意用筷子敲碗、敲桌子，否认，别人会认为我在讨饭，或认为我在怨天骂人。不能拿着筷子对准别人，这有伤人的意味。更不能把筷子笔直地插在米饭里，因为这有祭祀之嫌，是不吉利的。父母的这些教导被我铭记至今，并被我教育到成成、果果身上。

如今，我和丈夫对"吃相"也有非常严格的要求，比如，不允许成成、果果吃饭发出声音，不允许勺子和盘子相碰发出声响，如果吃饭时想打喷嚏，要转过身去。手边有纸巾，要用纸巾把鼻子和嘴巴捂住。得益于这些规矩，成成、果果在餐桌上表现得非常到位，经常赢得别人的称赞。

一个人在餐桌上是否有规矩，一个人的吃相是否符合礼仪，关系到他的外在形象。一个在餐桌上不懂规矩、没吃相的人，往往会被视为没教养的表现，是很难给人留下好感的，甚至会错失很多成功的机会。我说这话并非空穴来风，而是有理有据的。

曾听一位开公司的朋友讲过这么一个故事：

有一天，他请两位大学毕业不久的新员工陪客户吃饭，客户是南方人，吃菜的口味偏清淡，所以点的菜比较符合客户的口味。但两位新员工是四川人，喜欢吃辣的，吃饭的过程中，他们不断抱怨没有他们喜欢吃的菜。我朋友虽然心里不高兴，但是不好发作，就叫来服务员，点了两道辣一点的菜。结果，菜一上来，两位新员工就把菜霸占在自己面前，自顾自地边吃边聊。饭局结束后，他们还大发感慨："今天就这两道辣菜合口。"回到公司后，我朋友没做任何解释，就将这两位还在试用期的新员工辞退了。

听朋友讲完亲身经历的故事，我也感慨颇多。两位新人也许工作能力不差，但他们差在不守规矩、不懂礼貌上。如果他们从这件事中认识到自己的问题，以后注意避免类似的问题，他们还能不断完善自己。但如果他们不知道自己为什么被辞退了，那么以后他们还会犯类似的错误，还会因不懂餐桌上的规矩而遭人厌烦。

身为父母，不妨假设一下，如果这两位新人是你的孩子，你会因为在他们小的时候，你忽视对他们进行餐桌礼仪和规矩的培养而感到后悔吗？如果你的回答是肯定的，那么马上把思维转到现实中，你的孩子还小，现在对他进行餐桌上的规矩教育还不晚，赶紧抓住时间行动吧！

家风是最好的教育

品读名人家风

曾子（前505—前435），名参，字子舆，鲁国南武城（今山东省平邑县）人。师承孔子，作为孔门七十二贤人之一，被后世尊称为"宗圣"。曾参主张以"孝恕忠信"为核心的儒家思想，他的"修齐治平"的政治观，"内省、慎独"的修养观，"以孝为本"的孝道观至今仍具有极其宝贵的社会意义和实用价值。

第四章

让孩子充分感受诚信的家风

　　家风是一个家庭的品格、家庭风气和家庭行为准则的最终反映，它对家庭成员个性发展、举止修养具有很强的熏陶力量。一个孩子的品性，往往会打上家风的烙印。在良好的家风中成长起来的孩子，其品性经过家风的熏陶，往往会成为好少年。在不良家风中成长起来的孩子，往往会沾染这样或那样的毛病。有人说家庭是制造人类性格的工厂，其实更确切地说，家风是制造人类性格的工厂。

心怀善良之心，仁善家风的根本

善良是中华传统美德之一，也是中华传统优良家风之一。"众善奉行，诸恶莫做"几乎是几千年来中国家族所信奉的共同家训之一，是教育子孙行善积德、打造厚道仁善家风的重要家训。

所谓众善奉行，就是不管是什么样的善，不论是大善小善、真善假善，都要奉为至上，努力践行，"勿以善小而不为"；而诸般恶行，不论大恶小恶、真恶假恶，凡与恶行沾边，都要一律避免，全力杜绝，切不可作，"勿以恶小而为之"。这是劝诫人们多行善事，杜绝恶行。原本是佛家用语，却被用作教育后代子孙积善行德、厚道处世的家训箴言，传诵至今。

善良是一切美好的源头，也是所有家风最基本的底色。它能生出孝顺、忠诚、俭朴、勤勉、敬业、诚信、谦恭、文明等一切美好的品质。一个家庭要绵延仁善家风，一定要教育和引导子孙保持善良的天性，心怀善良之心。这是仁善家风的根本，也是仁善家风得以绵延的根本。

《三字经》里说："窦燕山，有义方。教五子，名俱扬。"民间也有"五子登科"的传说，说的都是五代末时蓟州渔阳（今天津市蓟州区）的窦禹钧，又称窦燕山、窦十郎，以家教有方名于世，以家风仁善得福禄的故事。

范仲淹在《窦谏议录》中记载了这样一件事：窦禹钧富甲一方，却仁爱善良。窦禹钧的一个仆人盗用窦家一大笔钱后，写了个"永卖此女，与本宅偿所负钱"的字句，系在自己女儿手臂上，然后远走他乡。窦禹钧知道后，认为这个仆人也算是故人，用以"抵债"的女孩也是故人子女，于是不仅烧掉了凭证，还收养了这个可怜的女孩，将其抚养成人，又置办了很多嫁妆，风风光光地将其嫁了出去。仆人听说窦禹钧如此大义，赶紧回来谢罪。窦禹钧原谅了他，对前事一概不提。

窦禹钧富甲一方，仗义疏财，对人仁善，对亲朋故旧照顾有加。凡亲朋故旧中有去世，因贫不能操办丧事，他常常主动出钱相助。他一生中为27个死者办理丧事，为28个穷人家的女儿置办嫁妆。亲友故旧中有家庭贫困的，他主动借钱给他们做生意，使其发家致富。由于他对朋友亲人仁善，在他死

后，有些得到过他帮助的人，为他守孝三年，作为报答。他的五个儿子个个有出息，都科第上榜，功名在身，民间称为"五子登科"，认为都是因为他的仁善积善德所得的福报。五个儿子也都传承了父亲的仁善家风，传承给下一代，代代相传。

《易经》上说："积善之家，必有余庆；积不善之家，必有余殃。"就是对仁善家风的另一种推崇。我们经常会听到有人说"某人能升官发财，那是他祖上积德了""哪家子孙这么出息，真是祖宗有德"。事实的确也是如此。一家是否发达，子孙是否兴旺，与堂上的老人，甚至祖祖辈辈的先人，有没有行善积德直接有关。老人有德，子孙兴旺；老人缺德，一家遭殃。身为父母，要多为子孙积德，就是要多行善事，广积阴德。只有多做善事，杜绝恶行，才能内心光明，心地光洁，没有阴影，子孙才能学会行善，无灾无祸。

仁善的家风，是家族绵延不绝的根基，也是家族平平安安的前提。所以，父母祈望子孙平安、希望子孙无虞，就一定要从小培养孩子的善良之心，打造仁善家风，并将这种家风一代一代传承下去。

那么，如何打造仁善家风，培养孩子的善良之心呢？可以从以下几个方面做起：

一、以身作则，以善心善行对家人、对外人

家庭氛围对孩子的影响是巨大的，父母的言行举止对孩子的影响是潜移默化的。父母心怀善良，对人友善，说话语气平和，做事宽厚大度，为人谦逊亲切，处世厚道仁善，孩子也会仿效。

二、多说好话，积口德

对孩子，真诚是最重要的，不能装善良，当面一套背后一套必然会被孩子看穿，孩子也会跟父母学习。所以，父母平时要做到：不说虚伪不实的话，不说粗言恶语。恶言伤人，甚于刀剑。粗言恶语让人听了心里难过，与人结下恶缘，给自己设置障碍。人生在世，要广结善缘，才能得道多助，所以说话要温和诚恳，谦恭有礼，不说挑拨离间、破坏和谐的话。许多家庭问题与社会问题是由拨弄是非、分裂感情的不当言论造成的。所谓"来说是非者，便是是非人"，挑拨离间就是恶行，是罪魁祸首，最不能做的恶行之一。父母务必带好头，杜绝这一类的话，不说花言巧语、伤风败俗的话，多说好话，民间说的积"口德"，也是善行。

三、多行善举，积善德

家风是最好的教育

父母在日常生活中要多做有益他人、助人为善的事，哪怕是最细微的事情也要有善心善举。俗语说：上天有好生之德，顺道则昌，逆道则亡，爱护万物才符合大自然法则，社会才能繁荣昌盛，哪怕是小鸟、小鱼、小虫、小草，也要以仁心以对，爱护有加。平时廉洁清正，不染歪风邪气，行为端庄，拒绝诱惑。帮人助人，见危扶难，义不容辞。不怕吃亏，把吃亏当成是福，不斤斤计较，不嫉妒小气。多站在别人的角度，多为别人着想，孩子都是看着父母学的，父母常常这样做，孩子自然也就学会了。

四、要及时肯定孩子的善行，纠正孩子的恶行

"人之初，性本善"，孩子都是心怀善良的。很多孩子对小动物都特别有爱心，想保护动物，父母看到孩子的这种行为，要及时给予肯定和赞赏，绝不能因为孩子违背了父母的意愿而否定孩子的这种善举。否则，就会给孩子造成善良是错误的错觉。如果看到孩子的恶行，不论多么微不足道，也要及时纠正。大多数孩子喜欢跟风，喜欢和别的孩子一起欺负弱小甚至是身有残疾的孩子，父母一定要制止这种行为，并教育孩子站在别人的角度想问题，让孩子体会到别人的感受，从而做出善良的举动。有时候孩子只是好玩，并非要"作恶"，但如果父母不予制止，就会助长孩子的恶行，久而久之，孩子的内心已经向恶却还不自知，这才是最可怕的。

总之，不论是在生活中还是在教育孩子时，都要教导孩子"众善奉行，诸恶莫做"的信条，并让孩子一生坚守这样的信条。孩子一定会成为一个善良的人，一个宽厚的人，一个有道德的人，让仁善家风世代绵延。

古训《增广贤文》中有一句话："一毫之恶，劝人莫作；一毫之善，与人方便。"善与恶往往是一念之间。哪怕是一点坏我们也要说服别人不要去做；无论是多么微小的好事，也能给别人带来方便。不仅劝别人别作恶，我们自己先要做到"众善奉行，诸恶莫做"，并从小教导儿孙行善积德，传承仁善家风。

品读名人家风

曾参通过自己经历的"三人成虎"的故事，加上老师孔子的熏陶，深感诚信的重要性。同样曾参用自己的实际行动去教育孩子要言而有信，诚实待人，"丈夫一言许人，千金不易"。别看杀了一头猪，让眼前利益受损，但从教育子女的长远利益看，大有好处，也促进了诚信家风的传承。

父母是子女的第一任启蒙老师，家长在孩子面前应处处以身作则，培养他们良好的品德。

善待家人爱护亲友从自己做起

仁善家风首先要对家人、对亲友、对邻里仁爱亲和，关心呵护，珍视兄弟姐妹的血缘亲情，搞好亲戚朋友间的关系，与邻居、同事和睦相处，人人怀抱善心，友善对人，在和谐仁爱的家庭氛围中，才能锻造出仁爱善良的好家风。沐浴在爱的温暖里、在善的呵护中长大的孩子，当然更富有爱心、更懂得付出、心地更善良。所以，仁善家风，从善待家人和亲友开始。

夫妻作为家庭的主心骨，首先要担起营造良好家风的重任，共同营造和谐、互爱的家庭氛围，从细节着眼、从小事入手，身体力行地教育孩子，以善良、诚实、勤俭、文明为行动准则，以端庄大方的仪表、和蔼可亲的态度、积极向上的心态、彬彬有礼的举止、善良温和的风度为示范，让孩子学有榜样，善待身边所有的人，学会珍惜他人，用心去爱周围的人。

在高山村，村头马家媳妇、那个长相普通而心地善良的兰英，是全村人的榜样，也是善良和贤惠的代名词。

马家在村里并不算富裕，但家风厚道，马家的人善良老实，安守本分，从不欺人。但由于马家人不善言辞，所以与村人来往不多。兰英进门后，却完全改变了这一状态。

结婚后，兰英伺候公婆、相夫教子，勤劳贤惠，特别是对公婆、兄弟姐妹、亲朋好友、邻里左右，更是真诚相待，尽力相帮，和颜悦色，笑脸相迎。她对公婆孝顺尊敬，十分体贴，从来没有过半点矛盾。她一直都记得刚结婚的时候父亲对她说过的话："做媳妇的要把公婆当父母一样对待，人生都有双重父母，要记得孝顺老人。"这句话成了她对待公婆的准线，她一直记在心里并用行动实践着。平时只要去父母家或公婆家，她都会主动承担起家里的所有家务。老人们岁数大了，很多事有心无力，她总会把需要做的事情一一收拾妥当，帮老人们解决生活的烦忧。很多时候村里人都会看到兰英陪着婆婆坐在小院里，或做家务，或陪着聊天，总是有说有笑，甜蜜温馨的样子，美

家风是最好的教育

慕不已。村里人都说，老马家真是积了福，娶了这样的好媳妇。村里还有些媳妇看到兰英这样，也不对婆婆摆脸色了。

亲戚朋友但凡有什么需要帮忙的地方，兰英也是倾尽所有，在所不辞。小姑家婆婆因为车祸而住院急需用钱，兰英把自己的私房钱都全部拿出来了，还卖掉了自己陪嫁时的一对耳环，帮着凑齐了医药费。原本小姑和婆婆关系并不太好，兰英的举动让小姑的婆婆感激不已，和小姑的关系也亲密了许多。对其他亲戚兰英也是一样热情相待，尽力相帮，所以，亲戚们都喜欢兰英。

兰英为人和善，和左邻右舍相处得十分融洽。"送一个微笑、道一声问候、给一点帮助"，就是兰英的处世准则。左邻右舍有什么事情，主动相帮，从不推托。帮邻居家带孩子、收被子、看屋子，那是天天都有的事。

在这样的家风熏陶下，兰英的儿子虽然刚满八岁，也已经是村里孩子的榜样了。儿子虽然小，也学会了以同样的方式对待家人，对待他身边的小朋友。每当兰英心情低落的时候，儿子便会很快发现，给她唱歌，给她讲故事，转移她的注意力，让她开心。对村里其他的长辈也礼貌有加，热情帮助；对比自己小的孩子处处谦让、照顾。

对家人好，对家人心怀善心，爱心满怀，才能对他人好，才能把这样的爱传递给亲友、邻里，再传递到社会上的其他人。对自己的家人都不能亲切温和，充满爱心，怎么可能善待他人呢？所以仁善家风一定是从自己开始的。在家庭生活中，关心家人，孝亲敬老、抚幼扶弱，爱护亲友，乐于帮助，并在家庭中不断灌输仁爱善良的理念，仁善家风就会在潜移默化中形成。

品读名人家风

陶侃（259—334），字士行（一作士衡），东吴鄱阳郡枭阳（今江西省都昌县）人。古代名臣、名将。陶侃出身寒门，父亲早逝，全靠母亲纺纱织布抚养长大。母亲湛氏宽厚待人，教子有方。在她的悉心指导下，陶侃白天干活，晚上勤奋读书。为官后，母亲仍时常教导他。陶侃精勤吏职，不喜饮酒、赌博，终成为一代贤臣。

尊老爱幼，是家风传承之首

心怀善良，家风仁善，不仅会对自己的家人、亲朋好友亲切，待之以善，更会把这样的家风传导到全社会，对所有的人都会善良以对，真诚相待。"老吾老以及人之老，幼吾幼以及人之幼"，就是这种仁善家风最好的表现。

尊老爱幼是我国优良道德传统的精华，也是家风传承之首。孟子说"老吾老以及人之老，幼吾幼以及人之幼"的意思就是要在全社会范围内推广尊老爱幼的传统，要求所有的人"尊敬自己的长辈，并要以同样的态度对待他人的长辈；爱护自己的孩子，并以同样的态度爱护他人的孩子"。尊老爱幼，包括家庭内和家庭外。在家庭内，指的是要赡养双亲，要照料父母的生活，关注他们的想法，在起居住行上照顾老人，尽人子之责。在家庭外，则要尊敬年长之人，爱护年幼之人。

很显然，"老吾老"是孝顺家风的重要内容，孝敬自己的父母、长辈、老人，正是孝道的开始。孝道本来就是爱心、仁心和善心的表现。"老吾老"是为人子女所应承担的义务和责任，也是子女对父母敬爱之心的最好表达；"幼吾幼"既是为人父母的义务和责任，更是人的天性的发挥。但仁善之家不能仅仅满足于对自己家老人的孝敬、对自己家儿女的疼爱，还要推而广之，对所有的老人都孝之以敬，奉之以亲；对所有的孩子都抚之以慰，都爱之以心。这样的家风，才是真正把"仁善"二字做到了极致。

要培养这样的家风，家长要以身作则，培养孩子尊老爱幼的习惯，家庭生活中还可以从以下几个方面入手培养尊老爱幼的习惯，培育仁善和睦的家风：

一、建立合理的长幼有序的家庭关系

所谓"合理"，是指全体家庭成员（包括子女）之间首先是民主平等的，父母要尊重孩子的独立人格，尤其是在处理孩子自己的事情时，一定要充分听取他们的意见。同时，孩子应当在父母的指导帮助下生活、学习。长幼有序，就是在家庭中要建立一种长辈和晚辈之间的一种严格的礼仪关系，长辈在前，晚辈在后，晚辈必须尊敬长辈，长辈必须爱护晚辈的家庭氛围，而不是"无老无少、没大没小"家风，这样才能让孩子从小接受这种尊老爱幼的熏陶，养成尊老爱幼的习惯。

二、父母要以身作则，做孝敬长辈的楷模

俗话说"上梁不正下梁歪"，父母要培养孩子尊老爱幼的良好习惯，就要从自身做起，做一个尊老爱幼的领头人。孩子心理尚不健全，认识判断能力较弱，他们往往以父母的言行作为标杆，觉得父母做的就是对的，父母怎样做，他便怎样学。

央视曾有一个很让人受益的公益广告：劳累了一天的妈妈回到家后，仍不忘为婆婆端去一盆热水，帮婆婆洗脚。她的这些行为被跟在身后的孩子看到了，两三岁的孩子记在了心里，也像妈妈一样去打了一盆热水吃力地端过来，满脸笑容地让妈妈洗脚。妈妈回头看到这样，只是笑着，轻轻地、轻轻地点头……

这则公益广告播出之后，感动了无数观众，唤醒了许多人心中的孝心，同时也更加有力地证明了家风正是这样传承下来的。父母是孩子最好的榜样，父母怎么做，孩子怎么学。父母是家风的核心，而孩子是传承的力量。孩子对待父母的态度，直接受父母对待长辈态度的影响。要想让孩子学会尊老爱幼，家长就要先从自身做起，为孩子树立一个学习的好榜样，时刻不忘照顾年迈的双亲，经常带上孩子去看望老人，帮老人做些家务，与老人共聚同乐，尊敬老人，关心老人，爱护老人。天长日久，孩子耳濡目染，也会逐步养成尊敬长辈、孝敬父母的好习惯。

三、从小事入手培养孩子孝敬父母、尊老爱幼的行为习惯

如要求孩子每天问候下班回家的父母，孩子应承担必须完成的家务劳动等。要让孩子了解父母为家庭所付出的辛苦。现在不少孩子不知道父母的工作情况，不知道父母的辛苦，家长要让孩子明白父母的钱得来不易，孩子自然就会逐渐珍惜自己的生活，也会从心底产生对父母的感激和敬重之情。

四、及时纠正孩子的不良行为

如今大部分的孩子是家庭生活的中心，他们爱冲动，情绪波动大，爱支使人，倘若不顺心，便会大发脾气，常常会做出对老人无理的举动，冲撞老人，如对老人发脾气、摔东西、不理睬等。父母如若发现孩子身上存在类似问题，一定要进行严格管教，让孩子认识到自己的错误，对孩子一味容忍或是一笑了之，只能让孩子的恶习日益膨胀，最终养成不孝敬老人的坏习惯。

五、让彼此的尊重和关怀深入到生活细节中,成为一种生活习惯

父母要让孩子在生活中时时刻刻体现出关爱来,让相互关心、相互爱护的气氛氤氲在家中,让家时时沉浸在爱的氛围里,孩子耳濡目染,自然也就懂得了爱与关怀。

比如,爸爸下班回来了,妈妈可以告诉孩子:"爸爸累了一天了,宝贝是不是该给爸爸倒杯茶?"或是奶奶年纪大走路不方便,家长可以提醒孩子去搀扶下奶奶,并对其行为做出鼓励。教育子女听从父母教导,关心父母健康,分担父母忧虑,参与家务劳动,不给父母添乱。每天要问候下班回家的父母亲;当父母劳累时,应主动帮忙或请父母休息一下;当父母外出时,应提醒父母是否遗忘东西或注意天气变化;当父母有病时,应主动照顾、多说宽慰话、替他们接待客人等;应承担必须完成的家务劳动,哪怕是吃饭时摆筷子。久而久之,孩子就能够逐渐地养成尊老爱幼的品质,这对孩子今后的生活是非常有益的。因为每个人都生活在社会这个大团体中,谁也不能脱离他人而存在,不管在何时何地,都要学会关爱他人,尊老爱幼,这是一个人素质的体现,也会在无形中建构他在别人头脑中的印象,这对孩子今后的事业和人生都会产生很大的影响。

六、多培养孩子的爱心和善心,鼓励他们帮助老人,尊敬老人

赞赏孩子的善良是培养孩子爱心最为关键的一步,当孩子关心他人、爱护他人、帮助他人的时候,父母一定要在第一时间给予支持和鼓励,让孩子的爱心行为延续和强化。父母一定要给孩子灌输这样一种思想:尊敬别人,才会被别人尊敬;爱护别人,才会被别人爱护。身为父母一定要以身作则,成为尊老爱幼的典范,用自己的爱心行动来影响孩子,孩子在这样的引导下才会形成"老吾老以及人之老、幼吾幼以及人之幼"的爱心。

有一位妈妈带着孩子去买菜,过天桥的时候遇见一位老人一肩扛着一根很长很粗的塑料管,应该是楼房施工用的,另一只手推着一辆自行车,从对面走过来。因为这个天桥的阶梯是弯曲的,推自行车很困难,再加上还扛着一根长长的塑料管,老人行走艰难,站在下坡的地方正在努力调整自己的身体找合适的平衡点。这位妈妈见状,赶紧上前去帮着老人推着自行车,又让老人调整身体,自家五岁的孩子见状,也忙不迭地去帮着老爷爷调整管子,三个人一起努力,终于顺利地通过了狭窄的弯道。老人很感激,孩子却说:"老爷爷,不用谢,我妈妈说帮助老人是应该的!"路过的人都不由得对这位

家风是最好的教育

妈妈竖起了大拇指。

孩子的爱心就在这样无声的行动中培养起来了。所以父母要多教育孩子关心老人，爱护老人，培养自己的善心，奉献自己的爱心。多教孩子设身处地为他人着想、感受他人情感、学会将心比心，同情、关心、爱护他人。比如当看到别人遇到困难时，家长一定要让孩子想象一下如果自己在那样的情况下，心情会是怎么样的，理解了别人的痛苦和难处，孩子就会更好地为别人做出精神和物质层面上的帮助。同时多对孩子的爱心行为给予肯定和表扬，孩子会将这种行为发扬光大。不管孩子做出的好事大小，对别人关心的程度多少，都要给予鼓励，激励他们今后做更多这样帮助老人、善待老人的事情，那么孩子也会引以为荣，并为此骄傲，再碰到任何需要帮助的老人，也就会毫不犹豫地伸出援助之手了。如果每一个家庭都有这样的家风，每一个孩子都能做到"老吾老以及人之老"，那么我们的社会也就会充满爱与温暖。

品读名人家风

陶侃母亲"截发筵宾"的待人美德，深深铭刻在儿子心上。故陶侃为官以后，始终保持着"恭而好礼""引接疏远，门无停客"的待人作风。母亲"三件土物"及退鱼的箴告，更深深打动了陶侃的心。"以诚感人者，人亦诚而应。"后来陶侃在仕途上果如湛氏所望，正直为人，清白做官，也成为历代为官者、为学者学习的榜样。

帮危扶难，尽己所能

人不可能独立存世的，个人的力量总是单薄的，团结互助才能走得更远。人生的过程，就是一个相互帮助的过程。帮危扶难，尽己所能，正是仁善之家所谨守的家风。

范仲淹在睢阳担任学官的时候，有个姓孙的秀才在路边乞讨，范仲淹就送给他一千钱。一年后，孙秀才又在睢阳路边乞讨，范仲淹又送给他一千钱。他很奇怪，身为秀才为何却要乞讨？原来孙秀才只有一个秀才名，并无收入，家中极为贫困，每天要乞讨一百钱才能供养母亲。范仲淹决定在学校给孙秀

才找一份工作,既能读书,又能拿一份工资奉养老母。孙秀才感激涕零。

乐于助人帮助有困难的群众,并不是为官者的特定职责,这完全是一种风格和境界。范仲淹这种友善普通百姓,乐于助人的行为,帮助民众解决燃眉之急的家风,传承到了他儿子范纯仁身上,儿子也把助人当成一种快乐来奉行。

有一次,范仲淹让儿子范纯仁到苏州去运一船麦子。范纯仁载着一船麦子返回时,在丹阳暂作停留,碰巧遇见小有名气却生活穷困的文人石曼卿。范纯仁问他为什么停留在此,石曼卿回答,因亲人去世,无钱运灵柩回家。范纯仁听了,便将余下的银两给石曼卿作回乡费用,还将一船麦子全送给他。

回到家中,范纯仁无法向父亲交账,担心受责罚,便待在父亲身旁,不敢提起此事。直到范仲淹问他"这次到苏州有没有碰到新老朋友"时,范纯仁才如实诉说了自己的所见及所为。范仲淹听了后说:"既然这样,为什么不把麦船送给他呢?"范纯仁一听,身心顿时松弛下来了,他告诉父亲:"我已经把麦船送给他了。"

不难看出,乐于助人的家风会潜移默化地影响着家庭中的每一个人,使全家都形成乐于助人的良好风尚。乐于助人的家风,会让整个家庭都沐浴在温暖和充实之中。因为帮人助人、帮危扶难也是善心的体现,是善良家风的一部分。

善良是一种无私的品质,当你做出善举的时候,并不会去想要得到什么回报,只是处于内心的一种驱动和召唤。如果你把善举当作一种换取回报的工具,你的善良就已经变质和贬值。把自己的心态放正,不为蝇头小利而斤斤计较,真心付出和奉献,才会为自己存储更多的财富。善良的内心会使人散发出一种强烈的吸引力,把一些美好的东西吸引过来,包括快乐、幸福、财富和成功。

有研究认为,中国是一个"熟人社会",只对熟人友好,帮助也一般只帮熟人。但真正善良的人,是不分熟悉还是陌生都会尽力相帮的。这正是善良闪耀出的最耀眼的光辉。"路见不平,拔刀相助""扶贫济弱,在所不辞""推己及人,怜孤恤寡",不仅仅对熟人,对任何人都会如此,正是善良天性的表现。

或许有的时候我们心有余而力不足,但这份心永远是最珍贵的。因为我们帮助别人,并非是期望着别人的回报,但是送人一束玫瑰,留下一缕芬芳,这样的家庭，正是幸福的家庭。

　　善良是一种伟大的力量，你的每一个善意的举动，都会使你身上闪耀着美丽的光彩，会感染和感动你身边的人，影响身边的人，形成良好的家风。正所谓："爱出者爱返，福往者福来。"把爱给予了别人，一定会收获爱。爱心是会传染的，善良也是能传承的，有仁善的家风，就会孕育出幸福的家庭。

有仁心才会有仁行

　　居仁由义，出自《孟子·尽心上》："居恶在，仁是也。路恶在，义是也。居仁由义，大人之事备矣。"又在《离娄上》里说："自暴者，不可与之有言也；自弃者，不可与之有为也。言非礼义，谓之自暴也；吾身不能居仁由义，谓之自弃也。仁，人之安宅也；义，人之正路也。旷安宅而弗居，舍正道而不由，哀哉！"居仁由义的意思也就是"内心存仁，行事循义"，内心要怀抱仁爱之心，但行事必须遵循义理。浅白地说，就是以仁心做好事。

　　仁是儒家思想和道德的基础和核心，也是对后世影响最为深远的儒家思想之一。在儒家最重要的经典文集《论语》中，关于"仁"的言论就出现过109次，由此可见"仁"在儒家思想体系中的重要程度。

　　那么，何谓"仁"？

　　这个问题，先后曾有颜回、樊迟、仲弓、司马牛、宰我等孔子的多名高徒请教过孔子，孔子也分别给出了回答。

　　《论语·雍也》载：夫仁者，己欲立而立人，己欲达而达人。

　　《论语·颜渊》载：颜渊问仁，子曰："克己复礼为仁。"

　　仲弓问仁，子曰："出门如见大宾，使民如承大祭。己所不欲，勿施于人。在邦无怨，在家无怨。"

　　司马牛问仁，子曰："仁者，其言也讱。"

　　樊迟问仁，子曰："爱人。"

　　《论语·子路》载：樊迟问仁，子曰："居处恭，执事敬，与人忠。"

　　子曰："刚、毅、木、讷近仁。"

　　《论语·宪问》载："仁者必有勇。"又云："仁者不忧。"

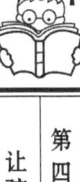

《论语·阳货》载：子张问仁于孔子，孔子曰："能行五者，于天下为仁矣。""请问之。"曰："恭、宽、信、敏、惠。"

其中被公认为最经典也最能代表孔子对"仁"的思想回答，是孔子和樊迟的对话："爱人。"

仁是什么？就是爱人，就是"己所不欲，勿施于人"；就是将心比心，以心换心；就是以己之心，度人之心，以己之爱，予人以爱；就是慈爱之心，就是悲悯之心，就是宽容之心，就是仁义之心；就是宁愿自己吃亏吃苦，也不愿他人受委屈的善良之心。

几千年来，仁爱善良不仅是读书人奉行的思想圭臬，更是许许多多普通中国家庭家训和家教的核心，也是大家最敬重的品德。仁爱之心，是善良的源头。有仁心才能有仁行，有仁行才会有仁德。有仁德就能以善心对人，宽厚待人，不论任何时候，都与人为善，友善待人。爱人者，人恒爱之，以宽厚之心对待他人，得到的，也会是他人无尽的善意和自己一生的情谊。

一个家庭中，有仁心和善良做基础，有爱心有善心，这样的家庭也一定是仁善的家庭，有宽厚的美德，对待他人充分理解与体谅，不求全责备，多看他人善良与友好的方面，从而友善厚道地待人。这样的家庭，也必然会得到周围人的一致尊重。所以，父母要多教导儿孙有仁心，备仁德，宽厚待人，友善对人，还需要在行为举止中做到这一点，多做好事，多做有义、有礼也有爱之事，成为一个善良、仁爱、宽厚又亲切的好人，仁善的家风就会形成。

品读名人家风

陶行知（1891—1946），安徽歙县人。近代伟大的教育家、思想家、民主主义战士、爱国者。他毕生追求"捧着一颗心来，不带半根草去"的无私精神，教育子女时也贯彻着"教人求真，学做真人"的教育理论。

乐善好施，家风必仁善

修桥补路，是传统美德中的公益行为。它和"惜孤念寡""敬老怜贫""赈灾济危""周济医药""扶贫帮困"一起，都是传统公益事业的重要内容，也是仁心善义的表现，并已成为中国人民约定俗成的一种道德规范。正是这种道德规范和仁心善举的指引，使中国公益事业有很好的发展，而且这也成为仁善之家常有的善行义举。

被民间称颂为"财神"的战国时代政治家范蠡，就是一个广施周济、处处散财的"大善人"。范蠡在帮助勾践雪会稽之耻，平灭吴国之后，便辞官引退，游走各国，而且变名易姓为陶朱公。范蠡颇具经商才干，他几乎每到一地都能富甲一方，然而其善良的本性和对天下穷人的悲悯之心，又让他豪爽大方地将千金巨富一一散给贫穷百姓。《史记·货殖列传》说："（范蠡）十九年中三致千金，再分散与贫交疏昆弟。"证实范蠡经商确实一再家累巨万，但却一再散财行善，确实是个热心公益、一心为善的大好人。

范蠡在88岁时去世，这个年龄在生活、医疗水平大大提高的当代也堪称高寿。世人誉之："忠以为国；智以保身；商以致富，成名天下。"司马迁也对范蠡的评价颇高，认为他"与时逐而不责于人""能择人而任时""富好行其德"。范氏后裔也都牢记家训，保持乐善好施、扶危济难的家风。

与范蠡同姓的北宋著名政治家、文学家、军事家、教育家范仲淹，也是一位仁爱慈善，培育仁善家风的典范。范仲淹身居高官之后，虽然薪俸丰厚，却依然勤俭。他把自己积攒下的大量家财拿出来，在家乡苏州郊外的吴、长两县购买土地近千亩，以地力所得救济当地的穷人，使他们"日有食，岁有衣"。这千亩田地因此被人们誉为"义田"。当地凡有人家婚丧嫁娶，范仲淹都会拿出钱来资助。对于鳏寡孤独之人，范仲淹还会定期给予周济。范仲淹的家乡因而也被人们称作"义庄"。他还亲自拟定《六十一字族规》和《义庄规矩》，教导儿孙后代做人要正心修身、积德行善，教导族人要和睦共处、相扶相助。他千方百计救济贫穷的族人，而自己却贫苦一生，以至于死时"身无以为殓，子无以为丧"。范仲淹的《岳阳楼记》成为千古名篇，至今为世人所传诵，为后世无数立志"养天地正气，法古今完人"的仁人志士所仰慕和效仿。

中华民族是一个热情仁爱、乐善好施的民族，做好事、行善举也是中华民族的优秀传统。在今天，这样的传统更是成为全社会的一种公益行为，一种慈善义举，很多家庭也都积极地投身其中，成为公益家庭。可以想见，一个常做公益事业，参加慈善活动、处处奉献爱心的家庭，家风一定是善良仁义的。

福建省金山镇河墘村有一位92岁的老人吴西河，数十年如一日，积德行善，热心公益事业，也使后代子孙都成为热心公益的好人。提起吴西河，村民无不竖起大拇指连声称赞，他们亲切地称他为"西河伯""西河公"。

1986年，吴西河退休后回到河墘村养老，闲不住的他经常走家串户，与老人促膝谈心，了解他们的生活状况。那时不少老人面临着无人赡养的困境，生活十分艰苦。怎么才能让这些老人安享晚年？在吴西河的助推下，1992年河墘村成立老年协会，筹集资金建起一座老人活动中心，并设立老人福利基金，使全村600多位老人每人每月可领到30~40元福利金。

解决了老人们的困难，吴西河又开始帮助贫困人家。村里吴瑞坤、吴珠蓉夫妇家境贫寒，只有一间破房子，吴西河拿出1.5万元帮助其办起木器加工厂。夫妇俩经过艰苦奋斗，现在已经建起300平方米新楼房，日子过得越来越红火。村里香蕉种植大户卢子松，八年前一贫如洗地从江西来到河墘村，本以为从此将过上流离失所的日子，没想到吴西河得知他的情况后，主动提出借3万元给他发展经济。凭着3万元起家，卢子松现在种植了300亩香蕉，有房有车，还成立了幸福美满的小家庭。多年来，吴西河还把自己的退休金和儿女给他的养老钱累计20多万元，陆续拿去资助生活困难的村民，让50多人通过办企业、搞养殖走上致富路。2014年，吴西河90岁高龄之际，还将自己省吃俭用的40万元捐出，为村民建造一座休闲娱乐的公园。

在吴西河的言传身教下，他的子女也热心公益事业，形成了良好的家风。多年来，吴西河一家为家乡铺路造桥、建设学校，为四川汶川大地震的重建累计捐款超过200万元。在吴西河乐善好施、助人为乐的精神感召下，河墘村村民也都积极投身公益事业，希望能为社会、为更多的人做一点事情，河墘村已经成为远近闻名的"好人村"。

善良是家风最好的底色，而公益事业则是仁善家风建设的最好的助推剂。家庭成员经常参与公益活动，参与慈善事业，捐钱捐物献爱心，帮助老人，扶助弱小，助学助残，甚至是当一天志愿者，都能使一个人的心变得干净而纯粹，都能让"善良"在孩子的心里扎下根来，在公益活动和慈善事业的熏陶下，激发善良的心境，让每一个人都心胸豁达、宽容，在周围人最需要的时候毫不犹豫地伸出援助之手，在各行各业的岗位上默默奉献，不计得失，认真负责，在各自岗位上绽放光彩。从医者，胸怀大爱，仁心仁术；从商者，诚信为本，童叟无欺；从工者，品质为本，追求卓越；从政者，胸怀大局，

家风是最好的教育

一心为民……这样的家风，不正是仁德的最好体现，是善良的最好的延续吗？

善良是一种美德，公益是一种事业。以善良的美德做伟大的事业，并不是要获取别人对我们的好评，而是要把这种的美德传递下去，让这样的家风代代相传、生生不息。

品读名人家风

陶行知先生将自己的一些教育理论运用到自己的子女教育之中，他常常跟子女说的一句话就是"宁做真白丁，不做假秀才"，这也成了陶行知家风中一项重要的内容，薪火相传，影响并激励着几代人。今天，随着"信义哥""油条哥""良心秤""傻子粮油"等一批诚实守信模范、好人的涌现，诚信美德一次次给人们心灵以震撼。

诚信家风，是对孩子最好的馈赠

自古以来，诚信就是中华民族的传统美德。一个人如果不讲诚信就不知道如何立身处世；朋友之间要诚信，否则就没有朋友；一个国家没有百姓的信任，国家政权就无法站稳脚跟。诚信是立人之本，成事之本，治国之本。

中国传统文化很重视信义。"仁、义、礼、智、信"中，"信"乃五常之一。在传统文化典籍中，有关诚信的佳言美句比比皆是。孔子曰："人而无信，不知其可也""朋友信之""民无信不立"。墨子云："政者，口言之，身必行之""言必信，行必果""君子一言，驷马难追""千金一诺"等，表明古人已把诚实守信作为君子的行为。传统文化中关于信义守诺的故事也有很多，"尾生抱柱""城门立信"等都家喻户晓。

尾生抱柱的故事，出自《庄子·盗跖》篇："尾生与女子相期于梁下，女子不来，水至不去，抱梁柱而死。"说这个叫尾生的人与一个女子约会于桥下，可等来等去这个女子也没来，眼看河水都涨上来了，女子还没来，但尾生为了守信，却坚持抱着柱子还是不离去，最后淹死了。

城门立木的故事也尽人皆知：卫人商鞅要在秦国大刀阔斧地实施变法，众皆不信，于是在南城门树了一个木桩，承诺如果有人将木桩移到北城门，

奖赏五十两金子,大家还是不敢相信有这么好的事情。有一个很傻的人走过来搬走了木头,商鞅马上兑现了奖金,这下百姓们全都信了。于是商鞅推行的各种新法得以顺利实施,令行禁止,效果很好。

这些故事都在说诚实守信和言出必行的重要性,自古以来,诚实守信就是为人尊奉的美德,也是处世的根本。古时生意人言必称"童叟无欺",老字号同仁堂打出的匾额是:"炮制虽繁必不敢省人工,品味虽贵必不敢减药力。"也都是说的"诚信"二字。

诚信,顾名思义,就是讲诚实守信用。诚实就是指言行和思想一致、不虚假,忠贞守信,不叛不离;信用的基本解释是遵守诺言,实践成约,取信于人。所谓一言既出,驷马难追,就是讲诚信为人的道理,对人做出的承诺要兑现,对人讲的话要负责。《论语》里讲"言必信,行必果",就是对诚信最言简意赅的说明。所以,诚实无欺的家风也是传统家风中最广受推崇的内容。

曾子杀猪的故事就是一个很好的例子:曾子的妻子要到市场上去,儿子要跟着一起去,一边走,一边哭。妈妈对他说:"你回去,等我回来以后,杀猪给你吃。"妻子从市场回来了,曾子要捉猪来杀,他的妻子拦住他说:"那不过是跟小孩子说着玩的。"可曾子说:"决不可以跟小孩子说着玩。小孩本来不懂事,要照父母的样子学,听父母的教导。现在你骗他,就是教孩子骗人。做妈妈的骗孩子,孩子不相信妈妈的话,那是不可能把孩子教好的。"于是曾子把猪给杀了。

人常说"榜样的力量无穷",父母就是孩子最好的榜样,言而有信,言出必行的榜样,才能培养孩子的诚信品性。君子一言,驷马难追。说出去的话,做出的承诺,就一定要做到。要像季布一样,一诺千金。

季布是楚国的义士,他生性耿直,乐善好施,特别是他答应过的事情,无论困难再大,他都一定要设法办好,所以深受当时人们的赞誉。当时有个叫曹邱生的人,特地去见季布,并说:"我听楚人说过:得到白金黄金,也抵不过季布的一个诺言。"后来,人们把这个故事概括为"一诺千金",用来比喻重视诺言,说话算数,言而有信。

不论是我们自己,还是教育孩子,说话算数、言而有信都是非常重要的。一个家庭是否具有良好的家风,标准之一就是孩子是否讲诚信,是否是一个有诚信的人。所以家长一定要做好榜样,无论是家里还是家外,也不管是对别人还是对孩子,都要做到言而有信,说到做到。这样才能培养孩子的诚信。

大多数家长在孩子哭闹的时候都会采取"哄骗"和"吓唬"两种办法来让孩子安静下来。其实这两种方法都无益于培养孩子的诚信品质。比如有的家长会说"别哭了啊,宝宝,明天给你买你最喜欢的灰太狼去,好不好?"孩子信以为真,可能不论多委屈,都会暂时停下来,把希望寄托在灰太狼身上了。但这样说的家长很多,真正做到的却并不多。孩子第二天哭着吵着要的时候,家长还会以各种借口和理由不予兑现,甚至打骂孩子。这种说话不算话的行为是最容易把孩子带坏的。还有的家长习惯于吓唬孩子"再哭妖怪就来了",让孩子安静下来,这其实就是当着孩子的面撒谎,这样怎么能教出诚信的孩子呢?

恪守诚信应当从家庭教育开始,如果一个家庭中都没有诚信做基础,怎么可能会有诚信的家风?进入社会后,就更难有诚信的操守了。坑蒙拐骗、阴险狡诈也就没有什么稀奇。所以首先要在家里灌输"言必信,行必果"的理念,要求家庭所有成员,无论何时何地,都要说一不二,说到做到,言出必行。

品读名人家风

正是有了母亲小时候严厉的管教和事业上的点拨,才有了李嘉诚日后的成就。等到他自己教育孩子时,李嘉诚让孩子从小在商战中掌握做人的道理,这是给孩子的最大财富。一旦孩子拥有了这一份珍贵财富,他的学习、工作、生活以及事业就后继有人,而且将来可以放心地把庞大的财产托付给孩子,家族的荣耀和企业的辉煌也可以继续下去。

要把诚信作为家庭的最高原则

诚信,即待人处事真诚、老实、讲信誉,言必信、行必果,一言九鼎、一诺千金。《说文解字》中对诚信的解释是:"诚,信也""信,诚也"。可见,诚信的本义就是要诚实、诚恳、守信、有信,不隐瞒不欺诈、不弄虚不作假,说话算话,说到做到。

在中国文化传统道德里，诚信是最重要的立身之基。从很早开始，诚信就是社会道德的最高境界和基本要求。《礼记·中庸》里说："唯天下至诚，为能尽其性；能尽其性，则能尽人之性；能尽人之性，则能尽物之性。"有了诚笃的品德和态度，就可以贯通多种仁义道德，成己成人，甚至能够尽人之性，尽物之性，把"诚"成为礼的核心范畴和人生的最高境界。《大学》则把"诚意"作为八条目之一，格物、致知、诚意、正心、修身、齐家、治国、平天下，是一个人成才的根本。宋代周敦颐进一步认为"诚"为"五常之本，百行之源也"。程颐更为直截了当地说："吾未见不诚而能为善也。"

信，也是中国伦理思想史的范畴。"信"的含义与"诚""实"相近。从字形上分析，信字从人从言，原指祭祀时对上天和先祖所说的诚实无欺之语。隋国大夫季梁说："忠于民而信于神""祝史正辞，信也"。孔子认为，"信"是"仁"的体现，他要求人们"敬事而信"。他说："信则人任焉""人而无信，不知其可也"。孔子和孟子都将"信"作为朋友相交的重要原则，强调"朋友信之""朋友有信"。历代当权者大都将"信"作为维护秩序的重要工具。《左传·文公四年》中说："弃信而坏其主，在国必乱，在家必亡。"《吕氏春秋·贵信》对社会生活中的信与不信之后果，做了淋漓尽致的剖析："君臣不信，则百姓诽谤，社会不宁。处官不信，则少不畏长，贵贱相轻。赏罚不信，则民易犯法，不可使令。交友不信，则离散忧怨，不能相亲。百工不信，则器械苦伪，丹漆不贞。夫可与为始，可与为终，可与尊通，可与卑穷者，其唯信乎！"汉代董仲舒将"信"与仁、义、礼、智并列为"五常"，视为最基本的社会行为规范，并对"信"做了较详尽的论述："竭遇写情，不饰其过，所以为信也。"他认为"信"要求诚实，表里如一，言行一致。朱熹提出"仁包五常"，把"信"看作是"仁"的作用和表现，"以实之谓信"，其说与孔子、孟子基本相同。在儒家思想里，诚与信往往是作为一个概念来使用的。"信，诚也""诚，信也"。由此可见，在传统伦理道德里诚信是一个人最基本的品质，诚实是取信于人的良策，是处己立身，成就事业的基石，是一个人安身立命的基本准则，也是最根本的道德。

因而，在传统家风家教中，诚信也是最基本的内容之一，因为只有诚信的家风才能塑造有着诚信美德的个人。从古至今，中国家庭都特别重视家庭的诚信教育。讲诚信的家庭培养的孩子一定是一个说一不二、一诺千金之人。要培养诚信的子孙，家庭中就一定要谨记诚信的原则，任何时候任何人都不违背才行。打造诚信家风一定要把诚信作为家庭的最高原则，不论家里家外，不论人前人后，诚信都是第一准则。

所以在日常的家庭生活中，做父母和家长的要注意自己的言行，以诚信为第一准则，要避开一些会导致孩子诚信缺失的不良教育方式，给孩子带好头，做好榜样，言传身教，以诚为本，以信为基，创建诚信家风。

一、不可随意向孩子许诺

一些家长为了让孩子能完成自己布置的任务或达到自己的要求，喜欢随意向他们许诺。结果孩子努力做到了，家长却早已忘了承诺，根本不能兑现，这使孩子耿耿于怀。久而久之，家长在孩子心目中失去了诚信，这不但严重地打击了孩子的积极性，而且在这潜移默化的过程中，孩子也学会了说空话，不将自己的承诺当一回事，答应别人的事也很快遗忘，这样怎么可能成为一个诚信的人呢？因此，家长不应该随意对孩子许承诺，一定要三思而后说，答应孩子的事情就一定要做到，真正做到言而有信。如果因为种种原因兑现不了，也应及时向孩子解释、道歉，让孩子从内心理解和原谅父母。

二、诚实对待孩子，不可随意哄孩子

"泥鳅听捧，娃娃听哄。"许多家长都认为孩子还小，什么也不懂，哄过一时就行。其实，不负责任的哄骗也许起初还奏效，但久而久之，孩子便会识破这一伎俩，随着被大人欺骗次数的增多，家长的信任度也越来越低。家长的哄骗行为不但让孩子学会了向别人撒谎，更重要的是还会因此对家长失去信任。

三、循循善诱、温言软语，不可行事粗暴

孩子多数好奇心重，活泼好动，自我控制能力差，难免会做错事，但有的家长发现了之后，不容分说，就拳脚相向，久而久之，孩子为了不被责骂，免受皮肉之苦，就不诚实了，变着法子来骗家长来为自己的错误做掩饰，如经常有孩子说真话时受了批评，说假话时却得到了宽恕，为了不受批评，只好说假话了。所以，要铲除一切会让孩子说假话、不诚实的土壤，奖赏和鼓励孩子说真话，塑造诚实人格。

四、家庭教育时父母家长的观点一定要一致，不能随心所欲，让孩子无所适从

有的家庭爸爸要求孩子这样做，妈妈要求孩子那样做，爷爷奶奶又要求这样做，相互矛盾，让孩子无所适从，结果形成了他们做事当面一套，背后

一套,见人说人话,见鬼说鬼话的坏习惯。

五、要敢于认错

家长是人不是神,是人就难免犯错误,家长做错事后如果不向孩子承认自己的缺点、过失,孩子就会产生"父母永远正确而实际上老是出错"的观念,久而久之,对父母正确的教诲,孩子也会置之脑后;而父母向孩子道歉不但无损尊严,反而能让他们懂得家长是诚实的,有错就改,会使孩子产生对父母的信任,并体验到与成人平等相处的美好感觉,他们会更加尊重长辈,以后对孩子进行诚信教育也更能让孩子信服。这样,诚信的家风就会在流水般的日子里悄然形成。

品读名人家风

李嘉诚(1928—),祖籍福建莆田,出生于广东潮州潮安。长江实业集团有限公司董事长,香港开埠后的第三任首富。李嘉诚少年丧父,母亲独立抚养几个孩子成人。后来,李嘉诚事业有成后,他在教子成才上也有独到的见解,两个儿子不仅继承了父业,而且进一步拓展了事业。

筑就诚信家风,养成守信好习惯

毫无疑问,要筑就诚信家风,首先要保证家庭成员之间以诚相待,守信守诺,不说假话,杜绝谎言。不论是夫妻之间、父母与子女之间还是兄弟姐妹之间,婆媳之间,大家待以真心,坦诚相对,互信互爱,重诺守信,诚信的家风就一定能形成。

信守诺言的意思就是说一旦你对别人许诺了,那么就一定要兑现。这不仅仅是针对社会上的人,家庭成员之间,更需要培养这种好习惯,才有利于诚信家风的形成。只有在家庭中互相守信重诺,说到做到,形成习惯,走出家庭之后,才能保持这样的品质,对任何人都诚信相待,一诺千金。所以诚信一定要从家庭成员间做起,否则诚信家风只是一句空话。

比如夫妻之间,如果互不信任,你欺我骗,谎话连篇,不仅会给孩子造成不好的影响,家庭诚信出现问题,也会导致夫妻相处不顺,矛盾重重,不

家风是最好的教育

利于家庭幸福和谐。

小雨和丈夫小明感情不错。小雨是个非常要强的人，工作中积极进取，总想干出点成绩来。丈夫是个医生，工作很忙，但为人厚道，也很勤劳。平日里辅导孩子学习，给孩子做饭，接送孩子上学，这些事情都是丈夫一手操持的。小雨很感激丈夫的体贴和付出，一直说要休假和丈夫孩子一起出门旅游。

但是，因为工作实在太忙，而小雨又很想干出成绩来，旅游的话说了两年也一直不成行。儿子首先不满了，说："妈妈说话就是不算话，同学们一放暑假都出去旅游了，就我们从来不去！"丈夫一开始还替小雨说话，但渐渐地也不再相信了。小雨也很为自己的工作太忙而歉疚，一直想为家里多做一点事。这周六是丈夫的生日，小雨早早就和丈夫说，要在家给丈夫庆祝一下，自己要亲自下厨给丈夫做一桌大餐，陪丈夫和儿子好好玩一天。丈夫和儿子都很高兴，周五下午丈夫专门买好了菜，还买了游戏票和电影票，想着一家人好好过一个周末。

可不巧的是，周五下午小雨临时和老板去郊区出差，也没有多远，原定的是晚上就能回来的，小雨就没推辞。和老板出去，又担心丈夫有什么想法，就没和丈夫说，直接走了。

但没想到事情很不顺利，晚上走不了了。丈夫打电话问她，她说在郊区，却没敢说是和老板一起，谎称是和一位女同事一起，晚上没车回不去了。丈夫听了，马上说要来郊区接她们，小雨没想到丈夫会这样，一时无措起来，坚决不要丈夫来接。丈夫生了疑心，打电话问她单位的朋友，才知道小雨说了谎，原来是和老板去的！

这下丈夫生气极了，也伤心极了，竟然要求和小雨离婚。原本小雨这里什么事也没有，只因为一句谎话，闹得婚姻几近破裂，小雨悔之不及。还好后来事情说清楚了，婚姻算是保住了，但丈夫和儿子再也不像以前那样信任她了。

可见坦诚相待是夫妻关系牢固的基础。夫妻失却了诚信，只会导致婚姻出现裂痕，家庭出现问题，而且互不诚信也会影响孩子，诚信的家风更是无从谈起。所以，夫妻作为家庭关系的主心骨，首先要做到互相信任，不欺不瞒才行。既然已经将自己托付给对方，既然已经将两个人的命运紧紧地系在了一起，就应该坦诚相见，以诚相待，而不是刻意隐瞒，让自己生活在矛盾

中，使自己感到愧疚，感到压抑。

要做到坦诚相待，沟通是不可或缺的。要尽量将问题消灭在萌芽状态，避免相互猜疑。多互相倾诉，相互了解内心的想法，有事事前告知或互相商量，把诚信作为家庭的最高原则，任何时候不欺不瞒、不哄不骗，才能很好地避免夫妻之间的误会和猜疑，增加诚信，保持和谐。

除了夫妻之间关系之外，一个家庭里，还有父母与子女之间的关系、兄弟姐妹之间的关系、有的家里还有公公婆婆与媳妇之间的关系，甚至妯娌之间的关系等。唯有诚信，才是正确处理家庭其他成员之间的关系最为重要的原则。有了诚信的品质，家庭成员彼此诚心诚意相互理解和相互信任，才会有父母与子女的和睦，才会有兄弟姐妹的融洽，才会有公公婆婆与媳妇的亲如一家，才会有妯娌间的相互关心与体贴。诚信品质所营造的氛围，能够使一个家庭充满欢乐与幸福。

相反，如果一个家庭里，到处存在尔诈我虞，缺乏诚信必然会是另一番景象：父母与子女相处难堪，兄弟姐妹形同陌路，公公婆婆与媳妇视为仇敌，妯娌争吵不休，如此等等，在这样的家庭里，其成员必然只会相互伤害，造成痛苦，甚至酿成悲剧。中国古代就有人讲过："父不信以教子，子不信以事父，则，父子相疑与家。""兄弟而不主忠信则伤。"做父亲的不讲诚信而教育儿子，做儿子的不讲诚信而侍奉父亲，那么，两者会相互猜疑而导致家庭破裂。同样的道理，兄弟之间不真诚，不守信，也会给两人造成巨大的伤害。在我们现实的生活中，这样的例子也不少。

所以要建设诚信家风，建立和谐家庭，家庭成员之间一定要有诚信。家庭成员间都做不到诚信，怎么可能指望这个家庭的人在社会上对他人诚信呢？因而家庭成员之间，首先要有诚信，要说话算话，一诺千金，要不欺不瞒，绝不撒谎，这样才有可能培育出诚信的家风。

言传不如身教

"谎言"之所以称为"谎言"，是因为它是虚假的、不真实的、骗人的话语。一个人如果经常有谎言流于口中，从而去哄骗他人，久而久之，他便会

家风是最好的教育

失去人们的信任。就如同"狼来了"故事中的那个孩子一样，每天都喊"狼来了"以寻求刺激、开心，而当狼真的来时，他只有一个人独立去面对，自己去承受，再怎么喊叫也无济于事，也不会有人再来帮助他。因为，可能来帮助他的人已经习惯了他的喊叫，以为又是他在"逗你玩"呢，可见，谎言是最损害诚信的行为。

要保证家庭里的诚信，杜绝谎言就是至关重要的一条。如果一个家庭总是谎话连篇，别说诚信的家风，做一个诚信的人也几乎不可能。所以，我们在家庭教育和家风建设时，务必杜绝谎言，家庭里的每一个人都要诚实守信，特别是教育孩子时更需要诚实无欺，实话实说，切不可因为某些利益而说谎，否则，是最不利于诚信家风建设的。

古代有个官员叫斯任，是个阿谀奉承、见风使舵的小人。但教育子女，可谓孜孜不倦。自己生病了，还把儿子斯成叫到床前，教他读书，给他讲如何在官场上左右逢源的技巧。教至半夜，斯成瞌睡，头碰到了屏风。斯任很生气，要拿棍子打他，训斥说："我口口声声教你，你却睡去，不听我讲，为什么？"斯成赶忙跪下，叩头说："爹爹的话，我都晓得，大抵教儿子对上司要拍马屁、讨好谄媚，说谎造假，如此而已！"呛得斯任半晌说不出话来。

这样的教育只会让儿子学会拍马屁说假话，形成一种阿谀奉承、丢掉骨气的家风。稍微有志气一点的子女，确实是不屑于学习的。这样的教育绝不可能将一个孩子培养出内在有公平、真诚与善良的品质。所以家庭中要建立诚信家风，任何谎言都要被杜绝。

不论是生活中的大事还是细微小事，不论是夫妻之间、父母之间、兄弟姐妹之间还是亲戚朋友之间，在家庭生活中，应当一律杜绝谎言，不管是大谎言小谎言还是善意的谎言，都要被拒绝、被禁止才行。

然而，在很多家庭中，孩子说谎甚至大人说谎都很普遍。很多家长听到从孩子口中说出和事实不相符的话时，都会产生这样的疑惑："这么小的孩子，怎么就会'说谎'了呢？从哪里学的？"好像自己并没有教过他说谎，于是怒气冲冲地质问孩子。

其实孩子说谎有很多原因。孩子的大多数谎言都属于"自助式谎言"，目的是为了避免麻烦或惩罚，给别人留下好印象或为了获得某种东西。比如，3岁孩子可能会说："是别人把苹果汁洒到地毯上的。"对自己数学能力不自信的10岁孩子可能会撒谎说："数学家庭作业做完了。"这种谎言也可能是孩子

（特别是男孩）的调皮行为。比如，一个7岁男孩想趁妈妈不在家时在家里扔网球，于是对保姆撒谎说："这是妈妈允许的。"他撒谎是为了做自己想做的事。同时，在男孩脑子中，可能会将责任归咎于"保姆的首肯"。一些孩子撒谎则是为了表达心中怨气，因为没有得到自己想要的东西，还有一些谎言可能是迫于父母的威严，担心自己受到惩罚而故意说的。还有的孩子说谎，是跟着父母学的。

有的父母为了诱导孩子，就用哄骗的方法对待孩子。如孩子看到饭桌上有一些看起来很诱人的糖果，非常想吃，但父母为了不让孩子吃，就告诉孩子那些糖很酸，很苦，一点也不好吃。如果孩子一旦发现那些糖原来不像父母所说的那样是苦的、酸的，那么孩子从父母哄骗他们的言语中学到的是：世界并不如父母常常提倡的是建立在真话之上，为了利益，可以不诚实。这样的影响下，孩子很容易会认为，谎话是可以的，于是也学会了说谎。

但不管什么原因，孩子说谎，都会直接导致他的不诚实，所以，父母务必及早纠正。

一、家长应该弄清孩子为何撒谎

比如，撒谎是因为害怕出现麻烦，还是为了"面子"；孩子是否已经到了"能正确理解不该撒谎"的年龄。碰到孩子撒谎时，家长切勿不分青红皂白地以惩罚相威胁，而应该晓之以理，让其明白不应撒谎的道理。

二、可温和地告诉孩子

如"爸爸妈妈知道你已经认识到撒谎不好了，下次就别再犯了"。如果孩子能改正撒谎的毛病，应及时给予鼓励和表扬。

三、尽量别给孩子创造撒谎的机会

比如，如果你亲眼看到孩子将牛奶泼到地毯上，那么不要问，"是不是你把牛奶泼到地毯上的？"而应该直接问孩子，"牛奶怎么泼到地毯上啦？"

另外，在和孩子谈论有关撒谎的问题时，应该表现出你的不快，明确告诉孩子撒谎是错误行为，并解释其中原因——撒谎会导致人们的不信任，一个人如果爱撒谎，即使他说的是真话，人们也不会相信。

当然，要在家庭中杜绝谎言，锻造诚信家风，关键还在于家中的大人，而不是孩子。家庭生活中大人们要以身作则，杜绝假话谎话，特别是不能当着孩子的面说谎话假话，更不能教孩子说谎话，任何时候都不能。在教育孩子的过程中，要多给孩子些陪伴，少给孩子些训斥，多给孩子些示范，"言传

家风是最好的教育

不如身教",只有当好模范家长,成为孩子学习的榜样,率先垂范,才能培育诚信家风。

品读名人家风

彭德怀(1898—1974),湖南湘潭人。中华人民共和国开国元勋、元帅,中国人民解放军著名将领。他一生坦荡无畏,求真务实。他没有亲生子女,新中国成立后,他把两个烈士弟弟的孩子接到北京,供他们上学、一起生活。耳濡目染,元帅的诚信朴实的品德也深深影响着他们。

说到做到,对孩子要履行承诺

在家风建设中,父母对待孩子一定要诚信,不要说话不算话。不管任何时候,在许诺之前一定要三思,不能言而无信,答应了的事情,就一定要做到;如果不能兑现,就不要轻易许诺。这也应当是我们在建设诚信家风时的一条原则。

我们常说"轻诺者必寡信",为什么?因为轻易许诺,你根本不知道自己是不是有能力做到,就拍胸脯,打保票,到最终做不到时,肯定会给别人留下一个不守信的坏印象。故而,真正守信的人,诚信的人,是不会轻易许诺的。

孔子说"信近于义,言可复也",是说做出承诺前,必须考虑承诺的正义性、合理性以及后果。做出承诺后,如果发现承诺的内容本身存在失误,就必须及时纠正,避免犯更大的错误而难以自拔。这才是真正的"信"。

《弟子规》讲到"谨信",是指要谨而信。没有言行的严谨,没有良好的行为习惯和严谨的作风,容易造成轻诺寡信的局面。即使你不是有意欺骗,但言行不谨,信就得不到保障。

可见,承诺是一件非常严肃且重要的事情。打造诚信家风,也务必重视承诺和守诺。轻易不要许诺,一旦许诺,就要千方百计、竭尽全力做到,这才是一个德行高尚的人。

东汉时,汝南郡的张劭和山阳郡的范式同在京城洛阳读书,学业结束,

他们分别的时候,张劭站在路口,望着长空的大雁说:"今日一别,不知何年才能见面……"说着,流下泪来。范式对张劭劝解道:"兄弟,不要伤悲。两年后的秋天,我一定去你家拜望老人,同你聚会。"

两年后的秋天,张劭突然听见长空一声雁叫,牵动了情思,不由自言自语地说:"他快来了。"说完赶紧回到屋里,对母亲说:"妈妈,刚才我听见长空雁叫,范式快来了,我们准备准备吧!""傻孩子,山阳郡离这里一千多里,范式怎么来呢?"他妈妈不相信,摇头叹息,"一千多里路啊!"张劭说:"范式为人正直、诚恳,极守信用,不会不来。"老妈妈只好说:"好好,他会来,我去打点酒。"

约定的日期到了,范式果然奔波千里、风尘仆仆地赶来了。一千多里的风餐露宿、一千多里的艰辛跋涉,就为了自己的一句承诺。范式重信守诺的故事一直被后人传为佳话。

说到就是"诺",做到才是"信",说到也做到才是真正的诚实守信之人。只说到做不到,就是"轻诺寡信"之人,是不可能受人尊重的。

家庭生活中也是一样,不管是对家庭内部还是对外,说到就一定要做到,无论如何、竭尽全力也要做到。孩子只有这样做才能锻造诚信品格,成长为一个诚实守信的人;家长只有这样做才有威信,才能树立起良好的家风。

要重视自己对别人许下的诺言,无论是大事还是小事,如果做不到就不要去说,不要轻易就许下任何的诺言,许诺前一定要三思而后行,一定要慎重思考,要确定自己完全可以办到才可以应允。对于自己根本就没有能力做或不打算做、不应该做的事情,决不能去承诺。一旦答应下来,就一定要做到,要对自己的承诺负责到底,即便中途出现了困难,也要坚守自己的诺言,想尽办法做到。

任何时候承诺前都要三思,千万不要答应你无法兑现的事情。承诺并不仅仅是一个你主观上愿不愿意守信的问题,还是一个你有没有能力兑现的问题。"轻诺"必然会导致"寡信"的后果,轻易对别人许诺,说明根本就没考虑自己所办之事可能会遇到的种种困难,当困难来临时,便只能干瞪眼,于是,给别人留下了"不守信用"的印象。因此,当我们没有十分的把握之时,就不要向别人许诺,有几分把握,就实事求是地说几分。

不轻易许诺,但有诺必践,是人们普遍尊崇的道德准则,也是诚信家风的基础。即便在家中,即便是对待孩子,也要牢记说到做到的原则,有诺必践，有信必守，一言九鼎，说到做到。

有时候大人的世界里免不了会有一些谎言、假话，有时甚至是善意的、无害的假话，但对于孩子而言，却会给他们带来很坏的影响，对建设诚信家风造成不好的影响。比如家庭里发生了什么不想让外人知道的事，或是为保全自己或别人的面子，会说一些假话。家长千万不可当着孩子的面来说，要是说了一定要及时改正，让孩子明白诚信的重要。

如果家长许诺了没有做到，要及时向孩子解释，向孩子道歉，并作自我批评，让孩子从内心理解和原谅父母，事后父母应设法兑现自己的承诺。如父母言而无信，一而再，再而三，孩子会对父母产生不信任感，并认为说了话可以不算数，慢慢地他们也会这么做。这是非常不利于家风建设的。

还有更重要的，是不要逼迫孩子许诺，要教会孩子一定要在有百分之百把握能做到的前提下许诺，如果做不到，就一定不要说。要让孩子知道：承诺即责任，做不到的话就不要轻易地许诺。

总之，说到做到很重要，父母一定要做好榜样，让自己的以身作则在孩子身上播撒的诚信金种子，绽放出人性的异彩，锻造出诚信家风。

品读名人家风

彭德怀的言传身教，给后人留下了坦荡无私、清廉简朴的彭门家风。孩子们没有忘记伯伯的谆谆教导，实事求是，努力干好本职工作。今天，在市场经济条件下，诚信已成为一种资源、一种工具、一种生产力，具有真金白银般的价值。我们应该做到：少说假话，多说真话，多做实事。

从家教开始，锤炼诚信家风

家教是家风的源头，诚信家风要从家教开始。家长的教育方式不当，自身不能做好诚信的榜样，这样就会对孩子的教育产生不利影响。只有父母以身作则、言传身教，时刻向子女传达诚信守诺的理念，恪守诚信守诺的原则，并时刻保持诚信的品质，孩子依样学样，才会修炼诚信品质，锤炼出诚信家风来。

第四章 让孩子充分感诚信的传统美德家风

古时候，有一个叫赵柔的人，因学识渊博、品德高尚而闻名于世。有一次，有人送给赵柔几百个梨，赵柔和儿子一起到集市上卖梨，有个人准备出二十匹绢买下梨。双方谈好价钱后，那个人回去取绢去了。这时，又来了一个商人，看到赵柔的梨质量好，立即要出三十匹绢买下。儿子听到商人的价钱高，就想卖给这个人。但赵柔对儿子说："和别人做生意，说话要算数，怎么能因为有利可图而放弃信用呢？"后来，第一个买主来了，赵柔父子就把梨卖给了他。赵柔信守诺言的行为，被人们传为佳话。

赵柔的这种做法，真正做到了以身作则，相信他的儿子将终其一生牢记父亲的教诲"不能因为利益而放弃信用"。

赵柔用行动给他的儿子上了很好的一课，也给我们所有的家庭上了很好的一课。英国著名心理学家大卫·布朗杰曾经说过："要想让一个孩子做到有教养，其父母必须首先是一个品德高尚的人。"父母是孩子的第一任老师，对孩子来说，人生观、世界观都还没有形成，家庭中父母的言行举止是孩子最重要的学习榜样。尤其是对孩子诚信品质的培养来说，并不是每天给孩子灌输多少大道理就能取得效果。父母的以身作则、言传身教更为重要。孩子的世界是天真的，但是眼睛所看到的东西也是最真实的，很多关于诚信品质的点点滴滴，都会从父母的日常活动中所看到。家长的这种言传身教早已润物细无声，诚信就像一粒种子，悄悄地播种在孩子的心田，生根发芽，让孩子深深地体验到诚信的可贵，为孩子诚信的养成奠定了牢固的基础。

一位公司的职员工作很紧张，公司纪律很严。但这天是儿子的生日，早早就答应了要陪儿子一起过生日的，他只好打电话给主管请假说："我今天病了，需要请一天假！"正好五岁的儿子进来听见了，赶紧给爸爸端来了一杯水，说："爸爸，你吃药吧。"爸爸呆了一下，亲了一下儿子，把药吃了下去。儿子说："爸爸，你病了就不用陪我过生日了，我陪你玩吧。"爸爸想了一下，对儿子说："对不起，儿子，爸爸说谎了，爸爸是要陪你的，并没有生病！"于是他再次拨打了电话，对主管说："对不起，我刚才说了谎话，我并没有生病。我的儿子今天过生日，我要请假陪他过生日。"

儿子听见了，赶紧拿来了生日蛋糕，一家人开心地唱起了生日歌。

父母是最好的老师，家庭是最好的课堂。家庭有诚信家风，父母坚守诚信信条，时时以诚信来要求自己的一言一行，一举一动，对于孩子诚信品质的培养，无疑是有着巨大意义的。

在开展诚信家教时，家长除了言传身教、悉心引导外，还有下面这些是需要注意的：

一、要尊重孩子

对孩子诚信品质的培养首先要源于对孩子的尊重。从某种层面上讲，孩子的自尊心一旦受到挑战，得不到所期望的尊重，往往就会做出很多不诚信的言行。在现实中，无数的实例告诉我们，粗暴式的家庭教育都不会取得好效果。在家庭教育中，家长对孩子采用命令、威胁等暴力手段，会对孩子的自尊心产生极大的影响，反而会激起孩子的逆反心理，造成一系列不诚信的行为。对孩子的尊重是家庭教育取得良好效果的必要前提，只有对孩子尊重和理解，才能为孩子提供心灵上的安全港湾。

二、加强对孩子的责任教育

责任感是每个个体在人类社会中所必须具备的品质，责任感可以说是诚信的一个重要体现。责任感不只是对别人负责，更是对自己负责。培养孩子的责任感，让孩子从小就有责任感的意识，懂得责任的重要性，对培养孩子的诚信品质是非常有益的。

三、引导孩子的践行意识

在家庭中，家长树立好榜样，培养孩子对诚信问题的自我判断。鼓励孩子从身边的小事做起，譬如从守时、不撒谎等小事做起，反复实践，使孩子在整个过程中不断地学习。加强孩子的践行意识有利于培养孩子的自我判断能力，同时也能够加强家长在当前的行为中严格要求自己，始终将自己作为孩子的榜样，体现出家庭父母教育的重要性。

四、善于从孩子身边的小事着手，进行诚信教育

孩子对亲身经历和目睹的事情一般都印象深刻，所以家长要善于从孩子身边发掘诚信教育的材料对他们进行教育，这样不但可以加深孩子对诚信的理解，而且也可以使他们对诚信品格的情感体验更加真切。如有的孩子放学回家会告诉家长，这次考试有某人作弊了，考了多少分。家长不管自己的孩子考得好不好，首先要表扬自己的孩子，因为他没有作弊，是个诚实的孩子。如果只看到孩子考得不好就大声责骂，那就失去了一次不错的诚信教育机会了。随后再跟他讨论作弊的同学做得对不对，为什么。当与孩子一起在公共场所拾到东西，和他讨论应该怎么做，当他有占为己有的想法时，要坚持正面引导，让他知道诚实是最宝贵的，主动想办法交还失主。根据日常生活中

发生在身边的这些小事对孩子进行教育引导，促使他们从小就形成做人要诚实守信的观念。

总而言之，孩子的诚信与否与家庭教育息息相关，只有诚信的家庭才能教育出诚信的孩子，锻造出诚信的家风。

品读名人家风

马援（前14—49），字文渊，东汉扶风茂陵（今陕西兴平东北）人。以军功获封伏波将军，汉代名将。他在《诫兄子严、敦书》中表达了"慎交友、戒妄议"的为人处世法则对国家、社会、个人都具有重要的借鉴作用。

第五章

用良好家风培养孩子良好情操

　　家风是社会风气的基础，家风是否纯洁、是否健康，关系到社会风气是否纯洁与健康。社会风气又是家庭风气的一种写照，社会风气不好，家风也难保纯净。所以说，家风一定要与社会风气和谐相处，只有当它们都纯洁、健康，才能相互统一地作用于孩子，带给孩子积极的熏陶和影响。

从传统家风寻找精华

从古至今,中国人都十分重视家风的建设。在传统社会,家风往往集中体现在儒家文化中,但因生活环境、传统习俗的不同,不同的地域、不同的家庭又有不同的家风侧重,但总的来说,无外乎教人向善、进取、勤俭。在每一个具体的家庭乃至家族中,家风不仅是道德品行的教育,还是一个家族的精神体现,并通过一代代家族成员的一言一行不断发扬下来。

从《颜氏家训》到《曾国藩家书》,中国古代公开出版的"家风""家训"多达数百种。这些家风、家训虽然彼此有所不同,但是它们的核心是提倡"仁义礼智信",这是中国传统价值体系最核心的内容。事实上,家风是在中国传统文化和道德的基础上形成的,它是每个家庭一代又一代传承下来的思想精华,是中华五千年文明的一部分,里面有许多值得我们学习的家风思想。

《朱子家训》主张劝勤、勉学、励志、诲诚、修身乃至明德的思想;《弟子规》中有"国有国法、家有家规"的规则思想,还有孝道、诚信、礼貌等思想;《颜氏家训》中有勉学、早教、严慈结合等思想;还有《曾国藩家书》中提倡的耕读家风,等等,都是家风教育的精华思想,值得我们当代人在家风建设、教育孩子时借鉴和学习。

不过,尽管传统家风对后人的家庭教育、道德教育起着十分重要的作用,但传统家风思想并不是完美无缺的。比如,在著名的《颜氏家训》中,《教子篇》提出"上智不教而成,下愚虽教无益,中庸之人,不教不知也",意思是上等智慧的人,不用教育就能成才;下等愚昧的人,即使你再怎么教育也起不到作用;普通的人,你不教育他们,他们就没有智慧。

这个家风思想看似颇有道理,实际上经不起事实的证明和逻辑的推敲,因为上智、下愚、中庸这三种人的区分,本身就很模糊。要知道,人的智慧高低,并不是笼统地来衡量的,在不同的领域,不同的人有不同的才华。

一个下愚之人,在他擅长的领域,他就是一个上智之人;一个上智之人,在他不擅长的领域,他可能是一个中庸之人,甚至是一个下愚之人。所以,判断一个人是不是有智慧,关键看他是否在从事自己擅长的事情。

家风是最好的教育

爱迪生小时候只上了几个月的学，因为他被老师认为是低能儿，被人辱骂成"蠢钝糊涂"，然后他退学了。当他眼泪汪汪地回到家时，妈妈决心教他读书。在家里，爱迪生喜欢鼓捣一些奇怪的小实验，有时候免不了闹出笑话，闹出乱子。父亲认为爱迪生调皮捣蛋，就不允许他再搞小实验，爱迪生急得直说："不让我做实验，我怎么能研究学问呢？将来怎么做出一番事业呢？"爸爸妈妈听了他的话，感动地收回了"禁令"。后来爱迪生成功了，他一生拥有两千多项发明。

小时候大家眼中的"下愚"之人爱迪生，为什么长大成人后取得了举世瞩目的成就呢？如果按照《颜氏家训》中的家风思想"下愚虽教无益"的说法，那么爱迪生一生都不可能获得成就。但事实上，爱迪生的成功很好地驳斥了这种论调，爱迪生的成功不过是因为他走在自己擅长的道路，做了自己擅长的事情，在他擅长的领域里，他是一个上智之人。所以，我们一定要丢弃传统家风中的糟粕。

在《颜氏家训》中，《勉学篇》中有个观点是"生而知之者上"，意思是生来就有智慧的人是上等人，其实这种思想是唯心主义先验论的反映；《治家篇》中提出，妇女只能"主中馈，惟事酒食服之礼耳，国不可使预政，家不可使于蛊"，这是轻视女性的传统偏见；"笞怒废于家，则竖子之过立见"，这是封建社会棍棒教育的体现；《归心篇》中提出"三世说"和因果报应，这是封建迷信思想的体现。对于这些传统家风中的糟粕，在现代家风建设中，一定要果断地丢弃。

品读名人家风

宽厚仁爱，这四个字说出来容易，要做到却是困难重重的。《尚书·说命中》所言"非知之艰，行之惟艰"，意思是懂得道理不难，实际做起来就难了。马援万里传书，殷切之情，流于言表，肃严之意，沁人肺腑。俗话说："榜样的力量是无穷的。"但是，能否选择适合的榜样，马援的家书给出了答案，值得后人勉力践行。

向孩子传递正确信息

"知心姐姐"卢勤曾经讲过一个故事，听后让人啼笑皆非。

在一次夏令营活动中，有个女孩呆呆地看着一个煮熟的鸡蛋，卢勤问她："你不爱吃煮鸡蛋吗？"

"爱吃。"女孩说。

"那你为什么不吃呢？"

"因为这个鸡蛋和我们家的鸡蛋长得不一样。"

"你家的鸡蛋是什么样的？"卢勤问。

"我们家的鸡蛋是白的，是软的，好咬，这个鸡蛋太硬，咬不动。"

卢勤经一番询问，才知道这个女孩在家从来没煮过鸡蛋，更没有剥过鸡蛋，她每次吃的鸡蛋都是母亲剥好、切好的。

一个连剥鸡蛋的机会都不给孩子的家长，很难想象，她会教孩子认识世界的真实面目。一个连鸡蛋都不知道的孩子，很难想象，她将来该怎样面对真实的世界？身为父母，我一直主张把这个真实的世界告诉孩子，让孩子去认识家庭之外的世界，从小培养孩子的社会适应能力。

古人说："读万卷书，行万里路。"有人甚至说："读万卷书，不如行万里路。"可是今天的父母，更重视让孩子读万卷书，却十分轻视让孩子行万里路。殊不知，一味重视孩子的学习成绩，只会把孩子培养成一个只会"死读书"的低能儿。我曾接触不少这类学生，他们成绩很好，但情商很低，不懂得为人处世，甚至连起码的交际、礼貌都不懂，更别说了解书本之外的社会。

社会是一个包罗万象的大课堂，不仅可以让孩子从中学到无数有用的知识，还可以锤炼孩子的性格，丰富孩子的阅历，增长孩子的见识。因此，我建议父母把世界的本来面目告诉孩子，让孩子早一点触及真实的社会，了解生活的不易。在这方面，著名的相声演员郭德纲为我们做出了榜样。

郭德纲经常向儿子郭麒麟讲述社会的真实面目，诸如："登天难，求人更难；黄连苦，无钱更苦；江湖险，人心更险；春冰薄，人情更薄。"这在有些人看来，给一个涉世未深的孩子讲这些，会强化孩子对社会的戒心，引起孩子对他人的不信任。更有甚者,认为郭德纲这是在向孩子传递社会的负能量。

其实我认为,郭德纲的做法并未失当,因为在当下这个功利的社会,许多人的精于算计,乃至损人利己,确实到了不择手段、不顾颜面的地步。在险恶者的眼里,人与人之间似乎只有利用与被利用的关系,人心不古、世风日下,这些抱怨也出自很多为人父母者之口。既然很多父母都认为社会险恶、人心功利,并且不时抱怨社会,这就说明他们已经承认了社会的"险恶"。那么,这个时候还有必要向孩子隐瞒社会的真实面目吗?

事实上,郭德纲之所以向孩子揭示社会的本来面目,与他成长及成名的过程中受过不少非议有关,所以他只是想教会孩子如何处理人际关系。他只是教孩子如何去防范他人,保护自己,而非教孩子怎样去害人。所以,从这个角度来说,我赞同郭德纲的教子之道。

一直以来,郭德纲的相声都以"犀利"著称,他对孩子的教育也比较犀利,这种犀利的作风恰恰是当前家风教育、家庭教育的一种缺陷。我认为,这种教育方法值得广大家长提倡。因为早一点让孩子认清世界的本来面目,而不是向孩子描绘一个理想化的社会,对孩子将来适应社会、适应环境、学会与人打交道,都有好处。

作为父母,应该把自己的人生阅历、社会的复杂性揭示出来给孩子看。虽然可能会有一些负能量,但这却是真实世界的一部分,是孩子将来无法回避的。所以,与其让孩子将来感到惊慌,不如现在提醒孩子。这样,孩子在成长的过程中,不遇到一些社会险恶,当然是好事;遇到了,他也不会紧张,而是知道该怎么去应对,这才是父母对孩子真正的爱。

著名亲子关系心理专家胡慎之曾经说过:"不一味地跟孩子说美好的事物,因为社会很多元。实际上我们以前做过一个调查,大多数的家长都觉得有必要告诉孩子们一些现实情况,这也是给他们将来面对挫折之前打了预防针。"这个观点就是我赞同郭德纲给孩子揭示社会本来面目的原因。

现在,有些父母总喜欢把孩子关在屋子里,让孩子在家好好学习,舍不得让孩子到外面去经历风雨,不给孩子去体验社会的机会。很多孩子的童年就是在学校、家里、辅导班里度过的,他们习惯了安逸、平和的生活环境,有朝一日,他们要面对外面残酷的世界时,很可能会产生恐惧感。这种恐惧感就来源于他们对外面世界的一无所知,就如同坐井观天的青蛙或浴缸里的鱼,没有机会游向大海,有一天真的见到大海时,它们也会产生不安和恐惧,

不知道该怎样面对。

大文豪鲁迅先生曾经批判他所生活的年代的文学是一种"瞒和骗的文学",我也想批判今天有些家庭对孩子的教育,是一种"瞒和骗的教育"。我经常劝那些经历了是非曲直的父母,早点把孩子从虚拟的世界中唤醒,让孩子看到一个世界的本来面目。我和丈夫也是这么做的,我们经常带孩子走出家门,去接触、去感受、去认识外面的世界,这是教孩子生存的最重要一步。

最后我想说的是,无论世界多么现实、多么残酷,也无论家长们曾经遭遇过怎样的挫折,我们始终要客观地评价这个世界。在这个世界上,阴暗面是永远存在的,但那也是世界的一个角落、一个部分。千万不能因为自己受骗上当,就过分向孩子宣扬世界的丑陋,把世界说得黑暗无光,把他人说得一文不值。如果这样,那才是向孩子传递社会的负能量。

品读名人家风

欧阳修(1007—1072),字永叔,号醉翁、六一居士,北宋吉州永丰(今江西省永丰县)人。古代著名的政治家、文学家,且在政治上负有盛名。欧阳修的母亲是一个意志坚强的人,她家穷志不穷,靠自己辛勤劳动,将儿子抚养成才。欧阳修牢记家训,成就突出,对母亲始终充满着无限的敬爱。

别拿孩子跟人比

走在小区、院子里,经常能听到一些中年女性谈论自己的孩子:"你女儿真听话,我那儿子捣蛋死了。""我儿子期末考试门门都90分以上,你家孩子考得怎么样?"……听听这些话,你是否觉得很熟悉呢?

不得不承认,中国很多父母喜欢拿自己的孩子和别人的孩子比较,很多孩子在这种比较中长大,上学的时候父母拿他们的成绩和别人比,工作后父母又拿他们的收入与别人比。

父母为什么喜欢拿自己的孩子和别的孩子比呢?其实,很重要的一个原因是父母对孩子的期望过高,总觉得自己的孩子不如别人的孩子。所以,才想通过这种比较和刺激,激发孩子不断进取。

家风是最好的教育

然而，这种做法很容易使孩子产生挫败感，还觉得永远够不着别人的高度，因为每当孩子进步一些，父母就会给孩子选一个新的比较对象，或比较另一个方面，这对孩子自信心和自尊心的发展极为不利，孩子很容易变得自卑、自我否定。

除了让孩子学习别人的优点，我们还会引导孩子和自己做比较。比如，成成字写得很难看，我们会把他以前写的字拿出来和现在写的字做比较，让他看到现在写的字比原来的好看，然后肯定他的进步，鼓励他继续练习、继续提高。

亲朋好友聚在一起的时候，我一般不会问别人家的孩子考试成绩，有时候别人问我成成、果果的成绩，我只会大概地回答，并不会说出具体的分数。我不想给别人一个拿孩子做比较的机会。不管成成、果果考得好不好，我总是说："只要你们每次都有一点进步就很好。"

有时候别的父母向我抱怨他们的孩子成绩不好，这时我总是安慰他们："学习成绩其实不那么重要，小学主要是习惯的培养，让孩子养成好的学习和生活习惯，比每次考100分重要得多。如果孩子各方面养成了好习惯，学习成绩往往也差不了。"

曾经有一位刘女士向我求助，她说儿子上小学，成绩一般般，她为了让儿子在学习上加把劲儿，就拿别人家的孩子和儿子比。没想到儿子越来越自卑，越来越不爱学习。她问怎样才能帮孩子提高学习的积极性。

我首先建议刘女士："不要拿人家的孩子和自己的孩子做比较，当你想比较的时候，不妨先问一问自己：我和别的家长比，我是不是各方面都比他们强？"我想通过这种反思，让刘女士认识到：每个人都有自己的特色，有自己的优缺点，每个人都有自己独特的价值，人比人是没有必要的。

我发现很多家长比较孩子的时候，喜欢拿别人孩子的优点和自己孩子的缺点比，对于自己孩子的优点则不予肯定。之所以这样比，就是为了让孩子弥补自己的缺点，把缺点变成优点。父母的这种心理可以理解，但是这样对孩子的信心会造成致命性的打击。

做父母的不妨换位思考一下，假如你的丈夫拿你和别人的妻子做比较："你看看人家的老婆，温柔贤惠，还有高收入，你倒好，工作没工作，每天就洗洗衣服、带带孩子……"当你听到这样的话，你会虚心向别人学习吗？你会努力改进吗？恐怕不会吧，你只会从心里反感丈夫，后悔当初嫁给他，因为他一点也没有看到你的优点。

接着，我建议刘女士要让孩子自己跟自己比，今天跟昨天比，这次与上次比，通过比较来肯定孩子的成绩，激发孩子的信心，孩子才会积极向上，充满自信。我告诉刘女士："如果你确实觉得儿子某方面太差了，有必要向别人学习，不妨先肯定他的优点，然后再引导孩子学习别人的长处，这样孩子更容易接受你的说法。"

德国哲学家莱布尼茨曾经说过："世界上没有两片完全相同的树叶。"同样，世界上也没有两个完全一样的孩子，每个孩子都是独特的天使，都有自己的特点和长处，当然，也有一些缺点和不足。做父母的没必要苛求孩子每个方面都成为优胜者，肯定孩子的优点，鼓励孩子发挥自己的优势，孩子才能更好地成才。

当然，如果你实在想拿孩子和别人的孩子做比较，不妨选对参照系。在社会心理学家看来，比较在一个人的心理发展上，有两种重要的功能：一是以他人为自己的镜子，从而更好地认识自己；二是确立奋斗目标和努力方向。

那么，什么才是最需要比较的呢？我想与其比成绩，不如比孩子的教养，比比孩子是否有礼貌、诚信、善良、有同情心、爱心和责任感。当然，比较的方式方法如前面所讲，不要一上来就否定孩子，指出孩子的不足，试着先提出孩子的优点，再指出孩子的不足，引导孩子向他人学习，这样孩子更容易接受教育和引导。

最后，记得用欣赏的眼光看待孩子。一位专家曾经谈到一件怪事：有一次，几十个中国孩子与外国孩子参加一次测验，测验后的分数拿回家给父母看，结果80%的中国父母表示不满意，而80%的外国父母表示满意。实际上，外国孩子的成绩不如中国孩子。这件事说明什么？说明中国父母喜欢挑剔孩子，而外国父母则善于欣赏孩子。我建议，父母用欣赏的眼光看待孩子，并教会孩子发现自己的长处和别人的长处，真诚地赞赏别人，向别人学习，在这样的家风下，孩子才可能获得精彩的人生。

品读名人家风

"画荻教子"成为美谈，母亲的训诫，很简单，很质朴，但都是实实在在的道理，这些道理一生受用。欧阳修是名士，亦是母亲的儿子，事实上他对待母亲同样很孝顺。或许母亲学识不如他，或许母亲社会地位不如他，但是这并不妨碍他对母亲的尊重。孝亲敬长，不忘初心，一颗孝心，也可醉了夕阳。慈乌反哺，我们应该永存一颗孝亲敬长的初心。

永远做孩子的支持者

每一位父母都是孩子心中的守护神，是孩子的辩护律师。孩子最想知道的是父母一直爱他，无论何时、何地、何事，也不管这件事是对是错，是成功还是失败，但在精神上，父母要成为孩子永远的支持者，这在孩子看来意味着父母对自己无条件的爱。

美国现代教育家约翰·杜威曾经说过："做孩子永远的支持者，永远爱孩子，永远赏识你的孩子，而没有任何附加条件，这样才能让他真切地体会到父母的爱。"可是有些父母在评判孩子的时候，一不小心就让孩子觉得父母不爱他，这严重影响了亲子关系。

有一天，一位母亲来咨询我，她一来就开门见山地给我讲了一个故事：

昨天我的儿子放学回来与往常不同，我看见他噘着小嘴，怒气冲冲，还把书包狠狠地扔在桌子上，说："王南那小子太坏了，他居然在班上大声说我是白痴，而且不止一次，还趁我不备，绊了我一下，想让我摔跤。"

我听了儿子的话，心想：一个巴掌拍不响，王南那样对他，肯定是有原因的，就对儿子说："王南肯定不会无缘无故地那么对你吧，是不是你先做了什么事惹恼了他？你都干了什么？"

没想到儿子余怒未消地说："我做什么了？不就是在体育课上踢足球时，不小心撞了他一下，这有什么啊，踢足球的时候相互撞一下是很正常的，我又不是故意的，他就那样报复我。"

我想都没想就说："瞧！我没说错吧，王南不会无缘无故地说你是白痴，也不会无缘无故地绊你一下，我想你一定是撞疼他了。"

听了这话，儿子气得都要爆炸了，他跺着脚冲我喊道："你一点都不在乎我，你就知道替别人讲好话，你到底是不是我妈啊？"说完他把门一摔，进了自己的房间。

故事讲完了，这位母亲问我："你说我到底说错了什么？为什么儿子会有

那么激烈的反应？"

既然这位母亲真诚地向我求教，那我就有话直说："孩子之所以那么生气，是因为在他受委屈向你诉说的时候。你扮演的不是为他辩护的角色，而是控诉他的角色。孩子受委屈的时候，最需要的是父母的支持，但你却没有这么做。"

这位母亲赶忙辩解道："可是明明孩子有错在先啊，如果我为他辩护，做他的支持者，那不是纵容孩子做坏事吗？这样孩子怎么认识自己的错误呢？让孩子认识到自己的错误，才是真的爱孩子啊！"

我笑着说："我知道你当然爱孩子，但实际上你的行为没有让孩子感受到爱，孩子的思维很简单，你为他说话，帮他辩护，他就知道你在支持他，这样他就会感到你的爱。其实，无论孩子做了什么事情，你一开始都应该做他的支持者，给孩子呵护和关爱。即便你知道孩子有错在先，你也不宜立马质疑他。你可以先安慰他：'我想你一定很生气、很尴尬，是吧？'先让孩子发泄一下内心的不良情绪，等他心平气和了，再和他讨论这件事，孩子在感受到你的爱之后，自然会以正确的心态接受你的教育。"

无论孩子做了什么，父母都要让孩子意识到：父母对他的爱是不会改变的，父母会永远支持他。父母可以用表情、微笑、倾听表达对孩子的支持，也可以用关心、呵护、同情、认同去表达对孩子的支持。在孩子感受到支持之后，再与孩子谈论事情本身，这个时候父母再去客观评价事情，引导孩子认清是非对错，效果就会好得多。

对于孩子来说，父母的支持就像大地，会让孩子感受到踏实；父母的支持就像海洋，会让孩子沐浴到爱；父母的支持就是助推器，会帮孩子更好地前进；父母对孩子的支持不仅表现于平常的小事上，更应该体现在关于孩子的大事上，比如，兴趣爱好、志向选择、理想定位，等等。在这些事情上，父母更应该坚定地支持孩子。

每个孩子都有自己的兴趣爱好，鼓励孩子发展兴趣爱好，可以提高孩子的综合素质，使孩子成为一个更出色的人。对于孩子的兴趣爱好，只要孩子的兴趣是健康、向上的，父母都应该尽可能支持孩子。对于孩子不好的兴趣爱好，父母可以试着引导孩子转移注意力，帮孩子认识到不良兴趣爱好的危害。

孩子的兴趣爱好需要支持，孩子的志向选择和梦想更需要支持。也许有

家风是最好的教育

些父母觉得孩子的志向和梦想有些天方夜谭，但孩子经过深思熟虑真的坚定了自己的志向和梦想，作为父母也将其中的利弊分析给孩子听了，孩子依然不改变。这个时候不妨支持孩子，因为孩子敢于梦想，本身就是一种勇气，支持孩子这种勇气，他可能创造意想不到的未来。在这方面，有一个很有名的故事：

有个男孩在作文《长大以后做什么》中写道："长大后，我要拥有一座庄园，里面有很多小木屋，有烤肉区、钓鱼区，还有玫瑰园、葡萄园，还有高尔夫球场……"

老师在批阅这个孩子的作文时，打了一个大大的"F"，并要求他重写："不要想那些不着边际的事，你没有钱，你没有家庭背景，你怎么拥有一座大农场？那可是要花很多钱的，你不可能做到。"

回到家里，孩子把作文给父亲看，父亲对他说："儿子，爸爸支持你的梦想，人要敢于做梦，有梦想的人，才有奋斗的动力，人生才有方向。"

经过一番深刻的考虑，男孩决定不改作文，他对老师说："即使得红'F'，我也不放弃自己的梦想。"三十年后，这位语文老师带着一群学生去参观一个美丽的度假村，遇到了庄园的主人。没想到这个庄园就是当初那个不肯改作文的学生的，老师在感到惊讶之余，更多的是惭愧。

你的孩子有异想天开的时候吗？他是否提出过你想都没想过的梦想呢？如果有，请不要否定孩子，不要"好心"地劝孩子放弃。相反，你应该像那位父亲一样，支持孩子的梦想，告诉孩子人要敢于梦想，因为敢于梦想是实现梦想的第一步。有了这种勇气，才有可能推开梦想之门。

品读名人家风

林则徐（1785—1850），字元抚，福建侯官（今福建省福州市）人。近代著名的政治家、思想家和诗人。父母的教诲以及林家忠孝、仁爱、勤俭的家风，使他形成了清正廉洁、勤奋严谨、亲民爱民的从政作风。林则徐不仅身体力行、严于律己，更是将其优良家风传给子孙后代，影响和培育了一代代杰出的林家后人。

父母不必苛求孩子完美

请允许我先讲一个看似与家风教育无关的故事：

有一位先生去婚介所找对象，进入大门后，他看到两扇门。一扇门上写着"美丽"，另一扇门上写着"不太美丽"。他不假思索地推开了"美丽"的门，迎面又有两扇门：一扇门上写着"年轻"，另一扇门上写着"不太年轻"。他想都没想就推开了"年轻"的门，迎面又见两扇门。一扇门上写着"温柔善良"，另一扇门上写着"不太温柔善良"。他推开了"善良温柔"的门，迎面又有两扇门：一扇门上写着"有钱"，另一扇门上写着"不太有钱"。他推开了"有钱"的门……

就这样，他先后推开了美丽、年轻、温柔善良、有钱、忠诚、勤劳、学历高、健康、幽默这九道门，当他推开最后一道门时，他看到一扇门上写着：你太过追求完美了，这里没有你的对象，请你到大街上去找吧。他把这扇门推开，走出了婚姻介绍所。

看完这个故事，你千万不要以为它讲的仅仅只是婚姻，其实，它讲的是一个人对完美的态度。在我们生活中，有些父母喜欢追求完美：在工作方面追求完美，把每个细节都做得淋漓尽致，对工作要求也高，既要有高薪，还要高福利，还要长假期。在生活方面，把家里收拾得一尘不染，不容许孩子有任何捣乱；在孩子的教育上也苛求完美，比如，要求孩子讲卫生、懂礼貌、字写得好、歌唱得好、舞跳得好，当然，还要成绩好。

在这种完美主义的要求下成长的孩子，往往做事认真、成绩突出，是父母和老师的骄傲，但是他们身上却失去了孩子应有的天性：活泼、欢乐、爱玩、敢于异想天开等。因为完美的要求把孩子框定死了，孩子的天性被严重限制了。在这种限制中，孩子会背负巨大的压力，久而久之，孩子很容易出现心理问题。

举个很简单的例子。假如父母要求孩子不能犯错，无论是学习中，还是生活中，孩子做题、说话、做事都会小心翼翼，瞻前顾后，生怕出了差错。这样就很容易形成犹豫、不自信、自我怀疑的性格。孩子不是完人，犯错是

家风是最好的教育

必然的，当他犯错时，父母批评孩子，又会加剧孩子这种不良的心理和性格。最后，孩子很可能会心理崩溃。

我不止一次说过，完美是一剂毒药。父母要求孩子方方面面完美，对孩子和父母来说，都是一件痛苦的事情。孩子痛苦自不必说，父母为了监督孩子表现得完美，要花掉大量的时间和精力，这样也会让父母痛苦。

世界上没有人是完美的，大人不可能完美，孩子也不可能完美。因此，当一个本身就不完美的家长去苛求孩子完美，这不是笑话吗？所以，赶紧放松紧绷的神经，让完美的神经松弛一些，让生活轻松一些，这样孩子才能快乐起来。

美国作家哈罗德原来是一个追求完美的人，但发生了一件事使他意识到完美的生活太累。于是，他写了一篇名为《你不必追求完美》的文章，讲述了这件事：

有一次，他在孩子面前犯了一个错，他感到十分内疚。他认为自己在孩子们心中美好的形象会因此被毁，怕孩子们不再爱他，所以不愿意主动认错。在内心的煎熬下，他每天活在担忧和苦闷中。终于有一天，他忍不住向孩子们道歉了，承认了自己的错误，没想到孩子们原谅他了，而且比以前更爱他。由此，他发出感叹：人犯错是难免的，那个经常犯错的人往往是可爱的，没有人期待你是圣人。

孩子是不会期待父母成为圣人的，父母又何必期待孩子成为完美的圣人呢？一个追求完美的人，从某种意义上来说，是一个可怜的人，因为他体会不到生活的快乐。所以，做父母的真的不必苛求孩子完美。知道吗？杰出的科学家霍金是个全身瘫痪的残疾人，伟大的音乐家贝多芬有耳聋，但是他们一生成就斐然，得到的快乐远胜于痛苦。作为普通人，我们又何苦用完美主义心态去苛求孩子、为难自己呢？

品读名人家风

少年时代艰难的家庭生活，激发了林则徐奋发向上的精神。为官后，林则徐践行了父母的教导：清正、耿直。同时，他重情重义，将外甥兼女婿沈葆桢教导成一代名臣的故事，成为晚清政坛上的一段佳话。

把老师看成家风教育的盟友

好的家风教育是一种快乐的教育，是家长智慧和老师智慧的共同体现。只有让家长和老师认清自己的教育角色和教育责任，回归教育常识、回归"人"的教育，把孩子的身心健康放在教育的第一位，才能让孩子体会到成长的快乐。

说到教育孩子，不少家长认为这是老师的事情。我曾经由于工作的原因，几乎天天和家长打交道，我经常听到家长说："老师，这孩子怎么办？""老师，拜托你多操心！""老师，我们实在没办法了。""老师，实在不行，你看着办吧。""老师，我不懂得教育，也不会教育，孩子就交给你了。"

家长把老师视为教育孩子的唯一，这是一种消极、依赖的态度，是忽视自己教育主体的表现。这种态度的最典型特点就是，把孩子的问题都拿到老师面前，向老师求助，让老师帮忙教育。与这种态度相反，还有一种态度是与老师对立，"你走你的阳关道，我走我的独木桥；你负责教孩子学习，我负责培养孩子的习惯"。这种对立有三种常见的表现：

一、怕老师

为什么怕老师呢？因为老师隔三岔五就邀请家长来学校，针对孩子的问题进行交谈。老师都开口了，家长怎能不去。可是家长大都是上班族，每次被老师"邀请"，家长就不得不请假，耽误半天工夫，再毕恭毕敬地到学校，接受老师的"教育"。被邀请的次数多了，家长自然怕了，一是怕请假，怕耽误时间，二是怕被老师"教育"。

二、烦老师

为什么烦老师？因为有些老师动不动就请家长去学校，这对教育孩子、纠正孩子的问题并没有实质性的作用。久而久之，孩子觉得老师和父母对自己束手无策，往往会更加肆无忌惮。

三、骂老师

当孩子在学校受到不公正的待遇或受了委屈之后，回到家里不开心，家长往往忍不住抱怨老师几句，也算是为孩子出口气。有些家长小有成就，却

家风是最好的教育

被屡次叫到学校,背地里也会骂老师没用,管不住自己的孩子。

对于这三种表现,综合起来,其实说明了一个问题,那就是家长忽视老师的价值,不把老师当盟友。之所以这样,是因为他们发现老师在教育孩子方面,并未起到应有的作用。既然老师起不到应有的作用,那还把老师当盟友干吗呢?

事实上,老师起不到应有的作用,与家长不懂得配合老师也有关系,这里面也有家长与老师沟通不佳的问题。我曾经身为班主任,站在老师的角度,我认为与家长沟通是十分重要的。身为家长,我认为主动与老师沟通也十分重要。因为没有沟通,老师就不知道孩子在家的表现,家长就不知道孩子在校的表现。不了解孩子的表现,就无从发现问题,也就谈不上教育了。

我曾带过一个学生,他从一年级到六年级,成绩都是全班第一名,学习非常优秀。但是每次班级大扫除,班干部分配劳动任务时,他就浑水摸鱼不做事,结果同学们怨声载道,并传到了我的耳里。面对这样的情况,我不得不处理,当天我就给这个学生的母亲打电话。

假如一上来我就说:"你家孩子太懒了,每次大扫除都不做事。"这就犯了教育的大忌,因为这样直接说孩子的缺点,会让家长很不舒服。聪明的做法是,先夸奖孩子,肯定孩子在校的表现,让父母心情好一些。

我打电话给这个学生的母亲,首先肯定了他在学校的表现。肯定完之后,我并没有直接说他不认真大扫除,只是和他母亲聊做事的重要性,我问她:"你孩子在家做家务吗?"得到的回答是:"从来不做家务。"我建议道:"那你有必要让他做做家务,培养他的独立生活能力。"家长说:"老师,你的教育观念很好,我会照做的。"

这位家长做得很好,当天就要求孩子做家务,并让孩子承包了打扫客厅卫生的任务。结果第二天,学生来到学校对我说:"老师,都是你害的。"

我说:"我害你什么了?"

他说:"我妈妈昨天让我做家务,并让我负责客厅卫生。我爸爸还说如果我不做,就不给我零花钱。"

我高兴地说:"你是家里的一员,做家务是你应该的,你应该多做家务,帮你父母分担一些工作,这才是好学生、好孩子。"

就这样,家长的观念转变过来了,孩子懒于做事的毛病也改了。

在这个教育案例中,在我与家长的配合下,成功地培养了那个学生做家务、爱劳动的习惯。这次成功的关键在于我们沟通很顺利,而且家长接受了我的建议,很配合我,他们做了自己该做的事。我相信,是因为他们真正把我当成了教育孩子的盟友,才会听取我的建议,与我默契地配合。假如家长认为,孩子的任务就是学习,至于劳动,不是老师该管的,家务活儿也不用孩子做,并且把我的话当成耳旁风,那么这次教育就注定会失败。

从这个案例中,我总结出两点:第一,老师与家长在沟通时,要先说孩子的好,让家长高兴,再提孩子的问题,这样容易赢得家长的配合。第二,家长真正把老师当回事,这很重要,只有重视老师这个盟友,才会默契地配合老师的工作。

这两点启发其实对家长来说做起来并不难,首先与老师积极沟通、友好沟通、坦诚沟通,保持良好的沟通是教育孩子的前提,沟通是为了指出孩子的问题,让老师心中有数,以便老师配合你去教育孩子。其次,把老师看作家风教育的盟友,默契地配合老师。

有个孩子,是家里的独子,孩子的父母兄弟姐妹多,大家都十分宠爱这个孩子。这个孩子从小生活在蜜罐里,表现得任性、无礼。有一次,小孩的爷爷在家里公开表示:"见到这个孙子,就像见到我一样,孩子讲的话就是我讲的话,谁要不听,我就修理谁。"看看,孩子的爷爷如此护着孩子,难怪孩子不像样。

不过孩子的母亲十分担心,她不希望孩子被大家宠爱,她怕孩子变得刁蛮任性、没有教养。于是,她和丈夫找到我,请求我给他们支招。我建议他们从培养孩子的礼貌礼仪开始,并争取得到老师的配合。

后来,这对夫妻和孩子的老师进行了沟通,取得了配合。第二天,母亲送孩子去幼儿园,见到老师后,向老师问好,并向老师鞠躬,但孩子却站着不动。这位母亲向老师连续鞠躬了十几次,孩子始终没反应。

这时老师说话了:"你看到没有,你妈妈都这么尊敬老师,给老师鞠躬,你作为晚辈,为什么不鞠躬呢?老师经常教育大家,要做有礼貌的孩子,你想不想做好孩子呢?"在老师的引导和教育下,小男孩终于向老师鞠躬了。

有了这次成功的配合,后面就有了第二次、第三次。以后,无论是孩子的母亲送他来幼儿园,还是孩子的父亲送他来幼儿园,他们都会带头给老师鞠躬,给孩子做礼貌的示范。渐渐地,孩子知道要懂礼貌,不但向老师鞠躬,在家里还向爷爷奶奶鞠躬,这让爷爷奶奶受宠若惊。

家风是最好的教育

　　这个案例再次证明，要想教育孩子，家长一定要重视与老师配合。很多孩子在家是一个样子，到了学校是另一个样子，就是因为家长和老师事先没有进行沟通，没有站在同一战线上。我认为孩子的快乐成长离不开家长和老师的共同影响，家长务必把老师看作家教同盟，加强与老师的沟通和配合，共同致力于教育孩子。

品读名人家风

　　茅盾（1896—1981），原名沈德鸿，字雁冰，笔名茅盾等，浙江桐乡市人。现代著名作家、文学评论家、文化活动家以及社会活动家。茅盾成功的人生和高贵的品格，都得益于父母的教育引导。童年时，父母的良好教育为他的人生奠定了坚实的基础，终成一代文豪。同时，茅盾也是位孝子，尊重母亲的意见，组建自己的家庭。

既要教知识，更要育心灵

　　从事教育工作这么多年以来，我发现很多父母在家庭教育方面存在畸形的思想。在各级的升学考试中，分数成了父母衡量孩子是好是坏的唯一标准。家长几乎把所有的注意力都集中在孩子的考试分数上，一味地要求孩子努力学习，与此同时，却严重忽视了孩子的心灵成长和心理发展。

　　孩子在成长的过程中，既要学习知识，也要发展心灵。知识填充的是头脑，心灵的发展则需要重视情商的培养。我一直认为，一个从小缺乏心灵教育的孩子，其内心是没有阳光雨露的，是没有生机盎然的憧憬的，有的只是空虚和迷茫。他们在日复一日的学习中日渐疲惫，即便学习成绩很好，长大之后也难有大作为。

　　我的话绝非危言耸听，放眼当下，有多少心理出现问题的孩子，他们在求学的过程中遭遇了各种各样的难题，在人际交往方面遇到了这样那样的阻碍，这一切都与他们缺乏心灵教育有关。

　　几乎每个父母都有望子成龙、望女成凤的心理，他们重视培养孩子的智商，比如，给孩子报各种益智班、潜能开发班，他们重视孩子的学习成绩，

比如给孩子报补习班、辅导班、作文班，等等，但他们却忽略了最重要的一点——情商培养、心理关爱。在这种极端的教育模式下，不少孩子都有这样的心理，他们背负着父母的期望，每天活在压力中。

身为父母，你真的明白孩子的心理需求吗？如果只是一味地提要求，采取简单粗暴的方式管理孩子，只满足孩子的身体成长和物质需求，却不关心孩子的心灵成长，那么日积月累，必将酿成悲剧。

翻开报纸、点开网站，青少年犯罪、轻生的新闻报道层出不穷，为什么会出现这样的悲剧呢？我想与父母对孩子心理健康的关注不够有极大的关系。世界上没有一个孩子是顽劣的，孩子之所以顽劣，可能是因为缺少关爱、缺少心理呵护。

其实，呵护孩子的心灵非常简单，首先要建立良好的亲子关系。爱是最好的教育，与孩子保持良好的关系，让孩子感受到来自家庭的关爱和亲情的温暖，这比任何教育都重要。身为父母，千万不要以为孩子不懂事、没有感情需求，其实孩子都懂，反倒是有些父母不懂。

心理学研究表明，从小缺乏父母关爱的孩子，有比较严重的负面心理，比如，自卑、孤僻、消极、仇恨等心理。因此，父母一定要多关注孩子、尊重孩子、理解孩子的情绪，多给孩子爱的呵护，多给孩子鼓励和支持。

父母不仅要做孩子的监护人，还应该做孩子的好朋友。美国心理学家威德·霍恩曾经说过："做孩子朋友的真正含义是要以平等的、孩子乐于接受的方式贯彻自己的教育思想，说服孩子不做违规的事情。"因此，尊重孩子、平等地对待孩子，才能激发孩子内在的动力，使孩子获得快乐的情感体验。

其次，与孩子保持良好的心灵沟通。沟通也是一种教育，心灵上的沟通更容易拉近与孩子的距离，通过谈话、游戏等方式，可以增加父母与孩子之间的信任度。另外，父母应留心孩子的情绪变化，用关爱去化解孩子心头的疑惑，稳定孩子的情绪，使孩子的心理健康发展。

品读名人家风

都说母子连心，但在当今社会中我们随处可见母子之间爆发冲突，母子能够互相理解，在很多人看来是遥不可及的，但是茅盾母子实现了。茅盾孝顺母亲，对家中的长辈也十分尊重，这是他孝德之心的体现。浓浓的亲情是家庭的黏合剂，它能使一个家庭有着强大的生命力、凝聚力和影响力。

家风是最好的教育

让孩子做自己的主人、走自己的路

从前，有个村子跑来一匹马，善良的村民都想把马送回去，可是马的主人是谁呢？大家想了很多办法，也没有找到马的主人。后来，有个村民想了一个办法，很快将马送到了主人身边。他是怎么做到的呢？原来，他松开马的缰绳，让马走在前面，他在后面跟着。马饿的时候就停下来吃草，马渴的时候就去喝水，马走到危险的地方时，他轻拉缰绳，将马牵引到安全的路上。就这样，马顺利回了家。

看似一个简单的故事，却道出了一个家庭教育的真理。孩子就如那匹马，他们需要的不过是做自己的主人、走自己的路、做自己喜欢的事，在遇到重大选择的时候，得到父母的建议，以便做出正确的决策。可是很多父母爱子心切，喜欢按照自己的想法给孩子安排道路，喜欢替孩子做主，却不考虑孩子是否喜欢、开心与否。

我接触过不少家长，他们一开口就抱怨孩子不听话，让人操心。怎么个不听话法呢？细听他们的抱怨，我算是听明白了，原来他们说孩子不听话，多半指的就是孩子不按他们的要求做事，比如，父母让孩子穿运动装，孩子爱穿牛仔裤；父母让孩子学钢琴，孩子偏要学吉他；父母让孩子打羽毛球，孩子却要踢足球，等等。

很多父母之所以喜欢给孩子安排学习和生活，是因为他们认为自己知识经验丰富，孩子小，不懂事，但却没有意识到，孩子也有自己的想法。如果孩子的想法得不到父母的支持，长期被父母包办代替，他的自主意识就会被抑制，自信心就会受打击，这样他就可能产生消极、自卑的心理，长大之后会变得没主见、缺乏责任感。到那时，父母再想让孩子自己做主，恐怕已经为时已晚了。

事实上，孩子不听话是独立愿望的体现。孩子不可能一直生活在父母的庇护下，父母也不可能一辈子帮孩子做主。因此，聪明的父母懂得早点放开手，让孩子自己走路，锻炼孩子的独立性，磨炼孩子的心智，这样才能帮孩子早点成为独当一面的人。

美国前总统富兰克林小时候非常招人喜爱，因为他长着碧蓝的大眼睛，鼻梁挺拔，还有一头金色的卷发，非常英俊、神气。富兰克林的母亲非常喜欢儿子的这头卷发，并喜欢给他买各种服装打扮他。但是母亲为富兰克林选择的衣服，富兰克林并不喜欢。有一次，母亲想给富兰克林穿绉边的套装，富兰克林马上表达了不满。还有一次，母亲想让富兰克林穿苏格兰短裙，富兰克林又拒绝了。最后，富兰克林决定穿水手服。

富兰克林的母亲萨拉曾在《我的儿子富兰克林》一书中写道："我们做妈妈的对于衣饰的品位虽然高雅，可是我们执拗的儿女却并不喜爱。"庆幸的是，富兰克林的母亲从来不强迫富兰克林听她的意见，而是非常尊重他的意见。萨拉曾说过这样的话："我们从来不曾试图对他施加影响来反对他的喜好，或者按我们的模式规定他的人生道路。"

富兰克林的例子告诉我们，父母要尊重孩子的意见和决定，要放手让孩子去做自己喜欢的事情，这样孩子才会真正独立。我国著名的教育家陈鹤琴先生曾经说过："凡是孩子自己能做的事，让他自己去做。这不仅对培养孩子的独立性、自理能力很重要，同时也培养了孩子的责任感，使孩子能对自己的生活、行为负责。"所以，父母要学会放手，让孩子做自己的主人、走自己的路。

在成成、果果的成长过程中，我和丈夫一直本着让孩子做自己的主人的想法，凡是孩子自己的事，我们都会尊重他的意见。当然，我们也会提出自己的想法，和孩子一起讨论不同观点的利弊，然后让孩子做选择，我们认为这样才能培养出有主见的孩子。

当孩子有某种想法时，父母应该尽可能创造条件，鼓励孩子去尝试，而不是阻止孩子进步。正如美国职业篮球运动员乔丹的母亲说的那样："在放手的过程中，最棘手、最不放心的问题，是让儿女自己追求自己的梦想，自己做出事关终身的决定，选择与我为他们确定的不同的发展道路。"

事实上，当孩子面对重大选择的时候，父母虽然不能替孩子做决定，但可以通过分析利弊，让孩子更加理智地做决定。如果孩子认真考虑后做出了决定了，作为明智的父母，我认为应该支持孩子，因为孩子会为自己的选择而努力奋斗。

家风是最好的教育

品读名人家风

朱德（1886—1976），字玉阶，原名朱代珍，曾用名朱建德，四川仪陇人。当代伟大的马克思主义者，无产阶级革命家、政治家、军事家，中国人民解放军的主要缔造者之一，中华人民共和国的开国元勋、元帅。朱德出生在农民家庭，从小养成勤劳善良的习惯，尤其是母亲对他的影响最大。后来，他又严格要求子女，将良好的家风继续传承。

教孩子学会控制情绪

"这孩子脾气可大了，稍不如意就暴跳如雷。"很多孩子习惯了父母的娇宠，习惯了被满足，当他们遭遇不顺心的事情时，往往会感到无法接受，这个时候情绪就可能爆发，比如，哭泣、暴怒、生气、胡搅蛮缠等。当孩子闹情绪的时候，父母会本能地想救火，但有时候救火不成，反倒火上浇油。

我家楼下有个孩子活泼可爱，学习成绩优秀，但小小年纪，脾气非常坏。不久前发生的一件事情，使他的父母不得不上来求助我这个隔壁的"教育专家"。到底怎么回事呢？

原来，孩子星期天想去游乐园玩，但是父母没有时间，不答应陪他去。小家伙非常生气，把桌上的杯子重重地摔在地上。父亲被儿子的这一举动惹恼了，上来就给儿子一耳光，把儿子打得哇哇大哭。小家伙气愤地回到自己的房间，重重地关上门，任妈妈怎么敲门他都不开门，弄得父母一点办法都没有，最后在妈妈好声好气的劝说下，并答应陪他去游乐园，孩子才开门。

这对父母希望我给他支几招，教孩子学会控制情绪。我首先指出了孩子父亲的不对，我对他说："你想教孩子控制情绪，你们首先就要控制情绪。当孩子闹情绪时，你们一定要克制自己，保持冷静，如果你们轻易被孩子的情绪影响，也变得暴跳如雷，是不是在给孩子做坏榜样呢？"

孩子的父亲点了点头："说得有道理，我是要注意自己的行为。"

我建议道："当孩子闹情绪时，我建议你们心平气和地教育孩子，你的平静对孩子来说也是一种正面的引导，孩子见你语气平静，情绪平和，情绪往往会有所好转。"

"如果孩子不听我们的教育怎么办呢?"

"如果孩子不听,你们最好停止教育,干你们的事情去,不要理睬孩子,让他自己冷静。"我还向他们分享了我自己的教子经验:"我发现孩子闹情绪可能会发作时,如果他们不需要我的帮助,我通常会找个借口躲开。我发现这一招很管用,我一走开,他们很快就没事了。当他们真的发作时,我再回来,有时候我什么也不说,只是摸摸他们的头,或给他们一个拥抱,或平静地看着他们,用眼神与他们交流。如果他们特别不讲理,我就会义正词严地说几句,这种慷慨陈词也有用,因为可以让他们认识到自己行为的后果,看到他们不良情绪所引起的反应,当他们觉得理亏时,理智就会战胜情绪。"

在我一番耐心的分享下,这对父母很满意地离开了家。一周之后的早晨,我下楼准备开车出门时,那位父亲热情地喊我,高兴地说:"谢谢你的指教,你给我们介绍的方法很管用,我们已经在教孩子控制情绪了,而且初见成效。"

在孩子闹情绪的过程中,家长最好保持中性态度,既不要指责孩子的不良情绪,也不要对孩子的不良情绪置之不理。所谓中性的态度,就是客观地评价孩子的情绪,简明扼要地指出孩子这种行为可能导致的不良后果,这样便于孩子快速冷静下来。

我发现有些家长在处理孩子的不良情绪时,喜欢这样说:"你那样做,妈妈很生气。""你那样做,爸爸不喜欢。"我建议家长尽量少说这样的话,因为这是在用家长的情绪去管教孩子的情绪,这样说,会让孩子觉得他要对大人的情绪负责,从而忘记遵守规则的本来意义,也容易产生不必要的自责和内疚。

我建议家长让孩子看到不好行为的后果,让孩子对自己的行为负责,而不是对家长的情绪负责,比如,我家成成、果果闹情绪之后,等他们情绪平静了,我会跟他们说:"你知道吗?刚才你发脾气,妈妈真的感到很生气。不过,最严重的是,你发脾气耽误了自己的时间,如果你不发脾气,正常吃饭,上学就不会迟到了,是不是呢?"

再比如,孩子发脾气、骂人,伤害了小朋友,等他们情绪平静了,我会告诉他们:"你知道吗?你刚才发脾气、骂人,妈妈真的很生气,因为这是不礼貌的。不过,最严重的是,你那样做伤害了小朋友,影响他们对你的好感,以后你还想和他们一起做游戏吗?"通过这样引导,孩子就会明白放纵情绪的

家风是最好的教育

不良后果。

身为父母，最重要的是教孩子对自己的情绪和行为负责。父母也要对自己的情绪和行为负责，给孩子做个好榜样。比如，当我们心情不好的时候，不妨对孩子说："妈妈心情不好，你先让妈妈一个人待一会儿，等妈妈情绪好了，再和你玩。"这样也可以让孩子懂得在情绪不好的时候先让自己冷静。

当然，有时候孩子无法冷静下来，需要一个出气口发泄情绪，这个时候父母不要试图控制孩子、压制孩子的情绪，而应该给孩子设个"出气角落"，比如，捶打沙发、关起门来尖叫，用自己的方式宣泄情绪。在孩子宣泄情绪的时候，父母尽量不要打扰他，除非孩子觉得父母陪伴更好。

品读名人家风

朱德勤劳、耿直，孝亲敬长一直是许许多多年轻人的榜样。他深情回顾自己母亲的文章——《回忆我的母亲》，被选入中学课本，使得无数人为他的母亲洒下热泪。莎士比亚说过"母爱胜于万爱"，母爱如水，同样地，我们也深深感受到朱德对母亲的丰富、细腻的爱。朴实，深情，他对家人的爱如大地一样沉厚。孝亲敬长不必说，更难得的是他对祖国、对人民的一片赤子之心。

鼓励孩子宽容大度，学会原谅他人

说起曾经伤害过自己的人，有些人会咬牙切齿地说："我死也不会原谅他！"可是，在这个世界上，真的有人让我们恨到骨子里，到底也不肯原谅吗？如此执着于不放手，不肯原谅，终究是报复了别人，还是伤害了自己呢？毫无疑问，最终伤害的是自己，因为我们恨别人、不原谅别人，对别人没有任何影响，相反，我们内心充满仇怨，不肯放下，却让自己活得很累。

怨气、仇恨和报复就像山谷里的回声，从你这儿出去，也会回到你这儿来。怨恨别人、报复别人，也许能够泄一时之愤、解一时之恨，也许能够伤害别人，但最终伤害的是自己。无论是电视里，还是生活中，我们总能看到一些人为了报复别人不惜花费大量的时间、精力、金钱，也许成功了，但也许把自己的一生都毁掉了。在我看来，与其报复别人，不如把心放宽，把仇恨放下，好好地生活。

教孩子原谅那些曾经伤害过他的人，是教会孩子宽容大度，也是在磨炼孩子的心智。从某种角度来说，那些曾经伤害过、折磨过我们的人，其实是在以一种不太友好的方式帮助我们。就像雕刻师在雕刻一尊佛像之前，会在一块大石头上凿千万次，如果石头有生命，它一定能感受到锥子和凿子带给自己钻心的疼痛。可是，经过雕刻大师的一番改造，一块顽劣的普通石头，最后变成了一尊受人敬仰、被人膜拜的佛像。从石头变成佛像，这个过程不是一种成长吗？不是命运的一种质变吗？

生活中，不尽如人意的事情有很多，父母有必要让孩子认识到：尽管昨天的痛苦和伤害会让孩子流泪，但昨天的已经成为过去，没必要再为昨天的痛苦和伤害烦恼，而应该把眼光聚集到今天，聚集到明天，迈向新的生活。

有这样一个故事：

有一位白隐禅师，是个胸怀博大的人。有个少女被发现怀孕了，父母要她说出孩子是谁的，她害怕至极，最后谎称是白隐禅师。父母恼羞成怒，把白隐禅师臭骂一顿，女儿的孩子出生后，他们又让白隐禅师领养孩子。白隐禅师从头至尾，一句辩驳的话都没有，只是默默地抚养孩子。最后，那个少女忍受不住良心的谴责，终于告诉父母孩子的生父是谁。父母意识到冤枉了白隐禅师，马上去道歉，但白隐禅师不动声色地说："是这样吗？"

白隐禅师以博大的胸怀，容了天下难容之事，原谅了伤害过他的人，真正达到了清净无染的禅境。我们不要求孩子向禅师那样，六根清净、内心无染，但我们希望孩子拥有宽广的胸襟，拥有强大的内心，原谅并感谢伤害过他的人，不带任何怨气和仇恨地生活。

品读名人家风

孔子（前551—前479），名丘，字仲尼，鲁国陬邑（今山东曲阜东南）人。古代著名的思想家、教育家、政治家，儒家创始人。孔母颜征在孔子幼年教育及成长过程中起着很大的作用，成就了孔子的伟大成就。后来，孔子对儿子孔鲤做了对诗、礼重要性的阐述，让孩子受益匪浅。

教会孩子发泄心中的烦恼

良好的家风是气氛轻松的,是讲究民主的,在这样的环境下,孩子有了烦恼和苦闷,可以通过正常的途径宣泄出来,避免情绪堆积在内心,影响孩子的心理健康。在我们家,对待孩子的负面情绪,大人一直都非常重视,我们总是鼓励孩子用正确的途径宣泄内心的烦恼与苦闷,每次孩子宣泄之后,就会如释重负,转忧为喜。

说到负面情绪,孩子并不比我们大人少。大人有了负面情绪,发泄的渠道有很多,比如给朋友说、在网上吐槽、写成文章,等等,还可以喝酒消愁,或是通过体育运动来宣泄。可是孩子有了负面情绪,弄不好就会惹火父母,一旦父母狂躁,一两句没问出个所以然,还可能揍孩子一顿。殊不知,不良情绪如果没有合理的宣泄口,长久压抑下来,就会越积越深,有一天终会爆发出来。因此,父母一定要重视孩子的情绪宣泄。

在孩子口述烦恼与苦闷的时候,父母一定要先认同孩子的感受,让孩子感到你是支持他、理解他的,然后再慢慢引导孩子正确看待烦恼。如果家长一开始就不认同孩子,孩子就可能拒绝倾诉,这样孩子的烦恼就无从宣泄了。

有一天,我去一个邻居家串门。没过多久,她的儿子放学回来了,小男孩进门之后,就生气地发牢骚:"他们凭什么不让我参加今天的足球赛?就因为我没带运动服,就让我坐冷板凳,太不公平了。"

妈妈说:"谁叫你不带运动服呢?你没运动服怎么参加足球赛?"

小男孩生气地说:"好了,我就知道你会替他们说话。"说完他进了自己的房间,把门重重地关了起来。

为什么这位母亲在安慰孩子的时候没有成功,反而让孩子更加生气呢?很明显,是因为她一开始并未认同孩子的感受,而是替别人说话。这让小男孩感到很无助,所以他才会生气。通过这个案例,我想提醒每一位家长,在孩子发泄不满的时候,一定要尽可能先认同孩子的感受,稳住孩子的情绪。

有时候,孩子不愿意把烦恼说出来,我会鼓励他们把烦恼写在纸上,然后让他们玩撕纸游戏。当他们将写满烦恼的纸撕得支离破碎时,他们的烦恼仿佛也跟着这些纸破碎。有些孩子可能比较腼腆，不知道写什么，或是不好意思写出来，怕父母看见了。对此，我建议父母：如果孩子不愿意你们看到他纸片上所写的内容，你最好尊重他的意愿。在孩子撕纸的过程中，父母可以问孩子："感觉怎么样？"与孩子进行简短的交流，这样可以帮孩子更好地化解内心的烦恼。

一般来说，把纸片撕得越碎越好，比如，先将一张纸对折，撕开；然后再对折，撕开，通过不断地对折和撕开，最后会把一张纸撕成雪片。当孩子看到雪片般的碎纸飘落一地时，他们一定会感到十分解气。更过瘾的还在后头，父母和孩子一起把地上的纸片扫起来，然后倒进马桶里，再用水把碎纸冲走，这些碎纸片就代表着烦恼，他们被冲走了，孩子的心情也会晴朗起来。

除了撕纸游戏，还可以通过写信、画画、运动、哭泣等方式来宣泄不良的情绪。说到写信宣泄不良情绪，我想起了曾经看过的一个故事，故事讲的是美国陆军部长斯坦顿。

有一天，他来到林肯的办公室，气呼呼地说："有一位少将用侮辱性的话指责我偏袒一些人。"林肯建议他写一封言辞尖锐的信回敬那个家伙。斯坦顿马上写了一封信，措辞非常尖锐，然后给林肯看。林肯边看边高声叫好："要的就是这个效果，好好训他一顿，真是写绝了。"

正当斯坦顿准备把信装入信封时，林肯问他："你要干什么？"

"寄出去呀。"斯坦顿感到林肯问得莫名其妙。

"不要胡闹。"林肯说，"这封信不能寄出去，快把它扔到炉子里去。凡是生气时写的信，我都是这么处理的。这封信写得好，写的时候你已经解气了，现在感觉好多了吧？那就请把它烧掉吧，再写第二封信吧！"

一个人在生气的时候，总会有许多充满情绪性的话，把这些带着情绪的话说出来或写出来，是宣泄情绪的有效方法。因此，当孩子可以写信了，愿意写信时，不妨鼓励他把烦恼写出来，保存在日记本里或扔进火炉里，只要能让孩子的情绪得到宣泄，让不良情绪得以平复，都是值得去做的。

宣泄情绪的方式有很多，父母还可以鼓励孩子把不良情绪用画画的方式画出来，还可以鼓励孩子通过运动来宣泄情绪，比如，跑步、打球、跳绳等，还可以鼓励孩子大声唱歌，把不良情绪喊出来。当然，最后一招，也是父母最不喜欢的一招，但却是非常有效的一招，那就是让孩子大声哭出心中的烦恼，因为眼泪是治疗负面情绪的良药。

家风是最好的教育

品读名人家风

秉承母亲的教诲，依靠自身勤敏好学，孔子终成一代大家。他极力推崇仁、推行礼（上下尊卑之分）。在自己的家教中，他以"读书、学礼"教导儿子孔鲤，堪称家训典范。孔氏一门之所以历代受到人们的敬慕，与其族人家风、家规的教化密不可分。

学会取舍，懂得释怀

"孩子，你只能选择一种，第一你去玩玩具，第二你去折纸，第三你去看电视。"从成成、果果上幼儿园的时候开始，我就经常给他们出这样的选择题。我们的家风淳朴，向来不允许孩子要什么就给什么，所以，让孩子学会取舍、学会选择、学会放下、学会释怀，是家风教育的重要内容。

中国现代家庭，不少独生子女家庭经济状况较好，父母很容易就满足孩子的物质欲求，经常是孩子要什么，只要父母能够满足的，父母往往就会毫不犹豫地满足孩子。这样做虽然能让孩子暂时快乐，但很可能使孩子失去未来生活的快乐。因为孩子习惯了被满足，他们的欲望不断被放纵，久而久之，他们就很容易变得欲壑难填。一旦欲求得不到满足，就会变得情绪失控，甚至做出偷抢行窃等违法犯罪的事。

父母应该明白，孩子终究是要独立于社会的，将来他们独立面对社会时，社会不会像家庭那样处处迁就他们，这就需要他们有一种能够自我调节的能力，调节自己的欲望，调节自己的情绪。当自己的能力不足以达成多个目标时，就要去正确取舍、理智选择，就得放下一些目标和欲求，而放下不是一件容易的事，它需要良好的心态。

为什么一定要学会取舍和放下呢？这是因为人不可能同时踏入两条河流，不能同时行走两条道路，人体的时空局限意味着人生需要不断地取舍。举个例子，孩子放学之后，选择做作业，他就要放下玩的心思；孩子早上睡懒觉，他就放弃了按时上学。每一种取舍，每一种选择，都有利弊，都需要孩子悉心权衡。古人云："两利相权取其重，两弊相权取其轻。"这就是一条广为人知的取舍原则。

在孩子的人生道路上，会有很多关口，需要他们去取舍和选择。孩子学会了利弊取舍，将来他就具备了冷静分析、理智决策的头脑。同时，他也不会因为患得患失而失去快乐。而要想教会孩子取舍和选择，父母的示范作用和教育引导至关重要。

取舍就意味着放下一个选项，既然要放下，就要真正放下。如果嘴里说放下，心里总是惦记，人就会变得心神不宁。只有真正地放下才叫释怀，只有释怀了才会心无牵挂，而当孩子学会心无牵挂时，他才会用心做好他选择的事情。这样，他才会把该做的事做好，他才会快快乐乐地成长。

生活中，小小的遗憾、小小的挫折、小小的不幸，都会让孩子不开心一阵子。可是，既然事情已经发生，既然决定已经做出，既然必须二选一，那就要懂得释怀。对于已经失去的，对于已经发生的，对于已经舍弃的，再想也是枉然，所以，父母一定要教孩子释怀。孩子释怀了，他才会开心，才会心无旁骛地享受当下的生活，做好眼前的事情。

品读名人家风

张英（1638—1708），字敦复，号学圃，晚年更号圃翁，安徽桐城人。古代名臣。张廷玉（1672—1755），字衡臣，号砚斋，张英次子。素有"父子双宰相"之称，其优良家风绵泽后世，这一切皆源于祖辈的懿德嘉行、父母的言传身教而形成的"君子之风"。

引导孩子正视身体缺陷

有位家长曾给我写过一封信，看了这封信之后，我的心里五味杂陈，很不是滋味。信中说，她的孩子先天不足，生下来就身体瘦弱，满嘴的龅牙，眼睛还有点斜视。小时候孩子不懂事，对于自己的身体缺陷不在意。

随着孩子慢慢长大，到了初中时，孩子越来越在意自己的外形。他总和班里那些身材高大、相貌英俊的同学比，比较的结果使他感到自卑，觉得抬不起头来，越来越不想见人，甚至还有逃学、自杀的念头。看到孩子每天活在自卑和沮丧中，她也觉得天昏地暗，没有希望。她在信中写道："我该怎么办呢?"

在回信中,我这样写道:"无法改变世界,就改变我们自己;无法改变我们自己的身体,就改变我们的心态。要想消除孩子的自卑心理,最好的办法就是引导他正视自己的缺陷,把这人生的不幸看作一种正常的事,然后引导孩子去发现自己的优点,通过不断强化孩子的优点,弱化孩子的缺陷,慢慢增强孩子的自信心。"

我们生存的这个世界,从来就没有公平过,现在没有,今后也不会有。就算世界没有压迫、没有剥削,人还会面对先天的不公平,因为人生下来的时候,就会有高、矮、胖、瘦、黑、白、美、丑。对于这些不公平,你可以教孩子将其视为生理上的一种缺陷,也可以将其视为一种再正常不过的差别,这一切都取决于孩子看问题的心态。

既然人与人是有差别的,那么与其埋怨差别、痛恨差别,不如调整思维和心态,正视这种差别和缺陷。所谓正视,应该做好两点:

一、不否认缺陷

人之所以苦恼,往往是因为不愿意承认,不敢正视,但又无力改变自己的缺陷,有时候甚至否定自身存在的缺陷。比如,有个孩子左眼斜,捂不住左眼的时候就说自己的左眼正在害病。但总说自己的左眼害病也不好,于是又说左眼斜是因为练射击的结果,这样解释来解释去,往往会使孩子精神痛苦。其实,如果孩子能够正视自己的不足,大大方方地往人群里一站,当别人问他左眼时,他坦然地说:"我眼斜,这是老天爷给的。"这样孩子轻松,别人也会因为他轻松而感到轻松。

二、转移注意力

金无足赤,人无完人,人有缺陷、有缺点不假,人也有优点和长处。有些人眼睛没了,就充分利用嘴巴,说起话来滔滔不绝,唱起歌来余音绕梁。有些人嘴巴不管用,便充分利用双手,结果练出一手好字,画出一手好画;有些人手不太好用,便好好练腿,结果练得一双好腿功,跳得高、跑得快。

俗话说得好:"东方不亮西方亮,黑了南方有北方。"无论孩子有怎样的身体缺陷,只要引导他正视自己的缺陷,找到自己的优势,孩子一样能成就未来。教育家魏书生曾经表示,引导孩子正视身体的缺陷,比较好的办法是让孩子把注意力转移到别处,告诉孩子:"既然我比别人少一点,那我就用其他东西去超越他们。"这就需要坚强、努力、坚持、进取。事实上,世界上有许多伟大的人物，都有明显的身体缺陷，正是因为他们敢于正视自己的缺陷，在别的方面不断努力，才取得了杰出的成就。

（一）

列夫·托尔斯泰，俄国文豪，两岁的时候母亲去世，从此他跟着祖母生活；八岁的时候，他移居莫斯科，不久父亲又去世了。托尔斯泰的眼睛不但小，而且深凹进去，前额窄，嘴唇厚，鼻子像大蒜一样，耳朵又大得惊人。他小时候因为自己的相貌丑陋而感到自卑。在学校里，老师评价他说："哪方面都不行。"

后来托尔斯泰意识到，如果再为身体缺陷而苦恼，只会让自己越陷越深，甚至毁掉自己，只有从其他方面寻找乐趣，才能解救自己，于是，他开始写作。23岁时，他发表了处女作《童年时代》，获得了好评。后来，他参军并参加了克里米亚战争，在五年的军旅生活中，他又创作了很多作品，逐渐在文坛上崭露头角。

34岁的那年，托尔斯泰结婚了，在幸福的家庭生活中，他接连写出多本巨著，如《战争与和平》《复活》和《安娜·卡列尼娜》等。

（二）

拿破仑，法国著名政治家、军事家，据说他的身高仅有1.63米，比一般人矮很多。但这并没有妨碍他成为军事家，他非常自信，他曾经对手下的将领说："别看你们都比我高出一个头，但如果不听从我的指挥，我就要消除这个差别！"

（三）

法国人德尼茨·鲁各里生下来就没有双脚和双手，他在日记中写道："在什么样的权威名义下，能否定我作为畸形儿生存下去的权利呢？我的一生非常幸福，而且我认为我对人类也是有用的，人的价值在于他的精神和人格。"由于没有双手，他学会了用嘴巴衔着笔画画、写文章。

事实上，类似的例子还有很多，比如亚里士多德、贝多芬、林肯、莫扎特、爱迪生，就连大名鼎鼎的美国总统罗斯福，也是坐在轮椅上通过选举当上美国总统的。还有《钢铁是怎样炼成的》这本名著的作者奥斯特洛夫斯基，还有张海迪，等等，这些名人事迹都是生动的教育素材。如果你讲给孩子听，相信会令孩子感动的。

家风是最好的教育

品读名人家风

　　里谚曰："让礼一寸，得礼一尺。"一封家书，化解了两家的邻里之争。张英其言其行蕴含着中华传统包容万物、兼收并蓄的博大精神，更体现出为官者德治礼序、崇德重礼的文化精华。曾国藩就对张英撰写的《聪训斋语》家训垂爱有加，甚至亲自为弟、子、侄每人购书一本，让他们随时诵读。

第六章

谦虚勤俭的家风能塑造孩子优秀品德

　　谦虚谨慎、礼仪周到，是传统文化最为推崇的处世方法和为人格调。大多数家庭都教导子孙要常怀诚敬之心，以礼敬之，以谦为怀，以恭为尊，以礼为道，谦恭有礼，不自傲不张狂，不越规不逾矩，打造谦谨家风，培育谦逊子孙。

恭而有礼的家风更和谐

中国是世界闻名的礼仪之邦，好礼、有礼、注重礼仪是中国人立身处世的重要美德。对人谦恭有礼、行事谨慎小心，更是传统家风建设的重要内容。特别是恭敬有礼，几乎是所有中国家庭的共同家风。这种对礼的讲究，正是源自对他人的恭敬之心、辞让之心、谦虚之心。

在传统文化中，对这种恭敬有礼的行为是极为推崇的，认为"君子敬而无失，与人恭而有礼"，那么就会得到别人的尊重，从而"四海之内，皆兄弟也"，会朋友遍天下，处处得尊重。

这句话出自《论语》当中的一个典故。原文如下。

司马牛忧曰："人皆有兄弟，我独亡。"子夏曰："商闻之矣：死生有命，富贵在天。君子敬而无失，与人恭而有礼，四海之内，皆兄弟也。君子何患乎无兄弟也？"

司马牛有一天很伤感地说："人人都有兄弟，只有我没有啊！"其实司马牛有好几个兄弟，他为什么说没有？他的哥哥司马桓魋，是宋国的一个大臣，结果他的哥哥掌权之后，要谋害自己的君王，还有几个兄弟陪着一起作乱被诛而死。司马牛很难过，也不想跟兄弟同流合污。子夏就劝他："我听说'死生有命，富贵在天'，一个人对人恭敬，不犯过失，对每一个人、每一件事，都非常谨慎小心，与人相处，恭敬、守礼、有分寸，时时恭敬待人，以礼为先，这样的人，'四海之内，皆兄弟也'，你又何必担心自己没有兄弟？"

子夏是劝司马牛放下他亲兄弟所做的这些事情的包袱，兄弟的命运，不是你能操纵的，个人的命运，还是掌握在自己的手上，也别太放在心上了。只要保持"敬而无失，恭而有礼"的处世态度，所谓"敬人者，人恒敬之"，对别人恭敬有礼，别人自然也会真诚相待，都会推心置腹地跟你交朋友，那么"四海之内，皆兄弟也"，又何必伤感自己没有兄弟呢？

确实，一个谦恭有礼的人走到哪里都不会孤单，走到哪里都会有无数朋友兄弟。所以，文化传统和家风传统中都把谦恭有礼作为极重要的品德修养和处世准则来对待。很多家风严谨的家族，对于这种"谦"和"礼"都是极

为看重，并严格遵行的。

南北朝时期南齐的刘琎，在泰豫年间曾经当过皇帝的挽郎，是一位非常有德行、受人尊敬的君子。他学识渊博，为人恭敬谨慎、刚方正直，与哥哥刘瓛都为当时的名士，其家风更是礼仪严明，秩序井然到让人惊叹。

有一天晚上，刘瓛突然想到有一件事情要跟弟弟交代，于是就在隔壁房间叫着弟弟的名字。话音刚落，刘琎那边马上传来了一阵窸窸窣窣的声音。他满以为弟弟很快就会回应，可是左等右等，却没有等到他的回复，令人感到特别地奇怪。过了好一阵子，才传来了弟弟那毕恭毕敬的声音："哥哥，您有什么事情吗？"

哥哥感到十分讶异，于是就责问他说："我已经等了好久了，你怎么到现在才回答？"

刘琎深表歉意地说："我因为身上的衣带还没有束好，这是不恭敬的，所以才不敢应答。"原来，当时刘琎已经穿好睡衣，躺在了床上。他一听到哥哥在叫他，就赶紧下了床，把白天穿的正式的衣服拿出来，迅速穿上，束好腰带，全身上下都收拾得整整齐齐，并毕恭毕敬地站好了之后，才回应他。

还有一次，刘琎和朋友孔澈一起坐船游览。突然间，从远处传来了一阵又一阵美妙的歌声，寻声望去，原来是许多美丽的少妇出门踏青，正在岸边愉快地悠游嬉戏。这些婀娜多姿的女子，比春天的花朵还要美丽，孔澈的目光立刻就被吸引住了。他起初碍于情面，先偷偷地看上几眼，后来竟不知不觉陶醉其中，上上下下打量个不停，完全忘掉了身旁的刘琎。

刘琎对孔澈的表现感到甚为不齿，于是就一言不发地端起椅子，独自搬到另一边去坐。孔澈遂感到很窘迫羞愧，却又不知所措，只好孤孤单单地独自低头忏悔。因为那个时代的读书人，礼为第一，必须"非礼勿视、非礼勿言、非礼勿动"，真正的君子是任何违背礼仪的事情都不会做的。偷看美女，显然是不合礼仪之事，是对别人的不尊，也是对自己的不敬，所以，刘琎宁愿独坐一边，不齿与友人为伍。

连小事都如此谨小慎微，以礼为先，那么他身临大节的时候，当然绝不会失礼失仪、苟且失节的。正因为他这般严于律己、谦恭守礼，家风严正，才能够成为一代名臣。他们兄弟俩能成为一时名士，与他们家这种谦敬守礼的家风是密不可分的。

谦恭有礼，是家庭长兴久安的秘诀。"恭敬"就是能够尊重自己，也能尊重别人。一个真正尊重自己的人,就懂得尊重别人,就会以礼为先,以礼敬人,人也会还之以礼,人际关系也会更和谐,为人处世也会更周到。一个家庭有这样的家风,家庭也会受人尊敬,也会平安幸福。

品读名人家风

沈钧儒(1875—1963),字秉甫,号衡山,浙江嘉兴人。近代著名的法学家,民盟创始人之一,新中国第一任最高人民法院院长。沈钧儒在家庭教育中,也制定了严格的家规,监督家人的言行,努力将后代培养成彬彬有礼而又有出息的人。

引导孩子在日常生活中传承良好的礼仪风度

一个真正讲礼仪、有风度、有良好家教的人,走出来都会大不一样。因为从家庭中长期养成的这些良好的礼仪道德和行为习惯不仅会内化于心,更会外化于形,一个人的一举一动,一言一行,反映的都是他内心的素质和底蕴。一个人有什么样的家风和家教,有什么样的礼仪规范,从他的行为中就可以一览无遗。

我们都知道有一个成语叫"琳琅满目",但可能很少有人知道这其实最早就是描述家风的一个词。这个家风就是有"中国第一豪族"之称的琅琊王氏家族。我们耳熟能详的诗句"旧时王谢堂前燕,飞入寻常百姓家"中的"王"就是指的琅琊王氏家族。

山东琅琊王氏家族,是中国历史上少有的"豪贵家族""簪缨世家"。在中国古代众多的名门望族中,不论是家族历史发端之久远、家族绵延之久长,还是声名之隆、地位之高、人才之盛,都少有可与琅琊王氏家族匹敌者。王氏家族自汉代登上历史舞台,至两晋之际逐渐达于鼎盛,历东晋南朝,经十数代人,不仅子弟众多,而且才俊辈出,三百余年冠冕不绝,其流风余韵还延续到隋唐时期。姚振宗在《隋书经籍志考证》卷二〇"王氏江左世家传"条引宋邓名世《古今姓氏书辩证》曰:"琅琊王氏自汉谏议大夫王吉以下,更魏晋南北朝,一家正传六十二人,三公令仆五十余人,侍中八十人,吏部尚书二十五人。"历代史家一再称述琅琊王氏"簪缨不替""冠冕不替""世禄不替"，是江左有名的仕宦之家，确实是因为琅琊王家实在不凡。梁朝史学家沈约曾说过："吾少好百家之言，身为四代之史。自开辟以来，未有爵位蝉联、文才相继如王氏之盛也。"

王家人不仅当官的多，官当得大，权倾朝野，显赫一时，而且在文学、音乐、书法、道学、玄学领域都人才辈出，大家纷现。特别是文学和书法艺术上，更是成就惊人。其书家之众，书艺之妙，皆空前绝后，无可比拟。除王羲之、王献之这对留名千古的父子之外，还有丞相王导，大司马王敦，太保王弘，太子詹事王筠，荆州刺史王广，丹阳尹王僧虔，黄门侍郎王涣之，会稽内史王凝之，豫章太守王操之，中书令王恬，领军王洽，散骑常侍王徽之，东海太守王慈，特进王昙首，卫将军王殉，中书令王珉，皆以书名，可谓家学渊源，家传书风。

王氏家族兴家是因为孝道，二十四孝中"卧冰求鲤"的大孝子王祥，就是琅琊王氏的先祖，被后人尊为"孝圣"。王祥死时留有遗言说："夫言行可覆，信之至也；推美引过，德之至也；扬名显亲，孝之至也；兄弟怡怡，宗族欣欣，悌之至也；临财莫过于让。此五者，立身之本。"这五条也被王家奉为家训，王家人也一直是按照这五条来做的。因而王氏家风以诗书为继，重德崇文，自有修养，尤重孝友之道，为人礼仪周到，待人尊敬和顺，处世谦敬适宜，做事进退有度。加之王家又是出了名的美男家族，每一个人出来都风度翩翩，风采迷人，其身上特有的那种雅致、风流、礼仪周到、大方得体的魅力，让人为之着迷。

有一天，有一个人去拜访太尉王衍时，就发出了"琳琅满目"的浩叹。王衍原本就容貌俊美，风采出众。小时候去拜访山涛，山涛不觉赞叹："何物老妪，生宁馨儿！"意思是哪个不起眼的老太婆，竟生下如此标致的孩子。后来，"宁馨儿"一词便成为人们对美好事物的赞美。看到王衍的风流倜傥，已经大为折服。然而在王衍府上还遇到了王家年轻的公子王戎、王敦和王导在座，一个个都是风度翩然，风流倜傥，让他有眼花缭乱之感。在另一间房子里，他看到了更年轻的王诩和王澄，更是惊为天人。从王衍家出来，他就迫不及待地对别人炫耀他之所遇，赞叹道："今日太尉府一行，触目所见，无一不是琳琅美玉！"这就是成语"琳琅满目"的出处。

这"琳琅美玉"，相信不仅仅指王家公子哥儿的美貌，还有被王家兄弟身上那种翩翩大家的气度、彬彬有礼的风采、谈吐自若的才情，更是被王家

家风是最好的教育

那种"兄弟怡怡,宗族欣欣"的气氛所感染,才有如此之叹,这其实就是对王氏一族美好家风的真心赞叹。

有着良好礼仪和教养的家庭,走出来的人才一个个也都是风度翩翩、大方得体。一个人的礼仪风度,正是从日常生活中而来的。在家庭中,讲究礼貌待人,恭敬和善,谦敬得宜,进退合度,温言软语,礼貌当先,那么家庭氛围也会亲情融融,亲切和谐,家庭成员身上自然而然就会有一种敬人爱人的气质,一种大方得体的风采,走到社会上,自然也是礼仪周到、风度优雅、大受欢迎的人。

一个人的礼仪风度不是天生的,即便是生在帝王贵胄之家,生在像琅琊王氏这样的世代"美玉"之家,其迷人风姿也是靠学习和传承而来的。家庭生活中的点点滴滴其实都是对这种良好的礼仪家教的传承和培育。

"曾子避席"出自《孝经》,是一个非常著名的故事。曾子是孔子的弟子,有一次他在孔子身边侍坐,孔子就问他:"以前的圣贤之王有至高无上的德行,精要奥妙的理论,用来教导天下之人,人们就能和睦相处,君王和臣下之间也没有不满,你知道它们是什么吗?"曾子听了,明白老师孔子是要指点他最深刻的道理,于是立刻从坐着的席子上站起来,走到席子外面,恭恭敬敬地回答道:"我不够聪明,哪里能知道,还请老师把这些道理教给我。"

曾子为什么要"避席"?这就是一种礼貌的行为,是对老师极为尊重的表现。孔门风度成为天下人的榜样和孔子家风能流传几千年仍被传承和发扬,正是因为一个"礼"字,而孔门的礼正是在这样的日常生活中培育起来的。家庭中传承礼仪风度也可从日常生活中开始,从平常小事中传递礼仪家风,养成良好的礼仪习惯,走出门去,自然是彬彬有礼的谦谦君子。

一、家长在日常生活中要做好讲礼守礼的表率

古人云:"其身正,不令而行;其身不正,虽令而不从。"父母以身作则的作用远远超过其他一切的教育方法和手段。孩子永远是"跟样学样"的,父母怎么做,孩子就会怎么做。所以,为人父母者要教育好自己的孩子,必须从自己日常生活的一言一行做起,要切实提高自己的礼仪修养,践行规范的文明礼仪,让孩子看得见、摸得着,从而自然地接受影响、教育,自觉地付诸实践。

二、注重日常生活细节处的礼仪规范

俗话说:"坐有坐相,站有站相,吃有吃相。"家庭礼仪教育的实施,应

该从身边细小的事情做起。要引导和教会孩子小事细节处的礼仪。比如早晨离开家时，和家里人说再见；到外面碰上熟人或长辈要问好；到学校看到老师要停下来问好；乘公共汽车时要主动为需要的人让座；当别人让座时要说声谢谢……这些小细节看似不重要，而真正的礼仪风度却正是在这些日常点滴中养成的。

三、努力营造一个讲礼守礼的家庭氛围

家庭里要制订一些基本的礼仪规范，要求家庭成员都认真执行，比如有的家庭子女对父母直呼其名，觉得这是家庭民主平等的象征，如果仅仅是称呼也无可厚非，但如果因为称呼过于随便导致其他各个方面都随心所欲，父母儿女间没大没小、没老没少，很容易使家庭失去规矩。没了秩序，父不父子不子，久而久之，必然导致关系僵化、感情淡漠，这就得不偿失了。规矩之所以重要，是因为规矩可以保证很多关系正常化，丢了规矩，有些关系就会变得不正常起来，势必会影响家庭的和谐和幸福。所以，家庭可以民主，可以平等，也可以随便，但基本的礼仪，还是要遵循的。家庭中的每一个成员都谨守礼仪，以礼相待，有好的礼仪氛围，礼仪传承也是自然而然。

四、从每日生活中养成良好的礼仪习惯

一个人的风度气质是长期训练后的习惯使然，绝非一朝一夕所能急就的。家中的礼仪习惯养成应该包括具体清晰的指导、规则和训练，要从衣着仪表、行为举止、言语辞令等细小的方面来悉心引导和养成。衣着打扮要庄重大方，《弟子规》要求："冠必正，纽必结，袜与履，俱紧切。"这些规范，对现代人来说，仍是必要的。帽正纽结，鞋袜紧切，是仪表外观的基本要求。如果一个人衣冠不整，鞋袜不正，穿背心裤衩甚至光着膀子，拖鞋跋袜，肯定没有半点礼仪风度，更不会给人留下好的印象。家长要教导孩子衣着打扮，必须根据自己的年龄、生理特征、生活环境和生活习俗进行得体大方的选择，不要奇装异服，矫揉造作。行为举止要端正沉稳，大方得体，在公众场合举止不可轻浮，不可猥亵，应该庄重、谨慎而又从容，做到"非礼勿视，非礼勿听，非礼勿言，非礼勿动"，处处合乎礼仪规范。说话要文雅大方，而且"言必信，行必果"，绝不巧言令色，要慎言谨言，不随意开口，当说则说，当默则默。孔子说的"可与言而不与之言，失人；不可与言而与之言，失言。知者不失人，亦不失言"，才是说话之道。这些，都需要在平常的生活中悉心指导孩子去做。久而久之，养成习惯，孩子必然成长为一个彬彬有礼、风度潇

洒、足以映射出文雅礼貌家风的谦谦君子。

品读名人家风

沈钧儒一生对革命事业追求不止,并没有因为忙于工作而疏忽对子女的教育。反而,他利用自己的喜好——石头的品性教育子女做个正直的人,利用自己的法律专长制定适合自己家庭的家规。这种淳朴勤廉的家风影响了沈家人,是沈氏家族繁衍传承的基石,成就了一个非常团结、和睦的大家庭,弘扬了中华民族谦让的美德。

礼貌待人对孩子有示范作用

有很多人认为,礼仪是对外人的,在自己家里,讲那么多礼仪干什么?那不让家里人显得生分吗?这样的观点是大错特错的。家庭生活固然可以随便,但基本的礼仪是绝不可少的。所谓"人无礼不立,事无礼不成",任何时候礼仪不能少,少了就没有规矩、没有秩序,就成不了方圆,这个家庭也就不像个家庭了。

夫妻相处,家庭关系中夫妻最为亲近,应当是最为随便的关系。但如果忘却礼仪,不讲礼仪,对对方随意发号施令、嘲笑辱骂,口没遮挡,一味指责挑剔,说话气势汹汹,遇事不商量,自作主张,人前人后不给对方面子,随意抖搂对方的隐私、揭对方的短处,不尊重对方,这样的夫妻会好好相处吗?

如父母儿女相处,如果把礼仪抛开,不讲礼仪,那就更没规没矩,更不像个家庭了。当爸妈的在家光膀裸身、行为随便,是对儿女的不尊重,儿女哪会尊重父母?出门不打招呼、进门不问候,哪像一家人?

兄弟姐妹亲戚朋友相处,离开了礼仪,那么这种关系就更是无法维系。兄弟姐妹无大无小,不关心不爱护,互相打骂、争强好胜、不懂谦让,感情从何而来?如何温情相处?亲戚朋友不讲礼仪,连来往都会少,更别说感情了。

可见家中相处,无礼不行。更重要的是,一个在家里不讲礼仪的人,很

难想象他走出家门，能对他人真正讲究礼节、礼貌。所以，不论家里家外，都要以礼为先，礼貌待人。所谓"礼多人不怪"，礼仪周到的人总是更让人觉得亲近，更受别人的尊重。

家庭中的礼仪，主要是家庭成员之间相处的礼仪，比如夫妻之间、父母与子女之间、公婆与儿媳、岳父母与女婿之间、兄弟姐妹妯娌姑嫂之间的礼仪等，这些礼仪主要表达的是家庭成员间敬老爱幼、亲切和谐的关系，包含在家庭生活的方方面面。家长在日常生活中要注意做好示范，引导家风。

一、居家生活礼仪

家中有高龄行动不方便的长辈，应定日主动到其房里行礼请安，与其聊天，问寒问暖，送餐递巾；要出门时与家人相互告之，上学上班去要打声招呼，回来时要说"我回来了"，家中有人时要迎接一下，看是否有要帮忙拿的东西等；为人子者出门去时要主动到长辈房里告之辞行，回来时也要主动到房里行礼以示平安归来；自己在屋里或者与亲人朋友在屋里谈话时要记得关上门，以免影响其他家人；无论是在家里还是其他场合，到别人房间不要直接推门擅入，也不要大声敲门，应在门外通报"我是某某，我可以进来吗？"里面人应说"请进"，方可进入。

比较熟悉的亲人朋友可以直接就座，像客人或关系较疏之人，主人应请其上座，自己坐客座，并且客人坐后自己方能坐；有人到自己房间来时，不论是朋友还是兄弟姐妹，也要站起身来迎接和问候；如果是师长前辈的话不仅要站起身来还要微一躬身，长辈立不可坐，长辈让座时方能就座；两人一同行礼问安或陪同他人去行礼时，如旁人须行礼自己不用行礼时，在旁人行礼时自己先不能就座，要等旁人礼毕就座后自己方能坐下。

即使在家里，也不要大声喧哗；和父母、长辈说话，一定要轻言细语，不可高声大嗓，更不可出言顶撞；有理可以说，不可犯横，不可顶撞；出门的时候，必须整理衣冠，洗手洁面，保持仪表端正干净。

无论是夫妻之间还是两代人之间或同辈人之间，平常注意礼貌用语，多用"谢谢""请""对不起"，一方为另一方做了事说一声"谢谢"，尽管是亲人，也会在心里泛起温暖的涟漪，这样才会更加增进感情，促进和谐。

兄弟姐妹之间要互相尊重，互相疼爱，懂得谦虚、谦让、舍己为人、放弃自私。和颜悦色地面对兄弟姐妹，多为他们着想；兄弟姐妹有恩于自己时，要更多地报答并好好酬谢，关心他们的生活，了解他们的情况，查看他们的需求，力所能及地帮助完成他们需求、学习和所需的财物；如果他们有理就支持他们，捍卫、维护他们的名誉，谅解他们的错误，他们做错就装着没看见，接受他们的道歉，不要经常责备他们；兄弟姐妹间有矛盾要去调解，不要断交、疏远、相互仇恨、相互嫉妒、猜疑；不要争吵、辩论和起分歧；不要相互攀比，而要互相帮助，互相尊重，互相谅解。

二、家中待客礼仪

有客拜访，应将家收拾整洁，着正装，衣着整洁，尤其夏天更要注意不能短裤背心或睡衣，那样极不礼貌；不要随意出门，要等候客人来到，准备迎接；客人来时应主动迎出，与客人在门外握手，主人伸右手请客人入，客人微一躬谢礼后方可进入，主人在前引路客人跟其后，需要换鞋时要为客人备好拖鞋；做客时脚步要轻些，以免打扰其他家人，主人请客上座，主人候客人坐后而坐；客人离席告辞时，客人先站起来，主人方能站起来，送客送出门。

如果客人来的时候，家中已经有客人了，主人和原来的客人都应当站起来迎客，主人要为大家一一介绍，相互都要见礼，方可就座，晚来的客人应当等众人都坐后方才就座；如只和主人面对面谈话，有客人进来时，自己作为客人主动站起来，让出座位默默退侧到一旁客位，等主人请来者坐下后自己再坐，自己在一旁不要插话，等二人相邀时方可加入谈话内容当中；如果客人手中提着重物，应主动帮助接提；雨天客人的鞋和衣服淋湿了应注意更换，雨伞拿到卫生间晾干。

平时家中应保持清洁，待客常用的物品，如茶杯、茶盘、烟灰缸等，要擦拭干净，给人一种愉快的感觉，这是起码的礼节。尤其客人在场时，如果不管茶具干净与否，随便给客人倒茶，会给客人留下不好的印象。要热情待客，主动敬烟、敬茶、敬糖果、削果皮等。

主人为客人送茶送水时，应主动下地亲自奉与，客人双手接过，点头示意。奉茶要遵循先奉老后奉少，先奉生后奉熟的原则；递接物品时应双手拿稳物品奉上，长辈老师所送礼物，一般不应推辞；拜会前辈或师长，入门后须行礼问好，自己主动坐客位。

逢年过节时亲朋好友之间应相互拜访串门，相互馈赠礼物，每家每户都要走到送到，晚辈学生要主动到长辈家里去拜节问安。

家中聚餐时应请老者或长辈居上座，其次左右两边客位按辈分年龄先来

后到依次排之，主人应坐末位。

三、家中交谈礼仪

在家中不管是与父母还是兄弟姐妹等人谈话，都必须等对方说完话自己再发言，不要随意插话，随便打断别人讲话；谈话时身子不要乱动，不跷二郎腿，不抖腿，坐姿或站姿端正，不东倒西歪；谈话时要注视对方，但不要一直用眼睛盯着对方看，那样会显得咄咄逼人；要眼神柔和地看对方的嘴或是鼻子到领口中间，谈话时语调要轻柔，不可高声大嗓，恶言令色，更不可用手指着对方或他人。

对外的礼仪，主要是家庭成员走出家门后的交际和处世的礼仪。有良好的礼仪教养，不仅对于走出家门的自己树立良好的形象意义重大，对于在外办事更是意义非凡。

有一个年轻人，到乡下办事，可是一不小心迷了路，路上遇到了一位老大爷，便问："老头儿，旅馆离这儿还有多远？"老大爷说："五里。"小伙子一听也不说声谢谢就骑着马飞奔而去。那年轻人跑了五里，却根本没见到旅馆的影子，心里便骂："死老头儿，居然敢骗我，说的是五里，五里了哪有旅馆？下次看到你，一定让你好看。"但他马上想到："五里不是无礼吗？"顿时感到十分惭愧。

回去的路上又遇见那位老大爷，年轻人马上改变态度，恭敬地问："老大爷，请问旅馆还有多远？"还没等他问完，老大爷就说："还有很远，今天怕是赶不到了，先到我家去喝杯茶吧！"

可见讲礼和不讲礼的区别有多大。走出家门，就是社会，社会上形形色色的人，有认识的有不认识的，有知根知底的但更多的却是一无所知的人。我们要交往，要相处，可不像家人相处这么简单和纯粹，所以，更需要礼仪当先，礼貌待人，才对我们有利。但实际上这些礼仪很多都只是我们家庭礼仪的延伸而已。

比如不管到谁家去，一定要先敲门或按铃。敲门不要太过用力，不要用拳头砸门或脚踢门，而要用食指、中指并拢弯曲，用指关节敲击大门，更不要连声撞击，要给主人一段反应、开门的时间。如无动静，可再敲一次，另外还要注意拜访别人时，切莫在对方睡觉时敲门拜访。这些规范，与在自己家中的并没有什么不同。因而只要在家中时注意礼仪，把礼字刻印在心，走出家门，也肯定会以礼为先，那么，在社会生活中也一定会交往顺利，万事如意的。

品读名人家风

丰子恺（1898—1975），原名丰润，又名仁、仍，号子觊，后改为子恺，笔名TK，浙江桐乡石门镇人。以中西融合画法创作漫画以及散文而著名。他对子女的爱建立在严格家教的基础上，始终把文明、礼貌教育作为家风中重要组成部分。

为人谦恭低调是良好家风品德

古话说"谦受益、满招损"，谦让虚心，是中国人最为推崇的品德之一，也是传统家风建设的重要内容。谦虚谨慎、守礼讲礼的家风是许多中国家庭代代传承的美德和家训。谦虚谨慎是低调做人的首要条件。不管你能力有多强，都要深藏不露，谦虚才能赢得别人的尊敬和好评。低调的人从来不去为了利益与人进行明争暗斗，使尽手段恶意竞争。为蝇头小利得罪人，这种做法只有素质低下自私自利的人才能做得出来。低调做人要遇事稳重，心态良好，不急不躁，体现自身良好的修养，别人也会对你刮目相看。所以，自古以来，很多做父母的，都特别重视对子女进行这方面的教育。著名的如春秋时代的范家，就是这种谦谨家风的典范。

范家是晋国望族，先后有范武子、范文子、范宣子、范鞅四代辅朝，位高权重，但其家风却以谦逊著称。

史载，范武子在朝为官四十年，功大位高，为人却谦虚谨慎，不骄不躁，严于律己，宽以待人，深受人们敬重。他对儿子要求极高，管束也极严，尤其注重儿子谦虚谨慎美德的培养，一心想要培养儿子成为国家栋梁。儿子范文子（名士燮）也不负父望，很有出息，因为范武子累积的人脉，范文子一开始就直接进入晋国权力核心的六正行列，任上军佐，为国效力。

有一天，范文子很晚才退朝回家，范武子就问他："为什么回来这么晚啊？"文子回答说："有位秦国来的客人在朝中讲了好几个隐晦难解的问题，朝中大夫没有一个能够回答出来，我却答出了其中的三条。"范武子一听大怒，说："大夫们不是不能回答，而是出于对长辈父兄的谦让。你是个年轻的孩子，却在朝中三次抢先，炫耀自己的学识，掩盖他人的智慧。如果不是我在晋国，你早就遭殃了！"说着范武子就用手杖打儿子，把他玄冠上的簪子都给打断了。

这次杖击让范文子如梦初醒，深深地反省了自己狂傲自大、张扬炫耀的毛病，懂得了谦虚谨慎的重要性，变得沉稳而内敛，稳重多了。

后来晋国与别国展开靡笄大战，范文子随军出征，晋军大胜而归。范武子也在迎接凯旋的人群中等着儿子，却始终不见儿子的影子，一直到最后，才看到文子来了。范武子说："燮儿啊，你怎么才回来？你不知道我一直在等着你回来吗？"范文子说："军队，是主帅郤献子所统率的军队，打了胜仗，假如我率先归来，那恐怕国内的人们将会把注意力集中到我身上，抢了主帅的风头，所以我不敢走在前面啊。"范武子听了欣慰地说："这下我就放心了，你现在可以免去灾祸了。"

在父亲的教导下，范文子不仅自己注意谦虚礼让，戒骄戒躁，也非常重视教导儿子范宣子（名士匄）懂得谦虚礼让，培育谦恭守礼的家风。

范宣子没有辜负祖父的热切期望和父亲的谆谆教导，继承了他们谦虚谨慎的优良品德，虚心学习，刻苦磨炼，学问和武艺都长进很快，被封为中军之佐。在协助晋悼公恢复晋国霸业的过程中，范宣子充分显示了政治才能。晋悼公十三年（前560），中军将荀䓨卒，按惯例应是中军佐范宣子升任其职。但范宣子认为上军将荀偃比他年长，经验丰富，更适合任中军将。范宣子让贤，对于晋国荐贤重才风尚的发展起了重要的促进作用，使晋国出现了"其卿让于善，其大夫不失守，其士竞于教，其庶人力于稼穑，商、工、皂、隶不知迁业"的可喜局面，并与诸侯和睦，少有战事。范宣子谦虚礼让的美德也被传为佳话。

范宣子历仕晋悼公、晋平公二世，终任中军将，执掌国政，为晋悼公恢复霸业做出了贡献，他根据晋襄公"阅兵典礼"宣布的法令制定刑书，为晋国的兴盛立下了不朽的功劳。

同时，范宣子也以这样的家风训导儿子范献子（名士鞅），使谦谨家风一直绵延。范宣子的内臣訾柘死了，范宣子对儿子范献子说："鞅呀，以前我有訾柘作为谋臣，我早晚都要询问他，来辅佐晋国，同时也为了自己的家族。如今我看你，独自不能办事，要商量又没有人，你打算怎么办？"范献子说：

家风是最好的教育

"儿子听父亲的教导,平时处事恭恭敬敬,不敢草率,不敢贪图安逸,认真学习而喜爱仁义,努力搞好政事而遵循正道,有事和大家商量,而不是以此求得好感,自己的想法虽然好,但不敢自以为是,一定要听从长者的意见。"范宣子说:"哦,你能做到这样,可以免遭祸害了,我就放心了。"

就是因为有这样谦虚礼让的家风,所以范氏一族一直绵延不绝,且世代为官,家族兴盛,家门兴旺。

为人谦虚一点,低调一点,少张扬,不炫耀,不仅不会让你显得无知反而会让你显得更有风度,更有内涵。《尚书·大禹谟》中说:"唯德动天,无远弗届,满招损,谦受益,时乃天道。"骄傲自满招致损害,谦虚谨慎会有好处,这就是天理。在《周易》六十四卦系统中,唯有"谦"卦是六爻全吉,可见谦的益处多大。不骄不躁、谦虚谨慎、礼让不争、低调为人的美德,是保证家族平安无灾、兴盛发达的重要前提,因而在古代,培育谦谨的美德和家风,是众多家庭的家风之要。

在今天,这样的家风依然是培养谦虚谨慎、懂得礼让的人才的源头。所以在家庭生活中,父母要注意引导孩子培养谦虚低调的品德,克服骄傲自大、张扬炫耀的缺点。

现代家庭大多是独生子女,容易以自我为中心,加之生活条件相对优越,孩子很容易滋生自傲自大的心理,养成爱炫耀自己、嘲笑别人的毛病。如果父母经常在朋友面前炫耀自己的孩子,孩子就会认为别人都不如自己,从而产生骄傲自负心理。这些都是需要父母及时引导才能改正的缺点。所以在家庭中父母要从以下几个方面,注意培养孩子谦虚低调的品行。

一、要让孩子认识到骄傲自大和炫耀张扬的坏处

父母应该让孩子认识到骄傲是健康成长的绊脚石,任何成绩的取得都只是暂时的,只能作为一个起点。父母应告诉孩子"满招损,谦受益"的道理,有意识地给孩子介绍一些成功者的经验,告诉他们古今中外凡是有所作为的人,都是在取得成绩后仍能保持谦虚奋进的人。父母要让孩子知道,骄傲自大是一个可怕的陷阱,而且,这个陷阱是自己亲手挖掘的,要想离开这口陷阱,就必须戒骄戒躁。

二、父母要做好谦虚低调的表率

父母要想培养孩子谦虚做人的美德,就要成为孩子高尚人格的榜样。父母要谦虚友善,不要在孩子面前表现出自负情绪,以免孩子受到不良影响。

不要在孩子面前嘲笑、贬低别人，不要炫耀自己的优势，对待同事、邻居和亲朋都要低调谦虚，而不是骄傲自负。

播下一种行为，收获一种习惯；播下一种习惯，收获一种性格；播下一种性格，收获一种命运。因此，父母想要让孩子养成谦虚的美德，必须首先给孩子做出好的表率。

居里夫人以她谦虚谨慎的品格和卓越的成就获得了世人的称赞，她对荣誉的特殊见解，使很多喜欢居功自傲、浅尝辄止的人汗颜不已。也正因为她的高尚品格对儿女的影响，使这种谦虚谨慎的品德也传给了子女。她的女儿和女婿也踏上了科学研究之路，并再次获得了诺贝尔奖，成为令人敬仰的两代人三次获诺贝尔奖的家庭。

三、引导孩子客观地看待自己

在家庭生活中，父母既不能忘记要多表扬孩子的优点，激发孩子的自信，但同时又必须让孩子看清自己，发现自己的不足，这样才能既让孩子保持向上进取的激情，又不至于骄傲自大。父母还要规范孩子的行为，督促他们改变自负情绪，告诉孩子在交友中应该怎样做和不应该怎样做，并加以指导，使其养成良好的行为习惯。同时父母还要注意表扬要适度，不可表扬过多。表扬过多往往会导致孩子骄傲自满心理的产生。有些父母望子成龙心切，孩子稍微有点进步就欣喜若狂，赞不绝口，久而久之，必然助长孩子的自满情绪。父母在表扬孩子的时候要掌握表扬的技巧，应该就事论事，尽量做到真实、适度，不要过分夸大孩子的成绩，不要让骄傲自满的情绪肆意泛滥。要告诉孩子，山外有山，楼外有楼，骄傲自大只会让自己受辱，使孩子养成谦虚低调的品德。

四、引导孩子面对和接受批评

很多时候都是旁观者清，当局者迷，因此，接受别人善意的批评建议，是谦虚的表现。这样，才能认识到自己的缺点，从而进一步完善自己，取得更大进步。

谦虚谨慎的品格，还能使一个人面对成功、荣誉时不骄傲，把它视为一种激励自己继续前进的力量，而不会陷在荣誉和成功的喜悦中不能自拔，把荣誉当成包袱背起来，沾沾自喜于一得之功，不再进取。培育谦谨的家风，对于孩子的成长无疑是有益的。

家风是最好的教育

品读名人家风

丰子恺的"正直做人,礼貌为人,宽厚待人"的家训一直在传承着,尤其是他从孩子小时候,就结合日常生活,教育自己的孩子要懂得礼仪礼貌,使得丰氏家族长盛不衰。丰子恺的七个子女,个个都成了有用之才,这与丰家有良好的家风密切相关。

从小就要教育孩子不狂傲不妄为

俗话说"小心驶得万年船",行事小心谨慎,也是中国传统家教中对于子孙后代的重要要求。因为"大意失荆州",不懂得小心谨慎,不仅人生难得有成就,有时甚至连性命也会不保。只有懂得谨慎,谨小慎微,不狂不傲不妄为,凡事谨慎为主,才能保得平安,并有所成就。

唐朝大将郭子仪,曾在平定安史之乱中战功赫赫,得到肃宗的赞赏,尊为"尚父",晋封为汾阳郡王,他"权倾天下而朝不忌,功盖一代而主不疑",举国上下,享有崇高的威望和声誉,可他从不居功自傲,为人很谨慎,做事特别注意细节。郭子仪为人宽厚、忍让、谦虚、谨慎,深谙进退之道,很少得罪人。史书称他"事上诚尽,临下宽厚,每降城下邑,所至之处,必得士心"。

郭子仪做了大官之后,家中不仅妻妾成群,而且拜访他的人也多了,郭子仪很坦然,每次客人去他府上拜见时,他从不让身边的姬妾们回避,唯独对卢杞是个例外,这个卢杞,相貌极其丑陋,脸为蓝色,很像阎罗殿里的小鬼,故邻里都将他看成阎王爷手下的那个蓝脸小鬼,当时他任御使中丞。

一听说御使中丞卢杞来访,郭子仪马上就要身边的姬妾们躲起来。郭子仪位极人臣,权倾天下,而一个御使中丞,至多不过相当于现在的最高检察院的副检察长而已,无论职位或权力与郭子仪相比,都相去甚远。要说是因官员来访,姬妾们在场不合礼仪,比卢杞官大的人多得是,郭子仪对他们尚可不避礼仪,为什么对这样一个四品衔的御使中丞要这么讲礼仪呢?家人们都不理解,待这个卢杞走后,便问郭子仪为什么要单单回避这个卢杞?郭子仪长叹一口气道:"此人不仅相貌极丑,而且心胸极为险恶,他来访时我若让你们在场，看到他的那副长相，你们当中有人难免会忍不住要笑出声来，这样一来就闯下大祸了，此人一旦掌权，我一族人的生命就难保了！"

这个让郭子仪都畏惧三分的卢杞，后来果然当上了"一人之下，万人之上"的宰相，其险恶的内心也就暴露出来了，他就像一条疯狗，忌能妒贤，看谁不顺眼就一定要咬上一口，谁要跟他哪怕只有一小点过不去，他不把人整死就誓不罢休。在他整人害人的网络中，不管职位高低，名声大小，更不管是否会对国家、百姓造成损失，他是逮着谁咬谁，唯独郭子仪一家例外。

郭子仪由于为人处事谨慎低调，得以保全家族，并颐养天年，年八十五寿终。

清代金缨《格言联璧》中说："勤俭治家之本，和顺齐家之本，谨慎保家之本，诗书起家之本，忠孝传家之本。"一个家庭要建立起来不难，保持起来才难。就像一个事业，有机会了可以把事业做起来，但是要把事业保持几十年、几百年不衰，没有真实的智慧，就很难办得到。谨慎就是保家之本。

在历史上有很多家族为了让子孙后代明白小心谨慎的道理、养成小心谨慎的习惯，煞费苦心，在家训家范中都特别注明要子孙"行事谨慎"。陕西韩城党家村家训楹联有一副是这样的："行事要谨慎，谦恭节俭择交友；存心要公平，孝悌忠厚择邻居""一事不谨，即贻四海之忧；一念不慎，即贻百年之患""诸葛一生唯谨慎，吕端大事不糊涂"，这都是传统文化中对于谨慎行事的忠言。诸事小心，处处谨慎，正是传统文化和传统家风重视的一项内容。还有很多古语警告我们为人处世不要太锋芒毕露，不要胆大妄为。"枪打出头鸟""木秀于林，风必摧之"，保护我们自己最好的方法就是，处处谨慎，事事小心，否则，你就会遭遇危险。狂妄者，无以善果；谨慎者，方能立于不败之地。所以，家庭教育中万不可少了谨慎小心这一课。

谨慎小心要从哪些方面做起呢？"慎独、慎微、慎初、慎终、慎言、慎行、慎欲、慎友"，做到这八慎，家庭或是子孙自可高枕无忧了。

一、慎独

所谓慎独，是指在独自一人无人监督的情况下，要谨慎行事。切不可因为是独处，无人监督，无人发现就放纵自我，就为所欲为。恰恰相反，越是独处越要小心谨慎，越要高度自觉，越要不违道德规则、不违做人原则、不违法律法规。因为只有过得了自己这一关，才能真正做一个"完人"，才能抵御一切诱惑，保持高洁的品行。

人生最大的"敌人"不是别人而是自己,最难战胜的也是自己。能不能做到慎独,是检验一个人自觉性、自制力和意志力强不强的重要标志。独处也能谨慎以对,也能严格要求自己,也能自我规范和约束,就可以做到人前人后一个样,保持自己的本色,坚守自己的气节,也就可以保证自己不贻祸端,不留把柄,从而一生安宁。

二、慎微

所谓慎微,就是越是小事越是细节越小心谨慎,防微杜渐。古人云"不矜细行,终累大德""道自微而生,祸是微而成"。不论是在家中还是在社会上,都要重视细节,重视小事,时时刻刻、事事处处把握好自己,认真做好每件小事、管好每个小节,洁身自好,不以善小而不为,不以恶小而为之,保持自身的品行。

三、慎初

所谓慎初,就是不管做任何事情第一次做的时候务必谨慎小心,切不可马虎大意,或是放松自己,一定要把第一次做好,把住第一次,守住第一关。孩子正在成长,有许许多多的事情都会是孩子的第一次,有好事有坏事,如何教孩子敢于尝试好的第一次,勇于避开坏的第一次,认真做好第一次,都是家教的关键内容。

四、慎终

所谓慎终,就是在事情结束的时候一样要谨慎小心,切不可因为事情要完结了所以放松自己,大意马虎,以至于出现不好的结果。《资治通鉴》曰:"慎终如始,则善矣。"也就是说,慎终,才能善终。家长要引导孩子越是事情接近尾声的时候,越要认真仔细,越不能放松。

五、慎言

所谓慎言,就是说话要谨慎。俗话说"祸从口出""言多语失",古人也说"一言不慎身败名裂,一语不慎全军覆没"的箴言,所有这些都是告诉人们"言必适时,言必适性、言必适度",说话要看场合、看时机、看对象,把握好分寸,否则宁肯不说。慎言,就是要对自己说出的每一句话都负责,是言出必行,行必有果。慎言不是拘谨,也不是胆小怕事,而是少说多听,从他人之处学习他人的直接或间接的经验,让自己在具体实践中少些错误,少走弯路。

六、慎行

所谓慎行，就是行为要谨慎检点，端正清白。不论是在家里还是走上社会，这都是需要自觉自律，要三思而后行，要事先考虑清楚后再"行"，要对"行"的结果有一个全面的认识，要考虑到"行"的后果，从而避开一切不好的行为，保证行事正确。还要考虑行的方式方法，寻找最有利于行的技巧，使"行"能达到高效简洁、事半功倍的效果。

七、慎欲

所谓慎欲，就是面对自己的欲望或是各种各样的诱惑的时候，要谨慎小心，把握好欲望的度。欲望是人的一种生理本能，是推进人不断进步进取的动力。但是，欲望多了、大了，就要生贪心，欲望变成了贪欲，那就不是进取的动力，而成为毁灭的推力了。古人说："罪莫大于多欲，欲不除，如蛾扑火，粉身乃止""欲多则心散，心散则自衰""贪如火，不遏则燎原；欲如水，不遏则滔天"，欲望是脱缰的野马，是决口的洪水，如果任由其放纵必然导致堕落和自我毁灭。所以家庭中要多告诫孩子克制欲望，把自己的欲望控制在合理的范围之内，切不可纵欲任贪，而要保持自己的骨气和气节，保持自己的清白，从小学会在金钱和名利面前不丧志、不失节、不折腰，堂堂正正做人，勤勤恳恳做事，清清白白立世，这样才能做一个受人尊敬的人。

八、慎友

所谓慎友，就是交朋结友时要慎重。《弟子规》中有一句发人深省的话，"泛爱众，而亲仁"，说的是可以广泛地爱大家，但要亲近有仁德的人。孔子给我们定了一个交友的标准："益者三友，友直友谅友多闻，益也；损者三友，友便辟、友善柔、友便佞，损矣。"要从小教给孩子，让家庭中的每一个成员都以这样的标准来交友。要多交德友，善交益友，乐交净友；不能随便交友、交损友、滥交友。要慎重对待社会交往，正确处理人际关系，注意净化自己的社交圈、生活圈和朋友圈，远离肖小，亲善品高德清之人。

谨慎是保家之本。一个家庭要长远兴盛，最应该注意的就是小心谨慎，周密考虑，三思而后行，这是需要从小就要教导孩子的。

品读名人家风

傅雷（1908—1966），字怒安，号怒庵，江苏省南汇县（今上海市浦东新区）人，现代著名的翻译家、作家、教育家、美术评论家。傅雷教育孩子的第一原则是做人。傅雷夫妇作为中国父母的典范，一生苦心孤诣，呕心沥血

家风是最好的教育

培养两个孩子成才，有《傅雷家书》传世。

谨守法纪是家风的优良传统

  谨慎家风一个最显著的特征就是谨守礼数，遵纪守法，不偏轨道，不破规矩。因为要想家族兴盛长久、家庭幸福绵长，遵纪守法是最基本的保障。遵守法律规定，恪守纪律规范，是谦谨家风的首要特征，也是中国传统文化的核心内容。不违礼法、谨守规矩，是几千年传承下来的优良传统。

  《左传》中记述有一个故事：

  有一年夏天，作为当时春秋五霸霸主的齐桓公在葵丘与各国诸侯聚会，为的是重申原来的盟誓，使大家更加和好。这是当时的礼仪规定。

  周襄王派使者宰孔赏赐齐侯一块祭肉"胙"。宰孔说："天子正忙于祭祀文王、武王，特派我来，赏赐伯舅一块祭肉。"齐侯刚要下阶拜谢。宰孔说："且慢，后面还有命令。天子命我告诉您：'伯舅年纪大了，加之对王室有功，特赐爵一级，不必下阶拜谢。'"齐桓公答谢："天子的威严，离我不过咫尺，小白我岂敢贪受天子之命'不下拜'？果真那样，只怕就会垮台，使天子也蒙受羞耻。怎敢不下阶拜谢！"于是不顾自己年老，坚持按照礼仪法度的规定，走下台阶，下跪拜谢，然后再登堂领赏。

  这是《左传》里的一篇《齐桓下拜受胙》，这篇百字短文记述了齐桓公在会晤诸侯时接受周襄王赏赐祭肉的一个场面。按照当时的礼仪规范，胙是天子祭祀社稷宗庙的物品，事后只能赐予宗室，也就是和天子同姓的诸侯，而且受赏必须"下拜"。很显然齐桓公非姬姓宗室，没有受赏的资格，但由于齐桓公特殊的地位，周襄王也就给予他特殊的礼遇，赏他"胙"，并特命免去"下拜"之礼。天子有权这样做，这是合乎礼仪的。如果齐桓公是一个骄傲自负之人，不懂得谦恭守礼，又有自己春秋五霸之首的底气，那肯定就坡下驴，顺势就免了下拜之礼。但齐桓公没有这样做，而是不顾年迈，也不恃功高，当着众诸侯的面，坚持要"下拜"受赐，绝不违礼法，就是一种守规矩、遵法纪的表现。这样谦恭守礼、不破规矩的品性，或许正是他称霸一方、保得齐国平安强盛的原因之一。如果不是有这种谨慎小心、谦恭守礼的品性，只怕在当年他与公子纠争位时就已经败了。

古往今来，无数事实证明，不能自觉守法纪的人肯定会终日不安，提心吊胆。只有守礼畏法者，是非分明，处事秉公，以正立身，才会心地光明坦荡，无所畏惧，快活自在。

《明史·杂俎》记载：一日早朝，明太祖朱元璋忽向到班候旨的群臣提出一个问题："天下何人最快活？"众人各抒己见，莫衷一是，有人说功高盖世者最快活，有人说金榜提名者最快活，有人说身居高位者最快活，有人说富甲天下者最快活……听了群臣这些回答，朱元璋不是很满意，于是皇帝面露不悦之色。沉默片刻，一个名叫万纲的大臣说："天下守礼畏法者最快活！"朱元璋听后连连点头，当场夸赞万纲的见解独到。

家庭要长久兴盛、幸福久远，更需要把遵纪守法放在第一位，这样才能保证家中快乐欢笑，平安喜乐，而不守法不畏法，违法犯法，只会受到法纪的惩罚，影响家庭的幸福。家庭成员中有一个不遵纪不守法，势必使全家陷入危险之中，全家为之担惊受怕，甚至还会因此导致家破人亡的惨烈后果，哪一个家庭敢冒如此之风险呢？这样的案例并不少见。

有一个人，上小学时就不爱学习，一天到晚到处惹是生非，因为是家中的独生子，父母对他很宽容，舍不得打也舍不得骂。有一次，他和同学争吵，捡起一块石头就砸在同学的头上，同学顿时鲜血直流。都这样了，父母也没有责骂和惩罚，当受伤同学的父母生气地骂他时，他的父母反而护着他，说："小孩子不懂事，我们出钱，多少钱都出。"

初中毕业后，他到广东打工，在厂里也不好好干活，而且听不得别人的教导。有一次他做错了一批货，给工厂造成了很大的损失，被厂里开除了。他将心里的怨气发在主管的身上，将主管砍伤致死，他自己也因此被判了死刑，那一年，他刚刚18岁。他的母亲因为受不了这样的刺激，自杀身亡，他的父亲痛失两位至亲，进了精神病院。一个原本应当幸福快乐的家庭分崩离析，家破人亡，怎不令人扼腕而叹！

令人痛心的事实告诉我们，不重视遵纪守法、没有守法家规、孩子从小缺少守法教育，后果是不堪设想的。爱孩子，是每个父母的本能，但如果连法律法规都不管不顾，不教孩子守法守礼，家庭的幸福就只是一句空话。所以，父母要在家庭生活中把遵纪守法放在第一位，从小培养孩子遵纪守法的习惯，打造守法家风。

家风是最好的教育

一、要制订严格的遵纪守法的家规

在中国古代,尤其是唐宋以来,中国的家族、家庭一直有家规、族规约束着家族子弟的行为。一旦违犯,则用"家法"予以惩处。"家法"就是专门用来惩罚违犯家规的人,严重的处罚可以"杖毙",就是直接打死。有如此严峻的"家法",家族中的人从小就被动地培养出一颗对"家法"的敬畏心,从小敬畏家法,长大自然会敬畏国法。没有家规、家法的家庭,如果从小任由孩子称王称霸、无所畏惧,长大希望他再学会敬畏国法,恐怕是很难的。

历史上有数不清的事例证明,凡有家规、家训,并认真执行、遵从者,家族子弟鲜有犯国法者,反之,则子弟往往无法无天。像京剧《徐策跑城》中所描述的,薛刚三杯下肚,"打坏了张天佐、张天佑,张泰的门牙打下来。太庙的神像俱打坏,太子的金盔落尘埃",闯了这样大祸,结果就是"全家绑到西郊外,三百余口把刀开"。这种情况,在颜之推、朱柏庐的家庭是不可能发生的。从小敬畏家规,长大不犯国法,这正是制订遵纪守法家规的作用。

二、要积极配合学校对孩子进行遵守纪律教育

如学校的规定、纪律、《中小学生守则》和《校园规范》等,这些规定是学校的行为准则,每个学生必须遵守,切不可任性。如果孩子违反了校规、校纪,要及时进行批评教育,切不要放任。

三、对孩子进行法律常识教育

父母要注意把那些同孩子生活直接相关的法律常识条文与实例结合起来进行教育。比如过马路时讲一讲交通法规,有损害公物的也告诫孩子这是违法行为,同时告诉孩子要懂得用法律保护自己的基本利益,如人身权利、财产权利等。教孩子懂得社会规范人人都须遵从,明确哪些行为是违法的,其法制观念就会逐渐加强,也就可以防止他们去做违法的事。

四、父母做好榜样

不管什么教育,父母的榜样作用都是第一重要的。父母平常要依法办事,遵法守法,绝不违背法律规定,做守法好公民,以自己的行为去影响、教育孩子最为有效。

五、注意孩子言行中的不良苗头,有的放矢展开守法教育

平时多观察孩子的表现,如果发现了不良苗头,就要及时谈心,了解情况,采取教育措施,预防孩子走上邪路。

遵纪守法是好家风的基本标准,是谦谨家风的重要内容,也是一个家庭

保持平安幸福的关键。为了家庭的幸福，父母一定不要忽视了从小对孩子进行遵纪守法的教育，引导孩子从小遵守法律法规，敬畏法律，遵守法律，父母也要以身作则，做知法、懂法、守法的好公民。

品读名人家风

傅雷从多方面帮助儿子塑造良好的人品，他的立身处世的原则就是要做一个高尚的人，他也用这一原则教育两个孩子。对于从事艺术的傅聪，傅雷要求他记住四句话：第一，做人；第二，做艺术家；第三，做音乐家；最后才是钢琴家。这番家教言论对我们今天也有很大借鉴作用。古人言："临事肯替别人想，是第一等学问。"所以我们要首先学会做人。

好家风里定有勤俭之风

唐代诗人李商隐在《咏史》中这样写道："历览前贤国与家，成由勤俭败由奢。"意思是说，看尽前朝旧事，不论家国，成功兴旺都来自勤俭节约，而衰落败亡都是因为奢侈浪费。以此告诫后人要勤俭，不要奢靡，因为奢靡败家亡国，贻祸子孙。这不仅是诗人个人的观点，更是传统文化中一个重要的观点。《左传》里说："俭，德之共也；侈，恶之大也。"墨子说："俭节则昌，淫逸则亡。"诸葛亮在《诫子书》中也以勤俭诫子，留下"静以修身，俭以养德"的千古名言。

确实，纵观古往今来，古今中外，不论是国还是家，不论是企业还是个人，都离不开"成由勤俭败由奢"这个真理。国兴国亡，家旺家败，无不应了"成由勤俭败由奢"的谶言，无论家国还是个人，无不因节俭而盛，因奢侈而衰。

在中国历史上，历代的亡国之君几乎无一是俭朴之人，多是淫暴之主，奢靡之辈，一味追求享乐，以奢侈浪费为乐事，比如亡商的商纣王、亡周的周幽王。

有一次，一个工匠制作了一双精美的象牙筷，献给商纣王，纣王爱不释手，文武百官都说只有纣王才配使用这双象牙筷。忠肝义胆的比干向他进谏

家风是最好的教育

说:这双象牙筷是衰败之源,因为如果用了这双筷子后,就会想到用金玉碗碟,就会想到在金玉碗碟里装山珍海味,吃是如此,穿也跟着讲究豪奢,住也跟着讲究豪奢,即便有金山银山也不够用。纣王没有听比干的话,接受了这双精美的象牙筷。后来,纣王果真如比干所预言的,走上亡国之路。

《史记·殷本纪》称:"(纣)以酒为池,县(悬)肉为林,使男女裸相逐其间,为长夜之饮。"要知道那时候酿酒需要的是大量的粮食,肉也只能是身居高位者才能享用的高级食品,多少人每天只能以野菜度日,又有多少人平生也吃不起几次肉食,纣王这样浪费,想不亡国都难。

亡西周的周幽王,因宠妃褒姒爱听裂帛之声,于是搜天下绝好丝绸于宫,命人整日撕碎,只为娱褒姒之耳;为了博褒姒一笑,更是不惜点燃烽火,戏弄诸侯,终于落到最后死无葬身之地。曾经强盛一时的西周就此衰落,天下始乱,东周之诸侯争霸,历史上有名的列强逐鹿时代到来。

帛是什么?帛就是丝绸制品的总称。想一想在三千年前的周朝,这样的丝织品有多么珍贵,多么难得,很多平民百姓终其一生可能连见都难以见到,而周幽王却将这样珍贵的物品拿来白白地撕毁了,这是多大的浪费!这样暴殄天物,不亡国才怪!

那些开国之君、兴家之祖,却无一不是清明俭朴之人。国之兴盛、家之繁荣,都是靠的勤俭节约,艰苦奋斗而得的。

英明勤俭的汉文帝,开创了"文景之治"的汉代盛世,个人生活却极为俭朴。他常穿的就是普通的黑色丝袍,不着修饰。穿破了也舍不得扔,补补还穿。他平时节省宫廷生活费用,修建陵墓也不用金银贵重物品殉葬,只用些陶器,建筑也尽量省工。他在遗嘱中说,给他送葬不许动用车马,送葬人戴的白布孝带不得超过三寸。陵墓依山而建,不准起坟丘,以节省民力。正是他的这种勤俭节约的精神造就了一个强大帝国。

还有很多开国之君如唐太宗、宋太祖、明太祖等,都是勤政节俭的好皇帝。明太祖朱元璋将节俭落实到了请客吃饭这样的小事上。朱元璋给皇后过生日时,只用红萝卜、韭菜,青菜两碗,小葱豆腐汤,宴请众官员,而且约法三章:今后不论谁摆宴席,只许四菜一汤,谁若违反,严惩不贷。

大多数家族的兴旺发达,也是因为始祖的勤奋和节俭。特别是历史上那些著名的大家族,更是勤俭兴家的典范。

山西省祁县乔氏家族,生意兴隆通四海,财源茂盛达三江,开钱庄、茶

庄、酒铺、粮铺，资产达千万两白银以上，富甲一方，是晋商中最有名的家族。其最初财富是先祖乔贵发只身一人去塞外，靠磨豆腐一点点磨出来的，勤俭正是发家之本。乔家子孙为了守住祖先一点一滴积聚的家财，继承了祖先勤劳节俭的精神。

乔家发迹后也只是在旧院里盖了个像样的四合院。乔贵发深知，买卖有赚就有赔，既要赚得起也要赔得起，才能立于不败之地，在买卖兴隆时，他便把赚下的银子积存起来，以备不测，并教导子女，要勤俭持家，绝不能奢侈浪费。乔家大院老宅门上的"慎、俭、德"三字，至今尚存，正是这几个字，让乔家在长达两个多世纪的经商岁月里，创下了偌大的家业。

这些事例都清楚地说明了一个道理："成由勤俭败由奢""俭起福源，奢起贫兆""始作骄奢本，终为祸乱根"，"奢"总是祸胎，是恶俗，是凶兆，用以管家则家败，用以干事则事衰，用以治国则国亡。只有勤俭才是治家兴家的法宝。

正是基于此，传统家风中，"勤俭"是至为重要的内容。勤俭兴家，勤俭旺家，勤俭持家，都是传统家训中的重要内容。不管是富是贫，勤俭持家都是重要的家训。很多有见识的家长都把"成由勤俭败由奢"作为家训传给子孙。

司马光曾专门写有《训俭示康》，从正反两方面阐述成由俭、败由奢的道理。

朱柏庐在其《朱子家训》中教导后代："一粥一饭，当思来之不易；半丝半缕，恒念物力维艰。"其中心就是他著名的"四本思想"——"读书起家之本，循理保家之本，和顺齐家之本，勤俭治家之本"，通篇家训都在教育儿孙勤俭持家、安分守己，以求家大业旺，香火千年。

曾国藩非常崇尚节俭，他不仅在日常生活中常以勤俭二字约束自己，而且还经常对其家人进行这方面的教育。他在家信《寄纪瑞侄》中写道："吾家累世以来，孝弟勤俭。辅臣公（曾国藩的高祖父）以上吾不及见，竟希公（曾国藩的曾祖父）、星冈公（曾国藩的祖父）皆未明即起，竟日无片刻暇逸。竟希公少时在陈氏宗祠读书，正月上学，辅臣公给钱一百为零用之需，五月归时，仅用去二文，尚余九十八文还其父，其俭如此。星冈公当孙入翰林之后，犹亲自种菜收粪。吾父竹亭公之勤俭，则尔等所及见也。今家中境地虽渐宽裕，侄与诸昆弟切不可忘却先世之艰难，有福不可享尽，有势不可使尽。

家风是最好的教育

勤字工夫，第一贵早起，第二贵有恒。俭字工夫，第一莫着华丽衣服，第二莫多用仆婢雇工。"

除了这些名人家训外，流传下来的许多家族规训中，对于勤俭二字，也是高度重视。我们可以看到很多家训中都有善于勤俭持家的训示。

宋·倪思《经锄堂杂志》：俭者，君子之德。世俗以俭为鄙，非远识也。俭则足用，俭则寡求，俭则可以成家，俭则可以立身，俭则可以传子孙。

明·庞尚鹏《庞氏家训》：孝、友、勤、俭四字，最为立身第一要义，必真知力行。奉此心为严师，就事质成，反躬体验。考古人前言住行，而审其所从，必思有所持循，无为流俗所蔽。

明·王刘氏《女范捷录》：勤者女之职，俭者富之基。勤而不俭，枉劳其身；俭而不勤，甘受其苦。俭以益勤之有余，勤以补俭之不足。若夫贵而能勤，则身劳而教以成；富而能俭，则守约而家日兴。

明·姚舜牧《药言》：居家切要，在"勤俭"二字，既勤且俭矣，尤在"忍"之一字，偶以言语之伤，非横之及，不胜一朝之忿，构怨结仇，致倾家室，可惜历年勤俭之苦积，一朝轻废也，而况及其身，并及其先人哉，宜切戒之！

清·汪辉祖《双节堂庸训》：俭，美德也。俗以吝啬当之，误矣。省所当省曰俭；不宜省而省，谓之吝啬。

在传统家风家训中，这样的教诲比比皆是。因为历代家长都明白"成由勤俭败由奢"的道理，不管家族是大是小，是贫是富，最重要的保家兴家、让家族长久发达的秘诀，都是勤俭。好家风就是勤俭之风，是兴家之要。

品读名人家风

孟子（约前372—约前289），名轲，字子舆，战国时期邹国（今山东邹城东南）人，古代著名的思想家、政治家，儒家学派的代表人物之一，被后人誉为"亚圣"，与孔子并称"孔孟"。《三字经》里"昔孟母，择邻处"的故事人人耳熟能详，孟母教子和孔子庭训一样，在中国古代的家训中广为流传。

让孩子树立劳动光荣的家风理念

勤俭家风,勤为第一。

所谓勤,就是做事尽力,不偷懒的意思,它与懒惰是相对的、相反的。勤与劳是一起的,勤就是要劳动,要做事,而且要尽全力地做事,不偷懒,不要奸,认认真真,踏踏实实做事,这就是勤劳。

勤劳是最受人尊重的品质。自古至今,这个价值观从来都没有改变,因为世界上所有的一切都是劳动创造的。劳动光荣、热爱劳动是中华民族的传统美德。

在中华民族五千年灿烂文化中,圣贤们身体力行给勤劳赋予了无比神圣的意义。《抱朴子·广譬》中说:"不惰者,众善之师也。"宋代罗大经在《鹤林玉露》中说:"民劳思,思则善心生;逸则淫,淫则万恶生。"中国古代的禅著《百丈丛林清规》的主要精神是"一日不作,一日不食",认为人不可不参与劳作,每个人都有劳动的义务,劳动了才有资格吃饭。制订该清规的百丈怀海禅师不仅是该制度的建立者,也是实践者。他到了90岁还在身体力行地参加劳动,弟子看到师父年老,不忍心让他再到田里工作,又不敢劝师父,只好把他的锄头藏起来。找不到锄头的百丈禅师虽然不下田,但也不吃饭,他绝食三日,弟子劝他吃饭,他说:"我不是规定过,一日不作,一日不食吗?"弟子只好把锄头还给他。传说他下地劳动一直到96岁临终的最后一天。

一日不劳作,一日不得食,劳动创造一切,劳动获得一切,不劳动,就没有资格享受,这是古人对劳动的最高赞赏,也是对劳动的至高尊重。

从某种意义上说,是劳动创造了人类,创造了历史,创造了物质文明和精神文明。几千年来,中国人民用自己勤劳的双手和丰富的智慧,辛勤劳作,艰苦奋斗,创造发明,改造自然,对全人类、对整个世界做出了无比巨大的贡献。没有劳动就没有这个丰富多彩的世界,所以劳动是伟大的,是光荣的、神圣的,更是值得尊重的。

劳动是没有高低贵贱之分的,做工是劳动,务农是劳动,教书育人是劳动,保护美化环境也是劳动。大地上农民们不分寒暑地劳作,洒下无数辛勤

家风是最好的教育

的汗水，才有我们天天吃的粮食和蔬菜；如清洁工们很早就上街开始了清扫街道、铲除垃圾的劳动。当我们呼吸着新鲜空气走在清洁的马路上，心情无比舒畅时，应该意识到，是这些"美容师"付出了辛勤的劳动，才美化了我们的环境和生活；建筑工人们冒着严寒酷暑，将一砖一石盖成大楼，当我们住进崭新的房子里时，要感念他们的辛勤付出；还有那些雕刻家在公园、路旁用一刀一石雕刻得栩栩如生的塑像，无不给人以美的享受。所有这一切都是这些劳动者辛勤劳动的成果。

这些用心血、汗水换来的成果，受到尊重是理所当然的。任何一种劳动，都能创造财富，对人类都有贡献，所以，任何一种劳动都应受到尊重，劳动果实应该被倍加珍惜。这是我们从小就要教给孩子的。只有让孩子们认识到劳动光荣，劳动伟大，劳动值得尊重，孩子们才会热爱劳动，尊重劳动，养成勤劳的习惯，塑造勤劳的家风。

然而，由于各种各样的原因，现代家庭只重视孩子的学习，不重视孩子的劳动教育，使有些家庭中形成了看不起劳动、不尊重劳动、认为劳动有轻重贵贱之别的思想，这是很不好的一种家风，也是极需家长们更正的一种不良的家教。

某小学校的一个孩子课间不慎将眼镜掉入便坑中，急得没办法。一位厕所保洁用手从便坑中帮她掏出来，还给了她。没想到她转身就走了，连个谢字也没有。同学问她，你怎么不好好谢谢人家？她居然说："谢什么，她就是干这个的。"

一位母亲带着孩子在公园里玩的时候，居然坐在长椅上嗑瓜子，当清洁工上前劝阻时，孩子理直气壮地说："你不就是扫地的嘛，我们不扔点垃圾，你没活干，不就下岗了吗？"这位母亲不仅不批评教育孩子，还指责清洁工"管闲事"，这样的家庭是难以培育良好的家风的。

中秋节时，有一家人在一家酒店订了一大桌酒席，山珍海味，满满一桌子。不知是因为客人没来齐还是因为点得太多，桌上剩了很多菜。几个孩子甚至把桌上的金银馒头拿来打仗，丢过去丢过来，满地都是。服务员看不下去了，说："小朋友，这可是粮食，别这样浪费好吗？"没想到一位家长却说："我们已经付钱了！""谁知盘中餐，粒粒皆辛苦"，家长不懂得珍惜，又怎能要求孩子？

这些都是不尊重劳动，不懂得珍惜劳动成果的行为，不爱惜劳动成果，不知道这些劳动成果凝聚着劳动者的血汗。这是表现在很多家庭和孩子身上的通病，急需我们转变和更正。最重要的就是家长要在家庭中加强对孩子的劳动教育，教育孩子尊重所有的劳动，珍惜劳动成果，养成勤俭、艰苦朴素的好家风。

品读名人家风

父母努力地奋斗工作，也是为孩子创造一个更好的学习环境，古代"孟母三迁"为后世做出了榜样。断杼教子，让孟轲幡然大悟，从此勤学苦读，没有辜负母亲的期望，终于成了一位伟大的思想家和教育家。如今，我们要利用好身边或父母创造的环境，努力提升自我，向着更高的目标迈进。

让孩子从小养成勤劳的习惯

勤劳是一种品质，更是一种习惯，这样的习惯越早培养越容易形成。所以，在家风建设中要着重培养孩子这样的习惯。早在我国古代，一些明智的父母就开始教导自己的子女，培养他们良好的劳动习惯，使他们具有勤劳的美德。

春秋时期，鲁国贵族子弟公文伯继承祖上的"大夫"爵位后十分得意，认为母亲敬姜不应再做纺线织麻等活了，怕引起他人耻笑。敬姜听后便严肃地教导说："劳则思，思则善心生；逸则淫，淫则忘善，忘善则恶心生。"意思是说：只有辛勤劳作，才能想到爱惜物力，知道节俭，才能产生善心；贪图安逸，就容易放荡堕落，就会丧失善心，品德败坏。敬姜以此告诫儿子，就是要他把勤劳当作一种美德铭记于心，培养儿子勤劳的习惯。

到了现代，勤劳不辍地努力工作，更成为许多人生活的信条。"黄土不亏勤劳人，冷天不冻大力汉"，勤劳的习惯不仅会让孩子具有独立生存能力、有责任感，也有助于孩子形成良好的思想和道德品质，培养孩子尊重劳动、珍惜劳动成果的意识，养成勤俭、艰苦朴素的好作风，还能锻炼孩子吃苦耐劳、克服困难的坚强意志，养成自立、自理、自强的进取精神，增强孩子体质，提升孩子的智力，还可以培养孩子的观察、分析、判断、创造能力和动手能力，让孩子心灵手巧，并且能激发孩子的创造力，在劳动中享受到创造的快乐。

湖南省湘潭清联小学的许卫东和张永义，在他们十一二岁时早晨起来要帮家里烧饭，但又想利用烧饭的时间看书，有时读书入了迷，忘了熄火，饭就烧糊了。为了解决看书和烧饭两不误这个难题，这两个孩子一起研制了一个饭熟报警器。它是利用杠杆原理制成的，一头是装了米和水的锅，一头是相当重量的沙罐。当饭熟时气体蒸发，重量减轻，沙罐下垂接通电源，电铃便自动报警。如果人在外面，听不到电铃的声音；报警器还可以自动将炉门关闭。这项成果，在湖南省举办的青少年科学创造发明比赛中获得一等奖。

劳动创造一切，劳动带来一切。每一个人都要养成勤劳的习惯，才能享受到美好的生活，享受到劳动的快乐。一个好吃懒做的人，是不可能在这个世界上获得自己的成功，实现自己的价值的。所以，从小培养孩子勤劳的习惯，培育勤俭的家风，不论对家庭还是对孩子，都至关重要。

在家庭生活中，培养孩子的勤劳习惯，家长要从以下方面着手：

一、让家庭成为孩子热爱劳动、学会劳动的重要场所

家长要起到潜移默化的教育作用，工作勤奋努力，不懈不怠，平时和孩子交流，切勿流露出鄙视劳动、轻视所谓"底层劳动者"的言行。不在孩子面前流露出懒散、消极的心态和举止。家长要有意识地向孩子灌输劳动有益于培养勤奋的学习精神，有助于培养独立的社会生存能力与活动能力，以及对付困难与危险的意识。家长还可以通过带领孩子拖地板、清理书桌、卧室等，让孩子在家务劳动中认识到劳动的意义，也在家务劳动中学到劳动技能，使其真正理解劳动的好处。参与家庭劳动、社会公益性劳动、学校集体劳动，在劳动中使孩子身心得到全面发展。

二、多鼓励孩子劳动的积极性

孩子实际上是爱劳动的，只不过因为有的家长太过娇宠孩子或是因为一心只要孩子努力学习、不让孩子做一些力所能及的劳动事务，放任了孩子的懒惰脾性，也打消了孩子劳动的积极性。其实多鼓励，早引导，不管孩子做得好不好，都表扬和赞赏，孩子的劳动积极性就会大大增强，养成勤劳习惯，杜绝懒惰恶习。

有位妈妈教七岁的儿子洗袜子。学会后，孩子坐在小凳子上有模有样地用搓衣板搓洗，妈妈看到孩子可爱状，马上拍下劳动场景组照，并发到朋友圈里，立刻引来好多网友的围观和评论。

第二天，放学回家后，妈妈对儿子说："宝贝，昨天晚上你洗袜子的事还记得吗？""妈妈，我记得呢。""妈妈把你劳动干活的场景拍下来传到网上，哇，好多叔叔阿姨都表扬宝宝好棒！""真的吗，妈妈？""当然是真的，你听妈妈给你念念。"

第一条评论："哇，七岁就能洗袜子了，多能干的好孩子啊，我太喜欢你了，可爱的小朋友。"

第二条评论："七岁的小男孩就会洗袜子了，真的很能干，爸爸妈妈培养得很好！我也要让我家大妞向小弟弟学习，自己的事情自己干！"

第三条评论："好样的！好孩子就是要从小热爱劳动。"

第四条评论："因为快乐而做事情，因为做事情而获得快乐。小帅哥，相信你是世界上最幸福最快乐的好孩子！"

妈妈边读边看儿子的表情，只见儿子听得非常认真，而且开心地微笑着。妈妈抓紧机会说："宝宝，你真的好棒哩，会劳动的孩子就是最棒的！"儿子笑得甜甜的。

做饭的时候，儿子马上跑过来帮妈妈的忙，择菜、端饭、摆筷子，做得极为认真。妈妈在一旁边笑了。

俗话说"好孩子是夸出来的"，多表扬孩子，会让孩子体验到劳动所带来的甜头儿，就能很好地激发孩子的劳动热情，以后更愿意主动参与劳动，从而很容易地培养出孩子勤劳的美德和习惯。

三、平常给孩子分配适当的家务劳动

当孩子初步体验劳动带来的快乐时，家长要及时给孩子分配力所能及的家务活，手把手搞好教学示范，力争参与一项，学会一项。如，父母做家务时，可以让孩子拿块抹布擦擦桌椅或倒垃圾等。及早让孩子树立"自己的事自己来做，不要给别人添麻烦"的劳动观念，克服依赖父母的惰性，让他们学会自我料理生活，洗自己的手帕、袜子、衣服等，学会打理自己的日常生活，培养孩子的自立、自强精神。让孩子经常帮父母打扫环境卫生，收拾屋子、清洗厕所，为家人做饭做菜，利用寒暑假外出打工，磨炼吃苦精神，学会社会生存技能等，通过家务劳动让孩子懂得为父母分担家务是一种责任。

家风是最好的教育

参加力所能及的劳动，不但可以使人掌握生活技能，对家庭、社会做出一定的贡献，而且能够磨炼意志、锤炼品格，锻炼身体，培养勤劳的美德。不爱劳动，常常会成为好逸恶劳，投机取巧，庸俗虚荣，软弱无能等不良品德发生的原因。

人们常说习惯成自然。勤劳的习惯也是一样，经常坚持，持之以恒，就一定可以养成。有良好的劳动习惯的人，不管从事什么样的工作，不管在什么情况下，都有一种奋斗不息的热情，有勤勤恳恳埋头苦干的作风，有不畏艰苦，奋发向上的精神，长大后也一定会有所成就。

品读名人家风

戚继光（1528—1588），字元敬，号南塘。山东蓬莱人（一说祖籍安徽省定远县，生于山东省微山县）。古代抗倭名将，杰出的军事家、书法家、诗人，民族英雄。戚继光的成功与父亲戚景通的教诲密不可分，爱国尚武的家风深深地镌刻在戚继光灵魂深处，从而铸就了其显赫威名。

不要让孩子养成懒惰和懈怠

勤劳最大的敌人就是懒惰，就是懈怠，就是散漫消极，不思进取。因而要培养勤劳的习惯，必须克服懒惰和懈怠。

世间任何事，都需要勤奋努力才能得。"勤能补拙是良训，一分辛苦一分才""富贵必从勤中得"，没有勤奋，是什么也得不到的。

在美国，有一个人在一年之中的每一天里，都几乎做着同一件事：天刚刚放亮，他就伏在打字机前，开始一天的写作。这个男人名叫斯蒂芬·金，是国际上著名的恐怖小说大师。斯蒂芬·金的经历十分坎坷，他曾经潦倒得连电话费都交不起，电话公司因此而掐断了他的电话线。后来，他成了世界上著名的恐怖小说大师，整天稿约不断。常常是一部小说还在他的大脑之中构思着，出版社高额的订金就支付给了他。

如今，他算是世界级的大富翁了。可是，他的每一天，仍然是在勤奋的创作之中度过的。斯蒂芬·金成功的秘诀很简单，只有两个字：勤奋。

一年之中,他只有三天的时间是例外的——不写作。也就是说,他只有三天的休息时间,这三天是:生日、圣诞节、美国独立日(国庆节)。

勤奋给斯蒂芬·金带来的好处是:永不枯竭的灵感。勤奋出灵感,缪斯女神对那些勤奋的人总是格外青睐,她会源源不断地给这些人送去灵感。

勤奋可以给个人和民族创造辉煌,在世界历史上留下痕迹的事情都是勤奋的结果。懒惰能给个人和民族带来毁灭,它从来没有给世界历史留下好的声音。所以坚决克服懒惰和懈怠,保持勤劳的习惯,是一个人的成功之本,也是兴家旺家之本。

懒惰是一种好逸恶劳,不思进取,缺少责任心,缺少时间观念的心理表现。现在很多家庭都是父母勤劳上进,忙进忙出,而子女却清闲无事,要么打游戏,要么睡懒觉,除了学习,从来不做任何家务,事事由父母包办代替,养尊处优,养成凡事依赖别人的习惯,这种依赖性就是导致懒惰性的主要原因。久而久之,懒惰的习惯就形成了。

懒惰的人,大多做事容易满足,对自己要求不高,得过且过的思想严重;做事不求真,不求质量,不求快节奏,常抱着"应付"的态度,能推则推,很少主动做什么事。懒惰的人习惯于等、靠、要,从来不想去求知、发明、拼搏、创造,最终只能是一事无成。只有勤奋、刻苦、好学、上进,朝着预定目标坚持不懈,才会达到光辉的顶点,所以,家庭中一定不要太过娇宠孩子,一定要让孩子克服懒惰的习惯,抛弃懈怠消极的心态。在家庭中父母长辈可以从以下方面,帮助孩子克服懒惰和懈怠,养成勤劳的习惯。

一、多鼓励

在家庭中多给孩子劳动的机会,鼓励孩子参加各种劳动。孩子在劳动过程中,家长的协助和鼓励很重要。帮助要适时适当,如果不给孩子提供帮助,失败得太多,会挫伤其积极性和自信心;但是帮助太多就成了包办。鼓励不必是物质鼓励,一个眼神,拍拍他,都有肯定的作用。如果家长经常对孩子说"你自己能做""你真棒",在日常生活中注意培养,每个孩子都能成为生活的小能手。

干劲是从干中开始培养的,当孩子认真干了,父母就要承认他的干劲,及时给予肯定,分享他的成功和喜悦。当孩子为自己的成功感到骄傲,对自己的能力有了信心,必然乐于再次去做,并且为了再次得到这种情绪上的愉悦体验,即使在干的过程中遇到问题也能想方设法自己主动地解决,不会半途而废。

二、多示范

任何事情都不是天生就会的，即便是很小的小事，也需要学习孩子才会做。所以父母要多示范，多引导。对孩子进行一些常识教育，手把手地教会孩子一些基本的生活技能，如穿衣、洗澡、洗碗等，先说明怎么做，让孩子试做一次，根据情况对孩子做得不足的再教一次，让孩子再做，直到基本能够完成。一旦孩子掌握了，在平时就不要再替孩子做了。孩子的行为习惯通常是从父母那里学习到的，父母的示范意义重大。其中同性的父母对孩子的示范作用更大。要想孩子勤快起来，父母在生活中要向孩子展示自己良好的习惯，切不可自己懒散懈怠，却要求孩子勤劳努力，那是起不了作用的。自己努力奋进、勤劳不辍，做好榜样，孩子跟样学样，也不会懒惰消极。

三、从小处着手

孩子毕竟是孩子，要从他力所能及的地方培养勤劳习惯，不能分派给他一些他不能胜任的事情，这只会挫伤孩子的积极性，可以从孩子力所能及的家务劳动开始。

学龄前的儿童，可以在生活中试着做一做下面的这些事，因为这些已经是他们可以做得到的了。比如穿衣、扣纽扣、系鞋带、刷牙、洗脸、学会摆放筷子、替家长取小物件、学会洗手绢等。让孩子知道懒惰的孩子不受欢迎，只有那些勤劳的孩子才讨人喜欢。还可以给孩子讲些勤劳的故事，让他们在故事中体会只有付出辛勤的劳动才能享受美好生活的道理，在心理上认同勤劳，厌弃懒惰。大一点的孩子可以和父母一起做一些复杂的活动，不仅可培养孩子的能力，还可以增进彼此的感情。

四、循序渐进，不要急于求成

习惯是慢慢养成的，绝不是一天一件事就能改变的。所以家长要有耐心，要一点一点修正。多和孩子做一些沟通，然后家里面大家做一个分工：哪些事情是妈妈做，哪些事情是爸爸做，哪些事情是孩子做，如果孩子做了，可以得到哪些权利，如果孩子做不到，或者不愿意做，那么比如说应该给孩子零花钱十块钱一个月，就不给或减少。这样来慢慢帮孩子克服懒惰的恶习。家长首先不要老说孩子懒虫啊什么的，应该夸他、鼓励他发现他勤快的地方，多表扬他勤快。久而久之，孩子慢慢地会变得勤快起来。每天都能鼓励他做一些事情，孩子慢慢就会转变的。孩子，尤其是稍大一点或是青春期的孩子，

是很不喜欢家长唠叨的，所以要注意与孩子沟通时不要太多的唠叨，而是有技巧地引导。

只要家庭中有勤劳上进的氛围，父母长辈做好勤奋努力的榜样，多引导孩子做他力所能及的事情，孩子一定可以克服懒惰的恶习，养成勤劳进取的好习惯，为家庭争光。

品读名人家风

戚继光之所以成名将，离不开父亲的谆谆教诲。他继承了父亲的勤俭与正直务实，并为国家解除了倭患，不愧为著名的民族英雄。虎父无犬子，一家两名将，优良的家风就这样一直传承下去。

以俭为荣根植于良好的家风

古语云："俭，德之共也；侈，恶之大也。"俭是中华民族的传统美德，中国人历来以勤劳勇敢、不畏艰苦著称，历来讲求以俭持家，以俭旺家，以俭为荣，是中华民族的传统优良家风。很多大族之家都有俭朴家风，以俭为荣，从不奢侈摆谱。这样的家风，最受人敬重，也是正家的根本。像季文子"以俭为荣"、司马光"以俭素为美"，都是我们塑造俭朴家风的典范，值得今天的我们好好学习。

季文子是春秋时鲁国的相，在鲁国从政时间长，官位高，却十分俭朴。平日里，他最看不惯那些以炫耀财富为荣的贵族，尤其厌恶讲排场、搞浮华的风气。他的住房极其简陋，平常饮食也总是粗茶淡饭。他不仅自己很少穿丝绸衣服，妻子儿女也没有一个人穿绸缎衣服，他家的仆人服装也比一般有钱人家的仆人要俭朴得多。季文子家的马匹，也只喂青草从不允许多喂粮食。

鲁国有个叫孟献之的大臣，他的儿子仲孙不懂得节俭是一种美德。一次，他见季文子出入朝廷时常穿布衣，坐的马车也十分寒酸，就耻笑季文子说："大人为相这么多年了，连件像样的丝绸衣裳也没有。喂的马不用粮食，只吃草。大人坐这样的瘦马破车，难道不怕别人笑话吗？再说，大人生活这样小气，要是让别国人知道了，还以为我们鲁国不知穷成什么样子了呢？"季文子说:"我认为仲孙先生没有真正懂得什么是光荣,什么是气派。我当然也愿意穿绸衣、骑良马,可是,我看到国内老百姓吃粗粮穿破衣的还很多,我不敢让全国父老姐妹粗饭破衣,而我家里的妻子儿女却过分讲求衣着饮食,而且我只听说人们具有高尚品德才是国家最大的荣誉,没听说过夸耀自己的美妾良马会给国家争光。一个真正有道德修养的人能克制贪欲,因为他懂得俭朴能使人积极向上。这样的人才是真正有修养、有气派、令人钦佩的人。我想,一个国家的大臣如能厉行节俭,艰苦奋斗,上行下效,这个国家的百姓会很快形成一种节俭、奋斗的风气,这个国家就会越来越强大,抵御外来侵略的能力也会越来越强。仲孙先生怎么能说节俭是丢脸的事情,是会使国家衰败的事情呢?"

一番话说得仲孙脸红耳赤,只好拱手为礼,悄悄离去。在季文子的倡导下,鲁国朝野形成了以俭为荣的好风气。

季文子身为相,却以俭为荣,不与当时的奢靡风气同流,正是高尚品德的体现。在一般人眼中,觉得奢侈糜烂好像是很光荣、很有本事,是地位的象征。其实奢侈浪费恰恰是不懂得惜物爱物的表现,是素质低下、道德缺失的表现。爱奢靡、乐享受的人不以为耻,反以为荣,其实是社会的悲哀。真正德行高标、家风纯正的人家,是拒绝奢靡享乐、崇尚俭朴低调的,从来不会因为位高权重或是家族兴盛就为所欲为,竞奢比富。

司马光是北宋著名的政治家、史学家,一生忠孝节义、恭俭正直。他以节俭为乐的品德更是一直被后世传颂。他生活十分俭朴,工作作风稳重踏实,更把俭朴作为教子成才的主要内容。据有关史料记载,司马光在工作和生活中都十分注意教育孩子力戒奢侈,谨身节用。司马光节俭纯朴,"平生衣取蔽寒,食取充腹",但却"不敢服垢弊以矫俗于名"。他常常教育儿子说:"食丰而生奢,阔盛而生侈。"为了使儿子认识崇尚俭朴的重要,他专门给儿子司马康写信,表明自己以"俭素为美"的追求,告诫儿子要以俭为荣,这就是家训史上著名的《训俭示康》。信中说:

吾本寒家,世以清白相承。吾性不喜华靡,自为乳儿,长者加以金银华美之服,辄羞赧弃去之。二十忝科名,闻喜宴独不戴花。同年曰:"君赐不可违也。"乃簪一花。平生衣取蔽寒,食取充腹;亦不敢服垢弊以矫俗于名,但顺吾性而已。众人皆以奢靡为荣,吾心独以俭素为美。人皆嗤吾固陋,吾不以为病。应之曰:孔子称"与其不逊也宁固";又曰"以约失之者鲜矣";又曰："士志于道，而耻恶衣恶食者，未足与议也。"

他在这封信中强烈反对生活奢靡，极力提倡节俭朴实。"众人皆以奢靡为荣，吾心独以俭素为美。"司马光表明了自己对待生活的最基本的态度，也是对当时风气的一种鞭挞。他感叹说"古人以俭为美德，今人乃以俭相诟病。嘻，异哉！"古人以俭约为美德，今人以俭约而遭讥笑，实在是要不得的。司马光赞扬了宋真宗、仁宗、鲁宗道和张文节等君臣的俭约作风，并为儿子援引张文节的话说："由俭入奢易，由奢入俭难"，告诫儿子这句至理名言"大贤之深谋远虑，岂庸人所及哉"。接着，他对道德和俭约的关系做了辩证而详尽的解释，他说："言有德者皆由俭来也。夫俭则寡欲。君子寡欲则不役于物，可以直道而行；小人寡欲则能谨身节用，远罪丰家。"反之，"侈则多欲。君子多欲则贪慕富贵，枉道速祸；小人多欲则多求妄用，败家丧身。"

他教子力戒奢侈以齐家。司马光为了教育儿子，警惕奢侈的祸害，常常详细列举史事以为鉴戒。他曾对儿子说过：西晋时何曾"日食万钱，至孙以骄溢倾家"；石崇"以奢靡夸人，卒以此死东市"，"子孙习其家风，今多穷困"。

司马光还不断告诫孩子说：读书要认真，工作要踏实，生活要俭朴，表面上看来皆不是经国大事，然而，实质上是兴家繁国之基业。正是这些道德品质，才能修身、齐家，乃至治国、平天下。

张文节关于"由俭入奢易，由奢入俭难"的警句，已成为世人传诵的名言。在他的教育下，儿子司马康从小就懂得俭朴的重要性，并以俭朴自律。他历任校书郎、著作郎兼任侍讲，也以博古通今，为人廉洁和生活俭朴而称誉于后世。这正是以俭为荣的家风造就的。

俭以养德，奢以败德；俭以兴家，奢以败家。俭朴才是最好的家风。力戒奢华，减少浪费，无论是对个人对家庭，还是对社会的发展，都是有益而必要的。在家风建设中，不管家庭多么富裕，财富多么惊人，以俭为荣，朴实低调的家风都是必要的，都是培养优秀子孙的重要方略。

如果说，物质匮乏年代，节俭是生活所逼；那么，在物质越来越丰富、吃穿已不成问题的今天，保持节俭之风，则是对物质的敬畏，对品德的坚守。只有懂得节俭，恪守俭朴，以俭为荣，不奢侈不铺张，俭朴从事，低调做人，才能让日子越过越好，家庭越来越兴旺，子孙越来越有出息。所以，我们每个人都要倡导节俭的风尚，以俭为荣，以奢为耻，在家庭中倡导俭朴家风，

家风是最好的教育

制订俭朴家训，要求配偶子女，都以节俭为荣，以奢侈为耻，从家庭开始，弘扬节俭之风，坚持节俭精神，塑造俭朴家风。

品读名人家风

　　李鸿章（1823—1901），本名章铜，字渐甫或子黻，号少荃（泉），晚年自号仪叟，别号省心。安徽合肥人。晚清重臣，洋务运动的主要领导人之一。李鸿章先祖最初是个普通的耕读之家，祖父李殿华非常重视子女教育，父亲李文安高中戊戌科进士。随后十年间，李鸿章和大哥李瀚章先后考中进士，李家遂成为"一门两代三进士"的"庐郡望族"。

杜绝浪费让孩子养成节俭习惯

　　节约，首先是要杜绝浪费。中国有几句俗语："吃不穷，穿不穷，挥霍浪费一世穷""兴家犹如针挑土，败家犹如水冲沙"。不懂得节俭，不杜绝浪费，再大的家产也会如水来沙陷一般迅速失去。人无俭不立，家无俭不旺，国无俭必亡，这是千古不变的真理。所以，塑造勤俭家风，一定要在家庭里树立俭朴的理念，坚决杜绝一切浪费。

　　浪费带来的损失是惊人的、可怕的，触目惊心的。

　　据国家粮食局测算，我国粮食产后仅储藏、运输、加工等环节每年损失浪费总量达700亿斤以上；每年餐桌上浪费食物总量折合粮食约800万吨，相当于全国粮食总产量的1/10。大概每个家庭或每个饭馆都有10%左右的粮食被浪费了，这是多么可惜的浪费！这么多的粮食得花费多少人力物力、多少人洒下多少汗水才能收获而来！而800万吨粮食足可以供两亿人吃一年。而联合国统计数据表明，每年全球浪费的粮食足可以养活20亿人。

　　其他的如水、电、油……都浪费惊人。很多家庭打开水龙头哗哗一放就是好几分钟，等到热水出来了，才慢悠悠地洗漱；有些家庭对水龙头滴水、漏水的现象不屑一顾。据统计，一个关不紧的水龙头一个月能流掉1～6立方米水，一个漏水的马桶一个月会流掉3～25立方米的水。为了省事，很多家庭冲便池时，直接就用自来水冲，有时甚至要放好几分钟水来冲，从而使大

量的水被浪费掉。以 9 升马桶为例，一个 3 口之家每人每天冲水 4 次，每个月就要用去约 3240 升水（约合 3.24 吨）。很多家庭出门不关电、晚上长明灯、电脑、插头一年 360 天天天开着……这都会造成巨大浪费。

"清仓处理""全场两折"，很多人一看到商家打出这样的牌子，就会产生购物欲，他们觉得有便宜的就不买贵的，结果可能会买回来一大堆废品，比如鞋穿了两天底儿就破了，台灯用了三天就不亮了，清洁剂不去污……这样的购物不仅不省钱，反而会造成不小的浪费。

孩子的文具，也有惊人的浪费。不少家庭的孩子作业本和画画用的纸还没画两下就扔了。一学期下来，没被用完的作业本能扔几十本。眼下，有的孩子拥有三四个书包已不是什么新鲜事儿。一支售价 1 元钱的圆珠笔，笔芯的价格就在 0.5 元左右，低廉的价格、方便的特性，使得这些圆珠笔成了一次性商品，它们成了"即抛笔"。本来换了笔芯原来的笔就可以继续使用了，但很多人觉得，只省五角钱，还不如买个新的划算。

其他浪费也让人惊心，像药品，现在谁家都有小药箱，平时感冒发烧人们也都会自己到药店买药，可有的人习惯一次买进很多常用药备用，治感冒的、祛火的、治腹泻的，家里放了不少，这样很容易造成浪费，因为很多药都是有有效期的，如果过了有效期和保质期就只能丢掉，非常可惜。

装修时不考虑自己的家居实际和环境，一味追求高档次的装修，设计时往往会追求华丽、复杂的设计效果，结果使家居成了材料的堆砌：高 2.6 米的卧室吊了一层又一层的顶，让人一走进去感觉颇为压抑；客厅如满天星一样布满各式各样的灯具，"装时费钱，用时烧钱"，除了开始时炫耀一下，一年也用不了几次。

家庭中的浪费现象还有很多，比如，零食买得多吃得少、买了花不去养、餐桌浪费、长明灯、长转扇、长流水，随处可见；一次性餐盒、筷子、纸杯使用没有节制；份子钱越随越多，酒席越摆越贵，场面越来越大，人情关、面子关越来越难过，铺张浪费，追求奢华……这些奢侈和浪费，满足的只是短暂的虚荣，却背离了优良的传统。这些行为不仅会使家庭经济受到影响，也是对社会资源的滥用。所以，家庭生活中每一个家庭都有杜绝浪费的责任，都要养成节俭的习惯，杜绝家庭任何浪费，教孩子养成爱物惜物的理念，一丝一缕恒念物力维艰，珍惜和爱护一滴水一张纸一度电一粒米，养成节约习惯，全面杜绝浪费。

家庭杜绝浪费，塑造节俭家风，要从以下方面做起。

一、家庭里要以俭朴为荣

有节约意识，家庭要具有良好的节约家风，能带头勤俭节约，反对铺张浪费。要使家庭成员树立节约意识，培养节俭光荣、浪费可耻的观念。每个家庭成员要充分认识到节约是一种美德，节约不仅是为了省下几个钱，更重要的是节约能源，节约资源；不仅利家，而且利国利民，可以说是功在当代，利在千秋。家庭消费科学、健康、文明，尽量选用节能型生活设施，节约每一粒米、每一分钱、每一滴水、每一度电；不放长流水，一水多用，用无磷洗衣粉，尽量少用全自动洗衣机；不点长明灯，人离家时随手关电源，尽量少用空调，空调温度不低于26度；少用或不用一次性物品，如一次性筷子、一次性饭盒、一次性塑料袋等。

二、精打细算，勤俭持家

在家庭消费方面，要做到精打细算，不盲目消费。比如买衣服，要本着价位合适、品位合人的原则，不必太追求时尚，越是时髦的东西其实越容易过时。购买家具家电等，也应如此。穿过的衣服、用过的东西，要随季节更替注意妥善保管，延长使用寿命，这样可以减少重复消费。

三、要节能节源

水是人类赖以生存的宝贵资源，家庭用水可以形成一个小小的水循环来达到节约用水的目的，比如废弃的茶水可以用来浇花，洗涮后的水可以用来冲洗便池等。煤气是不可再生的能源，所以更要注意节约。用电时可以根据需要在不同的房间安装不同类型和不同功率的灯，尽量使用日光灯和节能灯，做到随用随开，人走灯灭。

俗话说："节约一度电，多磨二斗面。"我们只有从一滴水、一度电、一张纸、一粒米做起，从家庭做起，由小事入手，过"简单"生活，才能创建节约型家庭，打造节俭家风。

四、文明用餐，节约粮食

爱惜粮食、杜绝浪费，合理点餐，文明就餐，自觉养成"吃多少点多少、宁愿不够再加、最好不要剩下、吃不完打包、千万避免浪费"的良好就餐习惯，并号召周围亲朋好友一同参与到文明餐桌行动中来，普及餐桌文明意识。树立科学的饮食养生新理念，改变吃饱、吃好等不良饮食习惯，达成人和食物的和谐，从寻常食物中吃出健康和营养。吃出文明的修养，吃出安全、

理性、健康的生活方式。

如果家庭请客，点菜必须合理排列组合，避免同一要素的重复。比如六人吃饭，一般可点三四个冷碟，三四个炒菜，加一个大菜一道汤，一两个点心就足够了，而且原料尽量不重复。一桌子该点几个菜不光要看人数，还得看在座各位的年龄、性别和饭量。比如，如果十个人，基准是点十个菜，菜盘子大的话就减少一个菜，菜盘子小则增加一个菜，有老人、幼儿和女性则减少一个菜，青壮年男人多，青春期少年多，则增加一个菜；有带馅小吃或点心则减少一个菜；素菜、凉菜多则增加一个菜，号召"光盘行动"，尽量不剩菜。据统计，一般烩菜和红烧菜最易剩下，所以这一类菜尽量少点。糕点和水果浪费得相对较少。因为吃完主食大餐后，很多人喜欢吃些甜点补补口味。另外水果有益身体，所以这类菜品一般都剩得很少。而每家餐厅都有自己的拿手特色菜，不管好不好吃，大家都要尝一尝，由于分量通常不多，自然剩下就不多。所以可以点一下招牌菜。

五、养成节俭习惯，杜绝任何浪费

从节资、节能、节水、节材、节油等环节做起，从小事做起，做到人走灯熄，在光线充足的情况下不开灯，空调、计算机、打印机、饮水机等设备用完要及时关闭电源，吃饭时吃多少做多少，尽量不扔剩饭菜；在餐馆用餐时点菜要适量，而不应该摆阔气，乱点一气；吃不完的饭菜要打包带回家；把空调温度调高一度，随手关紧水龙头……这些细小的好习惯既不影响生活质量，又体现了一个家庭的素质、修养和风度，长期坚持，孩子也会跟样学样，就能形成良好的节俭家风，全面杜绝浪费。

品读名人家风

李鸿章家族号称"晚清第一家族"，依靠耕读起家，"一门三进士"。此后，延续了重视教育的传统，后代人才辈出。可见，诗书传家的家风非常重要。"家庭是圃，孩子是苗。家风如雨点，随风潜入夜，润物细无声，小苗只有在雨露的滋润下，才能健康成长。"好读书的优良家风，应该代代相传。

在金钱和财富面前不盲目攀比

一个勤俭节约、崇尚俭朴的家庭，金钱和财富并不是家庭追逐的目标，家里人都有一个正确的态度对待金钱和财富，不会被金钱迷住眼睛，被财富扰了心神。因为一个甘于俭朴、勤奋努力、乐于奉献的人，对金钱的认识是透彻的，清楚的，懂得如何对待金钱，支配金钱，懂得如何运用金钱做真正有意义的事，绝不会把金钱当成唯一的追求，沉迷于金钱之中无法自拔，更不会为了金钱而丢弃理想、抱负、清白的人生和生活的幸福，不会因为对金钱的贪婪和无尽的追逐而失了自己的本心和本性，甚至毁灭自己。他们永远是金钱的主人，永远不会成为金钱的奴隶。从这个方面来说，打造勤俭的家风也是非常必要而且重要的。

要使家庭成员认识金钱，看淡金钱。

一、对金钱有一个正确的认识

金钱是什么？金钱就是一件物品，一个工具，一个与我们生活息息相关的一种资源，和水、空气、衣服、房子没有什么区别。或许正如有些人所说的"离了钱是万万不能的"，我们离了水和空气也是万万不能活下去的。但是，我们维持生命，只需要必要的水和空气就可以了，用一生都去追求水和空气，拼命地攒着，有什么用呢？穷尽一生，你所需要的水和空气也不需要多少；穷尽一生，你所需要的金钱也不需要多少。何必为了金钱而搭进自己的一切呢？

所以，一定要对金钱有一个正确的理念。要教育孩子从小懂得，金钱本身是中立的，无所谓善恶，不值得唾弃、也不值得崇拜。要教育孩子从小明白，金钱绝不是万能的，金钱可以买到舒适的床，却买不到甜美的睡眠；可以买到书籍，却买不到智慧的头脑；可以买到美味佳肴，却买不到好胃口；可以买到豪宅，却买不到温馨的家；可以买到昂贵的化妆品，却买不到青春美貌；可以买到最好的药，却买不到健康；可以买到奢华的生活，却买不到美德；可以买到各种娱乐，却买不到开怀一笑。无论任何时候都不要因为追逐金钱而错失了生命中更宝贵的东西。

二、杜绝攀比心理，懂得知足

攀比心理是一种不良的心理活动。这种心理不仅会驱使我们改变行为方式，还会导致心理扭曲，生嫉妒、怨恨之心，是不利于家庭幸福的不良心理。

"你看对面的李琼，她昨天买的裙子花了一千多块钱呢，我这才几百块。"拿着丈夫给自己刚买的新裙子，秦莉还一边埋怨着丈夫，让丈夫孔东哭笑不得。

自从搬家到这个小区后，很难得地和对面的一对夫妻成了好朋友，但同时，烦恼也随之而来。两家的女主人年龄相当，性格相似，很谈得来，刚开始还好，一起逛街一起倾诉，但随着交往的加深，邻居家女主人爱攀比的心理越来越强，一起买衣服，挑着高价的买，装修也选高价的材料。秦莉也变得爱攀比了，衣服、首饰、吃的、用的，都和对门的邻居比着来。邻居买了一条项链，她也想要去买一条更好的；同事休年假出国旅游了，她也想出国去见识见识；同事买了一个大牌的包包，她就开始留意该大牌的商品，每天回家第一件事情就是在网络上搜该品牌的商品海外代购信息；邻居家的孩子上了一家不错的幼儿园，秦莉马上张罗着要让儿子进贵族幼儿园……

秦莉的攀比，让丈夫孔东头痛不已。有些东西完全可以不买，攀比来攀比去，本来日子过得不错、平时还略有存款的家庭现在经常捉襟见肘，可秦莉还要一个劲儿地比。夫妻之间为此吵过多少次，但秦莉根本不为所动，攀比更甚。孔东被拖得苦不堪言，都有了离婚的念头了。

"世人纷纷说不齐，他骑骏马我骑驴。回头看到推车汉，比上不足下有余。"看看别人，比比自己，往往就这样比出了怨恨，比出了愁闷，比出了无尽的烦恼。然而在当前社会，攀比风气却极为普遍，家庭之间比，比来比去不仅会拉高家庭开支，还会影响家庭之间的关系；孩子之间也比，比来比去导致孩子心理扭曲，变得虚荣浮华，自私自利，贪心不足，成长为金钱的奴隶，害人害己害家庭。

现在大学中学小学里都会有攀比的孩子，攀比成风，看谁的衣服是名牌；看谁的铅笔盒高档；看谁带的钱多，花钱大方等。有的则比家庭条件，比谁家的房子大、装修档次高、父母当的官大、钱多、车子好；家中生活用品高档等。还有的比外表长相，比荣誉，比谁受老师的喜欢等。这种攀比心理最不利于孩子的健康成长，容易导致浪费、挥霍、大手大脚的坏习惯，同时还会破坏原有的幸福感，影响家庭的幸福，扰乱对金钱的正确理解，还会让人

家风是最好的教育

生贪婪心,使欲望无尽,贪心无底,最终毁灭自己。

2011年12月10日,广州市荔湾区法院开庭审理一起母亲杀死亲生女儿的案件。事情的大致经过是,16岁女孩小雯要求母亲拿出5900元购买苹果电脑,母女之间发生争执,进而相互打斗,母亲不堪女儿辱骂失手将女儿捂死。小雯是家里唯一的孩子,父母收入都不高,但一直都尽量满足女儿。小雯上初中开始,就开始和同学攀比,比吃穿打扮,比手机,比追星,生活费直线上升,父母已经难以承担。小霞还经常因为父母给钱太少而辱骂父母,而案发时母亲手里仅有6300元。

这样的惨案,让人触目惊心,也让人心生畏惧。攀比之心,最终只会让人心理扭曲,失却人性。盲目地跟风攀比,只会让孩子变得虚荣、浮华,不知足;只会让孩子变得没有主见,自私自利,贪心不足,助长孩子的虚荣心及奢侈浪费的生活习惯,使孩子的消费观念和消费行为走进误区,发展下去将容易导致违法犯罪行为。所以,杜绝攀比,对于家庭幸福和引导孩子的正确金钱观念,都非常重要。家长一定要重视起来,在生活中减少攀比,懂得知足,才能获得真正的幸福。

最后,杜绝攀比,培养孩子正确的金钱观。每个人都不会拥有所有想要得到的东西,也不会拥有别人所拥有的全部东西,盲目的攀比让他们看不到自己所拥有的,只去关注别人有而自己没有的,这样的结果就是一味地去追,最终弄得自己疲惫不堪。正确的金钱观才能使孩子养成俭朴的习惯,不把追逐金钱作为自己的目的。那么如何才能给孩子树立正确的金钱观呢?

一、平常多关注孩子的花钱习惯

如果孩子把好不容易攒下来的零花钱、压岁钱全部用于购买玩具,对于这种行为,父母不应该去阻止购买,但不要马上又给孩子零花钱,要他们自己学会教训,明白乱花钱的后果,明白金钱一旦用光就不再有的道理,养成良好的用钱习惯。

二、教会孩子存钱

对于孩子想要的东西,父母不应该说要就买,而是让他们利用自己的存钱购买。教会孩子定期存钱,随着金钱的不断增多也能调动其存钱的积极性。

三、教会孩子赚钱

父母在家里可以给孩子制订一些帮忙做家务就给零花钱的制度,每月设定一个工资日,按月结算,如此一来,孩子通过劳动赚钱就能认识到金钱的来之不易，如果偶尔再发些奖金的话，还能进一步增加其工作干劲。

四、引导理性消费，不盲目攀比，更不挥霍浪费

要让孩子明白挥霍浪费是一种犯罪，用不着的东西或是过于昂贵的东西不要轻易购买。要量入为出，有多少钱就做多少事，不能虚荣攀比。

五、引导孩子设定自己的存钱目标

孩子存钱多半会想要花掉。一旦孩子有了自己的存钱罐或是账户之后，就可以开始跟孩子讨论如何运用金钱。首先应该教导孩子认识需要的东西跟想要的东西有何不同，然后让孩子写下想要的东西，以及何时想要得到。比如说，暑假结束前想要一个望远镜，或是明年结束前想要一辆脚踏车等。这样的练习，能够让孩子有个明确存钱的目标。

总之，要锻造勤俭节约的家风，一定要杜绝孩子的攀比心，从小引导孩子树立正确的金钱观，正确看待财富和金钱，既不为金钱奴役，又不鄙弃金钱，会赚钱，更会花钱，会把钱用在最该用的地方，而不是盲目攀比、爱慕虚荣，把金钱作为装点脸面的工具。为了面子好看大肆挥霍，浪费金钱，是不可能有勤俭节约的好品性的。

品读名人家风

梁启超（1873—1929），字卓如，号任公，又号饮冰室主人，广东新会（今江门市新会区）人。近代著名的思想家、政治家、教育家、史学家、文学家。梁启超对子女的教育非常成功，十个子女除生下不久即夭折的"小白鼻"外，其余九位都成才，可谓满门英杰、举世罕见。

第七章

勤奋好学，爱国爱家的家风助孩子迈向成功

学习，是进步的源泉，是成长的阶梯。家风建设绝不能少了学习。好学家风也是传统家风的重要内容。一个家庭只有营造好学上进、进取奋发的家风，营造良好的家庭学习氛围，促进家庭成员人人爱学习，个个争进取的良好风气，这个家庭才能奋发上进、不断进步。

为孩子营造家庭学习氛围

老话说得好:"几百年人家无非积善,第一等好事只是读书。"读书上进在中国传统家风中是至为重要的内容。所以,在宋代汪洙《神童诗》中才会说:"万般皆下品,唯有读书高。"这话有一定道理,不读书不明理,不读书不知礼,不读书就等于"睁眼瞎",不读书就是文盲,再贫苦辛劳的人家,子弟也要读书,边耕作边读书成为传统家风的一种特色。所以"诗书传家""耕读传家"者众。一直到今天,读书上进的家风依然是受人推崇的家风之一。因为要想使孩子成为社会的有用之才,必须正确引导孩子学会阅读,让孩子从读书中体会到生活的快乐、找到阅读的兴趣、发现人生的真谛。

要塑造好学上进的家风,需要父母带头,在家庭中营造良好的学习氛围,引导孩子养成好学的习惯。

明明刚三岁,但是已经读完了近三十本书,而且每一本书里的故事他都能讲得头头是道,让大家羡慕不已。明明这种爱读书的习惯,正是从父母处传承而来的。

明明的爸爸是记者,妈妈是编辑,职业使然,他们家里最多的就是书,在家干得最多的事就是读书、写文章。明明从小就学会了像爸妈一样从书架上找书看。为使孩子找书更方便,爸爸妈妈还专门给明明买回了小书架,把他的幼儿画报、看图识字书及图画故事书放在小书架上,明明可以自己选择。每天晚上,爸爸妈妈都会带着明明一起读故事书,看书里的画,一个字一个字指着教明明读,经常一本书读了好多遍,不知不觉间,许多字明明都认识了。三岁以后,明明基本上可以自己读书了,不认识的字,开始是问爸爸妈妈,后来爸爸教会他查字典,明明就经常像模像样地查字典,那认真劲儿让爸爸妈妈欣慰不已。

现在,家中最常见的风景就是一家三口津津有味地读书。"六一"儿童节、新年礼物,夫妻俩为儿子准备的都是有趣有益的书籍。家里的走廊上,为孩子挂满了各种经典读卡。只要进入家门,感受到的就是浓浓的读书的氛围。所以明明三岁就成了一个书虫。

家风是最好的教育

父母是孩子的第一任老师，是孩子成长过程中最亲密的导师。父母每天好学上进、沉浸在书中，孩子自然有样学样，也会爱上阅读。父母为孩子营造了良好的学习氛围，孩子自然就会爱上学习。

需要注意的是，营造家庭学习氛围，不仅仅是阅读氛围，而是一种健康向上、积极进取的氛围。千万不要简单甚至错误地理解"学习"两个字，不能把"学习"看成是书本知识的掌握，一定要把"学习"拓展到孩子成长过程中各种能力和知识的掌握上，既包括学会知识，同时还要强调学会做人、学会学习、学会生活、学会生存等，这些都是孩子学习的内容。世间任何事情都需要学习，不仅仅指阅读。父母要培养多种爱好，下棋、乐器、唱歌、游泳、滑雪……这些看似娱乐的项目，其实都需要学习，都可以培养学习的习惯，而且在娱乐中学习，更有利于培养孩子的学习兴趣。

还有的父母由于职业需要，要报考各种各样的证书考试，也不妨让孩子知道，并且认真复习，努力考好，给孩子树立良好的榜样。家长要合理配置休闲时间，家人经常共同学习、共同提高。家庭成员坚持收听、收看新闻节目，关心国内外大事，每天安排一定的时间阅览报刊、上网学习，每人的学习时间不少于休闲时间的三分之一，家庭成员经常交流学习体会，共同分享学习成果。家人经常共同外出参观、游览，不断丰富业余文化生活。这些都有利于营造良好的学习氛围，有利于培养好学上进的家风。

品读名人家风

"兼顾，广博的多学人文""过于专精"……这一句句殷切的指导和希望使得梁家子弟们在那个战火纷飞的年代里，仍然能够刻苦钻研、不断修炼自己，最终都在各自的领域里有所建树。尤其是那句"你们应当牢记自己是中国人"，让世人看到家风传承中爱国的热血从未停止过流淌。梁家的满门英杰源于梁启超良好的家风和独特的家教，让我们看到家风和家教对于一个家族的重要性，良好的家风和家教会改变一个人、兴旺一个家。

让孩子有目标地学习

培养好学上进的家风,要针对家庭学习情况,制订各自的学习计划,有计划、有目标地学习,会使学习效果更好,更有利于促进学习习惯的养成和好学家风的形成。

目标的作用是巨大的。目标,是黑暗中的导航灯,指引着我们前进的方向,它更是我们前进的动力。生活中常可以看见,在同样艰苦的条件下,有的人萎靡不振,有的人却蒸蒸日上。这是因为目标在其中起着重要作用。一个有坚定目标的人,懂得人生的意义在于为自己的目标做出不懈的努力,用目标来引导自己的成长。但好多人往往不能明确自己的目标,而在人生的道路上,毫无目的地乱撞,甚至于偏离了生活轨道。拉斯金曾说:"无目标的生活,犹如没有罗盘而航行。"当一个人不知道他下一步要做什么的时候,他是颓废的。就像我们的假期,虽然清闲自由,但会让人觉得空虚而沉闷。但如果制订个计划,为自己确定了一个目标,便会觉得充实而活跃。

学习亦是如此,没有一个清晰的目标,就会漫无目的,不知所措,不能产生很好的学习效果。所以,家庭中订好学习计划是很有必要的。家庭学习计划,是针对家庭所有成员的,不独独是孩子的,这样更能激发孩子的学习兴趣。

京京家制订了一份家庭学习计划,爸爸妈妈和京京都分别定下了自己的学习目标和奖励方法,要是全部达到目标,京京就可以得到梦寐以求的照相机了,这让京京很兴奋。京京的学习计划并不轻松,他觉得,爸爸妈妈的学习目标可比他的难多了,肯定比不过他的。这次他们家的家庭学习计划如下。

爸爸的学习任务:

(1)学习时事政治,了解全年的国家大事;(2)学习专业技能,力争本年度考取高级人力资源管理师职称;(3)学习劳动保障法律法规,要达到能与工作密切结合、做好公司职工的劳动保障工作;(4)人文社科类学习,包括文学类、历史地理类、摄影类、艺术鉴赏类等内容。计划读一本本年度著名的小说、学会摄影技巧,能拍出质量优秀的照片,并且能在网上卖掉五幅以上的图片使用权;看至少两次画展、听至少四次艺术类的讲座。

妈妈的学习任务:

(1)学习与工作密切相关的知识和技能,报考中级职称,并力争考过;(2)学习饮食烹饪技巧,至少学会两道客家菜和两道湖南菜的做法,并达到专业级厨师水平;(3)学会游泳;(4)学会插花艺术,掌握一般插花技巧。

京京的学习任务:

(1)课外作业、课外文化知识学习;(2)英语口语练习,要能熟练进行一般生活场景的英语对话;(3)文学类作品,小说、散文和诗歌,各读至少三本,并坚持写读书笔记;(4)练好竹笛,要能独奏,达到演出水平;(5)硬笔书法学习,力争年内有大的进步。

设立学习型家庭奖励基金。凡是到年底时达到学习目标的,奖励一件自己最想要的、不超过 3000 元的奖品;年底评选一名坚持学习的家庭成员,给予 300 元的购书奖金。

计划拟订以后,京京和爸爸妈妈开始了学习竞赛,你追我赶,家中学习氛围浓厚。每天晚上八点四十分到九点半睡觉之前,是三个人的读书时间,很轻松就完成了读书的目标。在周末的家庭日还专门开展家庭阅读会,三个人对于本周阅读的书目分享心得,也互相指出不足,共同提高。在每月的第一个周日,还开展好书品赏会,家庭成员在品赏会上各自推荐一本书,并为大家展示书的特点。通过这样的家庭活动,学习已经成为家庭中的要事和大事了,同时因为学习目标明确,不至于东一榔头西一棒子地乱打,学习效果显著提升。不仅京京的学习成绩有了重大提升,爸爸妈妈的工作也有明显的进步,更重要的是,大家都积极进取,生怕落后,学习热情高涨,好学家风悄然形成。

品读名人家风

钱学森(1911—2009),祖籍浙江杭州,生于上海。物理学家、社会活动家,当代中国航天事业的奠基人。自父辈开始重在以身作则,勤奋认真,培养了钱学森诸多优良的品质,薪火相传,也深深地影响着儿子钱永刚的成长。

让阅读成为习惯

家庭建立"图书角",主要的目的是为孩子创设一种读书的环境和氛围。"图书角"是孩子在家里汲取知识的港湾,家庭成员心灵沟通的驿站,在这里,家庭成员不仅可以读书学习,还可以交流谈心,互促互进,增强学习效果,提升学习兴趣。当看到孩子坐在"图书角"专心学习时,家长也会由衷地高兴;当孩子看到家长在"图书角"学习时,也会跑过来和爸爸妈妈一起学习,不再沉迷于游戏和散漫之中。

家中的"图书角"布置起来很简单,客厅、卧室、书房,甚至是角落都可以通过合理摆放和巧妙安置,成为家中一处悠闲、优雅、温馨、惬意的"图书角"。

比如将客厅门两侧墙壁设计为书柜,将门框的二分之一长和门框上方墙壁的高度作为书架最上端隔断的长与宽,其余隔断的长度和宽度均与此长度相同,融为一体的隔断使门自然成为书架的一部分,把家中的书、经常学习或孩子喜欢的书摆放在这里,然后装上台灯,读书台、椅子,一个小巧精致的"图书角"就形成了。在这个小小的特殊的环境里,有明亮而柔和的光线,舒适的桌椅,实用的书柜,有这样一个适宜放松的环境,会使孩子感受到读书是一种享受。

还可以利用书柜散发的知性气质,将这个区域布置为客厅的文化区,摆放钢琴、棋桌、茶艺桌等。还可以放一些绿植,或是具有仪式感的道具。比如一顶"阅读帽子",当带着这个帽子坐在这个空间里的时候,大家就知道有人在里面阅读,大家就不会打扰他,他自己也能意识到自己在阅读。或是一个带音响的铃铛,读书时间就能响铃,一响铃就会让大家意识到该阅读了,从而养成良好的阅读习惯。

设立家庭"图书角"的目的主要是给家庭创造一个良好的读书环境,培养读书的习惯。每个家庭都可以利用节假日,搞一次以建立家庭图书角为主题的家庭活动。孩子和家长一起在家中选定地方,一起设计、布置图书角,一起购置有关的书籍,然后每一个家庭写出这个主题活动的过程、体验和收获，再拍一张家庭图书角的照片，并在照片上题写激励自己的话，图书角就建成了，家中就有了读书的地方了。这会给孩子一种特别新奇的感受，会迫不及待地想要体验一下。这时候家长要做好示范，并且挑选一些最能激发孩子兴趣、孩子爱看的书给孩子，并且在孩子读书的时候及时做好后勤服务，比如端水、递水果，同时对孩子安静读书的状态进行适度的表扬，让孩子体会到读书真的是一件美妙无比的事情，他就会越来越喜欢图书角，越来越喜欢读书，从而养成良好的读书习惯。

家中可以没有书房，但是必须要有一个读书的地方，哪怕是个小小的"图书角"。没有书籍的家庭是苍白的，很难创设出一种读书的氛围，让孩子产生读书的欲望。一盏台灯、两把椅子、一个书柜、一排排书，很简单的摆设，但它是一种积极的提示和刺激，可以有效地引导孩子养成阅读的习惯，形成好学的家风。所以，不管房子大还是小，书多还是少，都应当设立这样的一个专门的图书角，引导孩子培养读书的习惯，塑造好学的家风。

品读名人家风

钱氏家族的事例告诉我们：做行动的巨人，说话的矮子。有时候，一个行动比一千遍说教更有力量。青春的路程虽有父母相伴，但终究要自己迈出前进的步伐，去攀登难以想象的高峰。青春的历程虽然艰苦，但跨越群峰后的景色也会异常优美。所以，让我们带着父母的期望大步前行吧！去创造属于自己的灿烂人生！

让学习成为一种习惯

家庭学习，却并非一定要在家里才能学习。其实只要想学，哪里都可以学习，处处都是课堂。在当今这样一个科技无处不在、新知识无时不有的"泛学习"时代，只要你爱学习，想学习，就能处处学习、时时学习，不分时间不分地点，随时、随地、随处，都可以学习，而不仅仅只在学校中，在教室里，在家庭里，也绝不仅仅只能在自家的"读书角"才能读书。当学习成为一生的习惯之后，学习就会无处不在，无时不在。正像很多妈妈带孩子出门时看到任何一个写有字的地方都能教孩子识字一样,处处都是学习的场所,处处都是学习的机会。从书本上学,从娱乐中学,从游玩中学,从实践中学,从失败中学,从网络上学……只要愿意,学习就无处不在。

在第十届上海教育博览会教育信息化展的第二场高峰论坛上,上海市电化教育馆原馆长王民提出了"泛学习时代"这一概念。也就是在现在任何时间、任何地点,人们都可以学习他想要的任何内容,无所不在。

所谓"无所不在"的学习,就是任何地方都可以学习。比如各类学校、工作场所、家庭住宅、旅途以及其他场所,现在我们的生活和学习的界限早已经很模糊,不仅仅学校才是学习的地方。而是根据自己的需要,在任何地方都可以学到自己想获得的知识。比如在学校里,可以接受基础教育、专业教育、专业培训等内容学习;在家庭里,可以进行文化艺术作品、娱乐休闲信息、家庭理财知识等方面的学习;在工作场所,可以学习专业技能、工作知识及社交、礼仪等方面的内容;而在旅途中,则可以进行生活百科、人文历史等知识的学习;再比如在博物馆、图书馆、展览馆等,我们都可以学到不同的知识。

由此可见,"学习"这个熟悉的字眼,正被赋予新的内涵。社会正在形成"人人都在学习,处处皆为课堂"的氛围。随着科技的发展、网络的普及,学习途径与学习方式已经在开始转变。学习已经不是只能在教室、图书馆里的事情,学习无处不在。一个习惯于学习的人,随处随地都能学到知识。

一、可以从书本中学

自古以来,读书就是全人类最重要、最通行也最普遍的学习方式。古今中外,都对书籍赋予了无限的崇拜和赞美。

宋真宗赵恒的《励学篇》中说:"书中自有千钟粟""书中自有黄金屋,书中自有颜如玉",给予书以无与伦比的作用,你想要的一切,都可以在书中找到。《三国志》作者,西晋时的陈寿说:"一日无书,百事荒芜。"如果有一天没有书,那么就什么事也做不成了。唐宋八大家之一,唐代的韩愈作过一首关于读书的诗:"读书不破费,读书利万倍。窗前读古书,灯下寻书义。贫者因书富,富者因书贵。"

读书不用花钱,却可以使自己学识渊博;读书需要刻苦钻研;贫穷的人读书后就因知识而富足,富有的人读书后就因书而高贵。英国大文豪莎士比亚说:"书籍对于我,比王位更为宝贵。"他还说,书籍是全人类的营养品。

家风是最好的教育

苏联教育家苏霍姆林斯基在《教育的艺术》中说:"我的教育信念的真理之一,便是无比相信书的教育力量。学校首先就是书。……一本充满智慧的、有鼓舞力的书,往往能决定一个人的命运。"苏联大文豪高尔基说:"书是人类进步的阶梯。"

读书是学习最重要、最普遍、也最有效率的方式。不管什么样的书,都可以让我们学到各种各样的知识。大哲学家培根在《论读书》中说:"读史使人明智,读诗使人聪慧,数学使人精密,哲理使人深刻,伦理学使人有修养,逻辑修辞使人善辩……凡有所学,皆成性格。"说得真是精辟之至。不管什么样的书,都会让我们学到知识,增长见闻,如果边读书边学会思考,懂得运用,那么,还有什么样的智慧是我们不能获取的呢?要善于从书本中学习,善于利用这个人类进步的阶梯,学会踩着这个阶梯为自己的理想和未来铺路搭桥。

二、从实践中学,经验是最好的老师

"纸上得来终觉浅,绝知此事要躬行",从书中学习和从实践中学习,是两种不同的体验。"实践是检验真理的唯一标准",只有通过实践,才能真正证明真理的正确性,只有通过实践,才能检测学习的效果;只有通过实践,才能查漏补缺、发现不足;只有通过实践,才能让我们有实实在在的体会,并且在这种体验中获得深刻的感知,成为我们最牢固的经验,并让我们从中学习到切合实际的知识。

经验是一种无价之宝,即使花再多的钱也不可能买到它;它也不像知识可以靠传授得到,必须要靠自己去体会。越是血淋淋的经验教训,越可以使人避免往后更大的祸患;也就是说,付出越大代价的经验,越值得你珍惜。

三、可以从网络中学

网络之大,无奇不有,网络的神奇相信大家都领略过,一张网支撑着我们所有的生活,网络迅速改变着人们的生活和生产方式,给人们的生活带来了极大的变化,也提供了便利的自我学习条件,使我们能够在最短的时间里了解到最新的资讯,为我们开阔视野,提供丰富的学习资源和更为广阔的学习空间。网络就是一本百科全书,而且无时无刻不在我们身边,是最便捷、最简单,却又最丰富的学习资源。

四、可以从生活中学

生活是一部无字的大书,古代知识分子提倡"读万卷书,行万里路"。读

书学习获取知识诚然重要，但从生活中获取真知也是必不可少的。生活有百味，你每尝一味都会从中体会到不同的道理，悟出不同的人生。生活，就是一本无字的大书，时刻在指导着我们该如何前行；生活中蕴含有无穷无尽的智慧和哲理。生活丰富多彩，生活充满奥秘，生活处处是学问。善于向生活学习的人，是真正懂得学习真谛的人，也是真正会学习的人。不论多么平凡的人，都会从生活中学到无尽的道理，增长无尽的见识。

只要我们愿意学习，学习实际上无处不在。学习归根到底还是一种对生活对事业对人生的态度，因为有态度所以有学习的动力，因为有学习的动力，才能养成学习的习惯，因为有了良好的学习习惯，才对人生事业有了更深的理解和认识，也就决定了事业和人生的高度，所以让我们都用积极的态度去学习，让学习成为一种习惯，让自己更丰富更厚重，也让我们的事业和生活更精彩更完美。

人人皆可为师

《论语·述而》中有言："子曰：三人行，必有我师焉。择其善者而从之，其不善者而改之。"意思是许多人同行，中间必然有能做我们老师的人。我们可以选择比我们优秀的人向他学习，对比我们差一点的，我们可以对照他们的缺点后改正自己的缺点。所以，他们都可以算得上是我们的老师。《论语集注》中朱熹注释此条："三人同行，其一我也，彼二人者，一善一恶，则我从其善，而改其恶焉。"

每个人都有各自的优缺点，有所长有所短。你每天所遇见的每个人都可以使你的知识有所增益。假如你遇见的是一个渔夫，他能帮助你认识神秘的海洋；假如你遇见的是一个猎人，他能告诉你森林中的故事；即使是一个普通的农夫，也会告诉你四季的奥秘……善于学习的人，就会从每一个人的身上学到自己所没有的、所欠缺的知识和技能，每一个人都会成为我们的老师，都是我们学习的对象。

家庭学习也是一样，人人皆可为师，家庭成员之间也各有所长，也可以

家风是最好的教育

互相学习,并且这正是锻造好学家风的重要途径。

有一个家庭很贫寒,家中有位青年爱学习,却苦于自己家境贫寒不能远出家门拜访名师。他的父亲知道了,不觉暗暗抹泪,觉得家贫耽误了儿子的前程,很是愧疚。但这个消息传到青年的爷爷耳中时,却遭到老人的一顿臭骂。爷爷叫来孙子问他:"我是一个平凡的老人,我所知道的你都懂吗?"这位青年忽然间明白了,原来并不需要去找名师,身边不到处都是老师吗?

于是,他不再伤心,而是虚心地向做手艺的哥哥请教手艺的精髓,向父亲学习种田的技巧,向母亲学习做饭,向身边的每一个人,甚至过路人请教,学问大有进展,最终学有所成。

善于学习,人人皆可为师。不善于学习,就会故步自封,最终无路可走。善于学习,则人人皆可为师,只要谦虚好学,吸取他人精华,就能成就自己的不凡。

每个人都有着他独特的优点,多善于向身边的人学习是对自己缺点的完善。善于向他人学习,关键在"善于"。所谓"善于",就是掌握最佳的学习方法,具备强大的学习能力。所以,向他人学习,首先要诚心诚意,而不是走马观花地应付;其次要下真功夫,不是忽悠自己;要学习就要深入,要弄通弄懂弄透彻,不能浅尝辄止。有些人学到一点东西就自满自足起来,以为够用一阵子的了。这种满足是学习的大敌,因为它挡住了继续前进的视线。学习必须从不自满开始,无论取得多好的成绩,也不能停顿;向他人学习,归根到底是为了提高自己。有些人喜欢走出去学习,可是回来后便没有下文了,这是人力、财力的浪费。向他人学习还要改变观念,放下"架子",丢掉"面子",虚心地向他人请教,向家人请教,向身边人请教。见优点就学,见先进就学,只有这样的态度,才能不断提高,不断进步。

一个家庭中,父母孩子之间、夫妻之间、兄弟姐妹之间,都是互相学习的对象。虽说在一个家庭中生活,但并不是大家懂的都一样,各有所长,各有所短,家庭中每个成员只要做到见贤思齐、取长补短,互相学习,必然会更好地促进家庭的和谐和温暖,当然也更有利于建设好学上进、努力奋发、谦虚踏实的家风。

帮助孩子克服骄傲自满

学习最怕的是骄傲自满，因为只要骄傲自满，必然会自大自负，停下学习的脚步，最后使学习受到影响。所以自古以来，谦虚就是深为大家推崇的美德，并且流传下来很多关于谦虚的名言警句。如"谦受益，满招损""谦虚使人进步，骄傲使人落后""虚心竹有低头叶，傲骨梅无仰面花""百尺竿头，还要更进一步"。这些格言警句启迪后人在学习时一定要保持谦虚的态度，对自己有一个正确的衡量，才能不骄傲，不自满，继而才能取得更大的成就。骄傲自满是学不好的，骄傲自满是学习的大忌。下面这则笑话就是对骄傲自满者的绝妙讽刺。

相传，有一位只字不识的财主。一天他请了一位先生到家里来教儿子识字。先生提笔在纸上写了一横，告诉财主的儿子说："这是一"；写了两横，说："这是二"；写了三横，说："这是三"。这时，财主的儿子高兴地叫道："知道了！知道了!"然后跑到父亲那里说他已经学会了写字，用不着先生教了。财主听后也非常高兴，就把先生辞退了。事后有一天，财主家要请一位姓万的人来做客。财主让儿子写一封请帖。儿子在书房里写了半天，还没有写完，财主不断催促。儿子就抱怨道："天下那么多姓，他干吗偏偏要姓万啊？我从早写到晚，到现在才写了五百画。"

财主儿子骄傲自满，以为天下知识，不过是在一横之上相加，闹出了大笑话。但大笑之余，我们是不是也该反思呢？我们有没有骄傲自满的毛病呢？

古人云："学者之病，最忌自高自狭。自高者，如峭壁，时雨过之，须臾溜散，不能分润。自狭者，如瓮盎受水，容担容斗，过其量则溢矣。善学者，其如海乎！旱九年而不枯，受八洲而不满。"意思是做学问的人最忌讳的一个缺点，是自高自大和目光短浅。自高自大的人，如同峭壁，暴雨落下，一会儿就消失了，一点也不能使峭壁湿润。目光短浅的人，如同瓮里盛水，容纳几担几斗还可以，一超过它的最大容量就要溢出来了。善于学习的人，他们的知识如同海洋一样，干旱九年都不会干枯，即便容纳八洲的洪水也不会达到极限。但这种"自高自狭"的"学者之病"，却几乎在我们每一个人身上都或多或少地存在。得了此病，轻则晕头转向，忘乎所以，像那位财主的儿子一样闹出大笑话来；重则事业受挫，乃至性命堪忧，如《三国演义》中的关羽，骄傲无比，最终为他的骄傲付出了生命的惨重代价。

金无足赤，人无完人。骄傲每个人都会有一点。特别是当我们取得了一定的成绩之后，往往都会或多或少地显出一些傲气来，甚至会变得骄傲起来。所以父母一定要注意提醒和警示孩子，杜绝骄傲自满，保持谦虚谨慎，努力学习，永不停步。

一、帮孩子认识到骄傲的危害

可以通过动画片、童话书或者现实中孩子熟悉的人和事，给他们讲解骄傲的害处。抓住一切有利的时机对孩子进行思想教育，但一定要拒绝枯燥式的说教。因为如果家长反复地、了无生趣地讲解一件事情，就会引起孩子的反感，这样的教育是不会起到任何作用的。可以用些名人名言提醒他，如莎士比亚说"一个骄傲的人，结果总是在骄傲里毁灭了自己"等。

二、引导孩子学会客观地看待自己

每个人的身上都有缺点和不足。如果只看到自己的缺点，就容易产生自卑；只看到自己的优点，就会产生自负。所以我们一定要耐心地教导孩子，让他们学会正确客观地看待自己。当孩子陷入自卑的时候，我们要给予适当的鼓励和支持，让他发现自身的优点；当孩子陷入自负的时候，我们也要帮助他认识到自己的不足。

孩子之所以会出现骄傲自负的情绪，通常都是因为过高地估计了自己，认为自己就是最优秀的，什么事情都比别人强。在这种情况下，孩子往往只看到了自己的长处，而看不到自己的短处，或者习惯于拿自己的长处跟别人的短处比较。这时候，我们可以精心策划一些活动，让孩子栽几个跟头，并且给予正确的引导，帮助孩子反思自己的不足，这样孩子自负的心态可能就会在一定程度上减轻。

三、让孩子明白，骄傲只会让人膨胀

低头的穗子最饱满，只有谦虚的学习态度才能学到更多。俗话说得好："一瓶子不满，半瓶子晃荡。"真正有学问、有知识、有技能的人，永远不会骄傲自满。在学习中一定要教孩子牢记：骄傲使人落后，谦虚使人进步，骄傲自满是学习的大忌，杜绝骄傲自满才能一直保持进步。

打造快乐温馨学习型家风

第七章 勤奋好学，爱国爱家的家风助孩子迈向成功

打造学习型家风，与创建学习型家庭是一脉相承、殊途同归的。在学习型家风的家庭中，每一个成员都有良好的学习习惯，更加健康快乐，更加容易获得人生的幸福体验，更快捷赢得成功。学习能使人永远年轻，学习能让家庭更加和睦和健康。学习型家庭是幸福的、快乐的、温馨的、成功的家庭，培育出的子孙也都有着浓烈的学习情怀和学习习惯，都能有所作为。

以国学大师钱穆、钱锺书等为代表的钱家家风，就以好学上进为名。有人问钱家为什么出那么多名人，科学家钱伟长戏说："我们钱家人喜欢读书，书读多了容易当官，当官的容易出名。"这种好读书的家学渊源沿袭至今，钱玄同钱三强父子、钱均夫钱学森父子、钱学熙钱绍武父子等钱氏后代都是勤奋好学的典范。一脉相传，形成了钱家自强好学、一心为民的好家风。

钱氏家族的世代书香，彪炳史册，源远流长，人才辈出的辉煌，最得益于钱氏始祖所极力倡导、精心经营的家风：宣明礼教，读书第一。读书在钱氏家风中占据首位，代代弘扬，得益莫大。

在深厚的"读书第一"家风影响下，钱氏家族热衷学业，苦读上进，文化昌盛。文人群体声名显赫，博学名流踵接不绝。纳土归宋后，钱氏文人群体不断壮大，"钱氏之有籍于朝廷者，殆不可胜数，而以才称于世尝任事者，比比出焉""富贵文物，三百年相续，前代所未见也"。如钱氏五状元：元钱用壬、明钱福、钱士昇；清钱维城、钱棨。宋时人称钱太白的钱易，明末乱世名士钱谦益；清文坛宗师钱陈群，一代通儒钱大昕；藏书名家钱曾等，不胜枚举。近代以来更是出现人才井喷现象，钱玄同、钱学森、钱伟长、钱三强、钱锺书、钱穆等众多科技巨擘、国学大师。

毫无疑问，是好学的家风造就了钱氏众多的人才。好学的家风正是培育良好人才的源头。现代家庭塑造良好的家风就要高度重视好学家风的锻造，培育良好的学习习惯，创建学习型家庭，让家庭成员人人爱学习，个个有成就。

一、要努力给孩子创造一个良好的学习环境

家风是最好的教育

家庭成员之间的和睦、民主平等、互相尊重体贴和充满欢乐的气氛，是家庭学习氛围的基础，父母是家庭生活的主体，夫妻之间的互敬互爱，有利于整个家庭气氛的温馨和谐，对于营造学习的氛围至关重要。

有的父母当着孩子的面经常吵嘴、打架，会在子女心灵上投下阴影，觉得在家里压抑不舒畅，精神上苦闷，感受不到温暖，何谈学习、努力、向上？这样的家庭气氛只会让孩子向坏的方面发展，向家庭之外寻求寄托和温暖，有的因此走向犯罪的深渊，这是家长要特别注意的。只有一个温暖、有爱、积极向上的家庭，才有可能培育出良好的学习风气。

二、父母要做好榜样

父母不爱学习，懒散消极，不思进取，整天就催着孩子学习，不停地向孩子唠叨着要努力，要上进，怎么可能会激发孩子的学习兴趣？孩子只会抱怨：为什么就让我做你们自己不做？所以，家长首先要有好的学习理念、学习态度、学习心态。千万不要认为大人不需要学习，学生才需要学习，一定要在家庭里树立"终身学习"的理念，活到老学到老，养成爱学习、愿学习、会学习的习惯，给孩子带好头，孩子自然而然会跟着学习。

三、要经常沟通，互相交流学习心得和学习方法，共同进步

家长要在家庭里建立畅通无阻的沟通渠道。代沟可以跨越，两代人的心灵上可以产生双向互动，学习与分享是家庭成员之间双向沟通的重要渠道，也是建立良好学习风气的前提。

四、制订合理的学习规则

没有规矩不成方圆，在学校学习有学校的纪律，家庭学习其实也是需要的。特别是对于孩子来说，纪律更重要。比如有的孩子一回家做作业就坐不住板凳，一会儿上厕所，一会儿吃苹果，一会儿玩玩……一个20分钟的作业他能做几个小时，这是非常不好的习惯。家长必须帮着改掉它。比如设定一个学习的时间段，20分钟不能动，坚持就有奖励，这样一段时间后，孩子就会沉稳很多，不再一会儿跑一会儿动了。

五、学会倾听

在忙于生计的同时，家长一定要抽出时间来多了解孩子，与孩子多多沟通，学会倾听孩子内心的想法。切不可随便向孩子发脾气，如果是气急攻心的家长，在面对不听管教的孩子时，通常最直接的反应就是破口大骂。这时候一定要先冷静下来，尝试着多一分耐心，问问孩子这么做的原因是什么。

六、正确地表扬和批评

表扬要讲究方法,既不能泛滥,也不能敷衍,更不能冷漠。表扬要表扬到点上,"热情真诚、实质有效"的表扬,才是孩子前进的动力和源泉。一般来说,孩子都爱听表扬,特别是他确实做得不错时得到的表扬,会产生无穷的动力,变得阳光开朗,积极向上。所以孩子学习有进步,或是学习态度、学习方法有进步和改善的时候,适时地表扬,对于提升孩子的学习动力非常有效。

一般情况下,不要轻易批评孩子。如果真的犯错误了,就要及时地把孩子叫到跟前,郑重其事地批评,指出他错在哪里,分析他错的原因,并要有适当的惩罚措施。要批评,就要把准命脉、切准要害,让他彻底明白。切忌不痛不痒的批评。

七、要从小处着手培养学习的习惯

人的习惯的改变是一个相当困难的事情,必须从小处着眼,从一点一滴做起。具体到家庭实践中,可以从各种生活细节处教会孩子学习,养成学习的习惯。比如客人来到家里,要热情接待,礼貌迎送,不要冷若冰霜,爱理不理;居室的布置要高雅清新,不要俗不可耐;物品摆放要整洁整齐,不要凌乱不堪等。这些生活细节对孩子都具有"无声胜有声"的潜移默化的教育作用,有利于培养学习习惯。

八、给孩子提供学习条件

比如为孩子订购图书、报刊时,要尽量采取指导、建议与商量结合的态度。要鼓励孩子多读书,给孩子一定的自主权,让孩子自己选择一些感兴趣的图书,从而逐步提高阅读的能力。培养孩子良好的阅读习惯,还可带孩子去书店,让他自己挑选自己喜爱的书,对孩子养成良好的读书习惯也是大有裨益。当孩子对某种读物产生兴趣时,要采取主动参与的态度,对孩子的读书活动给予关注。找机会让孩子讲书中精彩的内容,讲他的感想,参与孩子讨论读后感,强化孩子的读书兴趣,使之坚持读书热情。有时候,家长可以在家中举办有趣的读书竞赛活动,让孩子通过参加读书活动,满足其平时无法满足的愿望。

总之,建立学习型家庭,打造学习型家风,需要全体家庭成员的努力,当然,关键在于父母的引导和创造一切有利于学习的条件和环境,营造浓厚的学习氛围,引导和帮助孩子爱上学习,喜欢学习。在一个书香气息浓郁的家庭里，孩子天天受到环境的熏陶，耳濡目染，也会喜欢上读书，爱上学习，养成良好的学习习惯，形成学习家风，成为学习型家庭。

让孝成为孩子的立身之本

　　孝是人世间最高尚、最美好的情感，也是作为一个人最基本、最起码的道德要求。特别是在中国，从古到今，孝都是最基本的社会伦理，最核心的道德传统，最重要的文化内涵，是中国文化的灵魂和精髓。"百善孝为先""人之行莫大于孝"，任何善行都要以孝为先，都不及孝的地位，都不如行孝那样受到大家的称道和赞赏，孝是中华文化的道德之元、教育之本、行为之基。

　　中国传统文化在某种意义上，可以称得上是孝道文化；传统中国社会更是奠基于孝道之上的社会。在中国文化传统里，一个人再有本事，再能干，甚至再伟大，如果没有孝心，未尽孝道，都会被所有人不耻，被全社会所唾弃和鄙视，还会受到严厉的惩罚。

　　清代学者丁柔克在其著作《柳弧》中载有一件因不孝而受到严厉处罚的案例。

　　嘉庆十四年四月十三日奉上谕："朕以孝治天下，……今据湖北巡抚汪疏称，武生邓汉珍与妻黄氏殴母辱姑一案，朕思不孝之罪别无可加，惟有剥皮扬灰。族长不能教诲子弟，当问绞罪。左右邻舍知情不报于上，杖八十，充发乌鲁木齐。教官不能化善，杖六十，充发。府县不能治民，削职为民，子孙永不许入考。黄氏之母不能教诲其女，脸上刺字，游省四门，充发。仍将邓汉珍与妻黄氏发回汉川。邓汉珍之家掘土三尺，永不许居住。邓汉珍之母发湖北布政司，每月给米一担，发银一两体恤。著湖北总督将此案勒碑石，垂谕各省州县卫示知，嗣后倘有不孝，照例治罪。钦此。"

　　意思是，武生邓汉珍和妻子黄氏因为殴打母亲和侮辱姐姐，被处以剥皮扬灰的刑罚，并将相关涉及事件的人均处以刑罚，如不教诲的族长、知情不报的左邻右舍、府县、黄氏母亲等。

　　此案株连之广，处罚之严酷，世所罕见。处罚手段之严酷尤其令人毛发悚然。可见在封建时代，对于不孝之人的惩罚是相当严酷的。"人不孝其亲，不如禽和兽"，在当时的文化氛围和传统观念中，孝是至高无上的人伦道德，是立家治国的根本，是全社会都应遵守的律例，不孝之人，怎么惩处也不为过。历朝历代，都有对于不孝行为的严惩条律。《孝经·五行章》有"五行之属三千，罪莫大于不孝"的说法，规定对不孝者要"斩首枭之"；北齐律首创"重罪十条"，不孝罪则为"十恶不赦"的罪名之一；唐律规定，骂祖父母与父母的要处以绞刑，殴者处以斩刑，从而对不孝的种种罪行做出了更具体的处罚；大清律例明确规定："凡子孙殴祖父母、父母及妻妾殴夫之祖父母、父母者，斩，杀者皆凌迟处死。"

从中我们也可以看出，在中国传统的道德、法律、文化和家庭范畴内，孝都是至为重要的内容。家规家风对于孝道也极为重视，孝是家风的首要内容。这一点，在古代的家风建设中表现得尤为明显。几乎所有的家教、家训、弟子训，都将孝视为第一。古代家训家规中讲孝道的篇章极多，家训中排名第一的就是孝，孝是众多家规家训的共同准则和基本要求。

《颜氏家训》中对于孝的教诲有很多："夫圣贤之书，教人诚孝""父不慈则子不孝，兄不友则弟不恭。"

司马光在《训子孙文》中也说："凡为人子者，出必告、反必面，有宾客不敢坐于正厅，升阶不敢由东阶上，下马不敢当厅，凡事不敢自拟于其父。凡子事父母、妇事舅姑，天欲明咸起，盥漱栉总，具冠带，昧爽适父母、舅姑之所省问。父母、舅姑起，子供药物、妇具晨羞，供具毕，乃退，各从其事。将食，妇请所欲于家长，退具而供之。尊长举箸子，妇乃各退就食"……以孝作为家训的根本。

宋代理学家朱熹在其《家规》中，把"父慈子孝"列为家风第一规制。

明朝朱柏庐的《朱氏女三字经》开头就是"七八岁，讲伦常，第一事，奉爹娘"。

清代成书的《弟子规》中更是明确了每一个人从小就应当如何对待父母，孝敬亲长："父母呼，应勿缓；父母命，行勿懒；父母教，须敬听；父母责，须顺承；冬则温，夏则凊；晨则省，昏则定；出必告，反必面；居有常，业无变；事虽小，勿擅为；苟擅为，子道亏；物虽小，勿私藏；苟私藏，亲心伤。"

清代理学家曾国藩总结出"三致祥"，首先便是孝致祥。

家风是最好的教育

孝是中华传统家风中最重要的内容，也是中华家风的基础。中华家风孝为第一，以孝治家、以孝立家正是中华几千年来的优良传统。所谓"小孝治家、中孝治业、大孝治国"，孝也是历朝历代治国安邦的重要手段之一。在儒家的各种经典中都对孝有专门的阐述，如《论语》中就有19次论述孝，孔子对"孝"的各个方面，都有详细的论述：

孟懿子问孝，子曰："无违。"樊迟御，子告之曰："孟孙问孝于我，我对曰：'无违'。"樊迟曰："何谓也?"子曰："生，事之以礼；死，葬之以礼，祭之以礼。"

孟武伯问孝，子曰："父母唯其疾之忧。"

子游问孝，子曰："今之孝者，是谓能养。至于犬马，皆能有养。不敬，何以别乎?"

子夏问孝，子曰："色难。有事，弟子服其劳；有酒食，先生馔，曾是以为孝乎?"

意思是孟懿子向孔子请教孝的问题，孔子说："不违背。"樊迟赶车，孔子告诉他刚才的事，孔子说："孟孙向我问有关孝的问题,我说：'不违背。'"樊迟没听懂问："什么是不违背呢?"孔子说："父母活着的时候，以'礼'的标准侍奉；故去了，就要以'礼'的标准去埋葬，去祭祀。"孟武伯请教孔子孝的问题，孔子说："对父母能付出当自己孩子生病的时候那种关心的程度才是孝道。"子游问孔子，孔子说："现在所谓的孝顺就是奉养父母亲，但是我们对于狗跟马也能养，如果你不尊敬父母亲，那你跟养狗跟马有什么差别呢?"子夏问什么是孝道，孔子回答说："在父母面前，始终和颜悦色很难。有事情，年轻人去帮着做；有了酒饭，让长辈吃，难道这样就是孝吗?"

这些论述表达了孔子对于孝的理解和感悟，也成为儒家孝道文化的核心伦理。百善孝为先，孝是一切品行和美德的起点，不孝之人不可能受人敬重，不孝之人更不可能取得成功，甚至都不配为人。这是传统文化中对于孝的基本的定义。

在科技飞速发展、时代日新月异的今天，对中国人来说，孝，依然是天经地义的责任，是立身处世的根本，是治家传家的法宝，是家风家教的核心。百善孝为先，重树家风，就是要挖掘传统家风中孝的传统，重新找回孝的意义，让孝的传统代代绵延下去。

孝敬父母是孝道家风的核心

孝敬父母是孝道家风的核心。我们一贯所说的孝,很大程度上是说的对父母的孝顺,然后才扩展到对祖父母、外祖父母及其他长辈的孝敬。因而,对父母的孝是孝的根本和核心。

那么,怎样来孝敬父母呢?在传统的孝道中,孝敬父母至少包括下面六个方面。

一、敬亲

中国传统孝道的精髓在于提倡对父母首先要"敬"和"爱",没有敬和爱,就谈不上孝。孔子曰:"今之孝者,是谓能养。至于犬马,皆能有养,不敬,何以别乎?"这也就是说,对待父母不仅仅是物质供养,关键在于要有对父母的爱,而且这种爱是发自内心的真挚的爱。没有这种爱,不仅谈不上对父母孝敬,而且和饲养犬马没有什么两样。同时,孔子认为,子女履行孝道最困难的就是时刻保持这种"爱",即心情愉悦地对待父母。

二、奉养

这个属于物质层面,是基础的基础。子孙要从物质上供养父母,即赡养父母,"生则养",这是孝敬父母的最低准则。儒家提倡在物质生活上要首先保障父母,如果有肉,要首先让老年人吃。这一点非常重要,孝道强调老年父母在物质生活上的优先性。

三、侍疾

老年人年老体弱,容易得病,因此,中国传统孝道把"侍疾"作为重要内容。侍疾就是如果老年父母生病,要及时诊治,精心照料,多给父母生活和精神上的关怀。

四、立身

《孝经》云:"安身行道,扬名于世,孝之终也。"这就是说,做子女的要"立身"并成就一番事业,才是对父母尽孝。儿女事业上有了成就,父母就会感到高兴,感到光荣,感到自豪。因此,终日无所事事,一生庸庸碌碌,这也是对父母的不孝。

五、谏诤

《孝经》谏诤章指出:"父有争子,则身不陷于不义。故当不义,则子不可以不争于父。"也就是说,在父母有不义的时候,不仅不能顺从,还应谏诤父母,使其改正不义,这样可以防止父母陷于不义。

六、善终

《孝经》指出:"孝子之事亲也,居则致其敬,养则致其乐,病则致其忧,丧则致其哀,祭则致其严,五者备矣,然后能事亲。"儒家的孝道把送葬看得很重,在丧礼时要尽各种礼仪。

做到这六条,就是孝敬父母。但孝敬父母又不仅仅这六条。孝敬孝敬,孝的关键在于"敬"。孝的实质是什么?是尊敬。"孝之至,莫过于尊亲",这是孟子的观点。孟子强调的是赡养父母最需要的是一个"敬"字。这才是孝道的"赡养"和其他的各种"养"的重大而本质的区别。没有"敬"的孝,再多的物质也算不上是真孝。

马有钱是一个个体老板,腰缠万贯,对父母也从不吝啬,大把花钱,父母的吃喝穿戴也非一般人能比,这使全村的老人都很羡慕。村里的老人们都说马家二老是一对福老伴,真有福。马家二老听到后却并无喜色,也没有真正幸福的表情。众人不解,便问马老汉这么好的生活还有啥不知足的?马老汉说:"给你天天堆着鱼肉,就是见不到一次笑脸儿,你说有啥意思?你嘱咐他两句儿吧,他就不爱听了,马上呲儿(斥责)你,'你老知道个啥?别有事没事跟着瞎掺合!有好吃好喝不得了?'"马老太也说:"让我顺心就是吃糠咽菜我都是乐的,你们说我有福,我还说你们有福呢!"

可见,给钱给物,物质齐全,养是养了,却算不得是孝。给了再多物再多钱,父母并没有高兴起来。失却了"敬","养"得再好,也不算真正尽孝。

今天还是有相当多的人认为,孝,就是给父母钱,让他们安度晚年,吃得饱,睡得好,比谁都过得奢侈享乐,就是自己的孝心了。但是,做父母的会因此高兴吗?会因此而觉得得到了儿女的孝敬吗?现代社会发展如此之快,人们的生活水平日益提高,解决父母温饱、赡养父母;甚至让父母过上好的物质生活,已经不是问题了。然而"养"只是为人子女者对于父母最底线的责任而已。如果没有从心里对父母的尊敬,父母也不会因此而感到高兴。你带来的山珍海味父母吃着也味同嚼蜡,你带来的金银珠宝,父母也无心佩戴。

孝的意义不仅仅是侍奉父母、祖父母、岳父母、叔伯父母以及所有家中的老人、长辈，而是要赡养、尊敬，即在家孝敬父母，出外尊敬长者，把家庭敬老观念推广到社会。这就要求人们不仅要孝敬自己的父母，而且也要用同样的感情去敬爱别人的父母。对所有年长的、辈分高的人，都要尽孝，都要尊敬，都要遵守"五伦"准则，并对孤寡老人尽赡养之责，从而使整个社会的敬老爱老之风绵延传承，促进社会和谐。

当然，除了孝敬父母，赡养老人、尊祖敬宗也是传统孝文化的重要内容。如果说孝敬父母是最根本的孝、最直接的孝，最需要具体行动、体现在日常生活中的孝，那么尊祖敬宗则是刻印在中国人骨子里、融进了中国人血液中的孝。从孝这个字的构成来看，孝是一个会意字，上面是个老字，下面是个子字。孝这个字的含义就是说，上一代与下一代是一体、不是分开的两个。上一代还有上一代，过去无始；下一代还有下一代，未来无终，无始无终是一体。所以中国的孝有小孝、大孝、近孝、远孝之别。小孝孝于庭帷，大孝孝于天下；近孝孝于一时，远孝孝于万古。尊敬长辈、孝敬父母的家风也是最基本的家风。

更多培育孩子的感恩之心

孝道文化，实际上也是一种感恩文化。孝敬父母的本质是感激父母的养育之恩，回报父母的无限恩情。那么，有多少人了解，父母对我们的恩情到底有多深？

在中国百家典籍中，也有专门对父母恩情的记述，如《诗经·小雅·蓼莪》："……哀哀父母，生我劬我……父兮生我，母兮鞠我，拊我畜我，长我育我，顾我复我，出入腹我。"道家也有《太上老君说父母恩重难报经》《玄天上帝说报父母恩重经》《太上真一报父母恩重经》《元始洞真慈善孝子报恩成道经》等。佛家也有《佛说父母恩重难报经》，一读此经，才深知父母之恩，真是比山高，比海深，做儿女的怎么也报答不尽。

是啊，父母为我们付出了多少艰辛，牺牲了多少心力，献出了多少爱和关心！无论我们如何来做，也不能报答父母的万千深恩。只有全心全意孝敬父母，尊敬父母，顺从父母，热爱父母，对父母尽孝道，才能对父母的深恩

家风是最好的教育

有所回报。

对父母尽孝，回报父母的恩情，也是培育家庭感恩之心的最好途径。这样的感恩之心，正是在孝敬父母的过程中培养出来的。孝敬父母其实并不需要你轰轰烈烈、铺金洒银，也不需要你鸣锣开道、天下皆知。孝敬父母其实是最平常不过、普通不过的事情，无非是为父母多做一点、多想一点，对父母尊敬一点理解一点，爱父母多一点，让他们高兴一点。具体怎么做，《弟子规》里说得最清楚：

父母呼，应勿缓；父母命，行勿懒；父母教，须敬听；父母责，须顺承。冬则温，夏则凊；晨则省，昏则定；出必告，反必面；居有常，业无变。

事虽小，勿擅为；苟擅为，子道亏；物虽小，勿私藏；苟私藏，亲心伤。亲所好，力为具；亲所恶，谨为去。

身有伤，贻亲忧；德有伤，贻亲羞；亲爱我，孝何难；亲憎我，孝方贤。

亲有过，谏使更；怡吾色，柔吾声；谏不入，悦复谏；号泣随，挞无怨。

亲有疾，药先尝；昼夜侍，不离床；丧三年，常悲咽；居处变，酒肉绝；丧尽礼，祭尽诚；事死者，如事生。

很多人心中有孝，感念父母的恩情，却迟迟没有行动，因为他们觉得一切都还早，父母还年轻，自己的事业还刚刚起步，孝敬父母，以后再说吧。现在先让自己拼出个模样来。于是忙于工作，忙于事业，忙于经营自己的家庭，忙于这，忙于那，心里总想着，等以后吧，等我有了钱，我一定好好孝敬父母，给他们好多的钱，让他们买房买车，让老人家坐在钱堆上随便花；等以后吧，等我有了空儿，带着爸爸妈妈环球旅游，让爸爸妈妈在有生之年潇洒个痛快；等以后吧，以后我天天给我爸妈做好吃的，天天陪着他们一起……孝心就在这一天天的等待中越积越厚，孝行却在这一天天的等待中越行越远。对父母的感恩之心时时都在，但感恩的行动却少之又少，只到某一天，豁然明白，却为时已晚，空留遗恨，徒流悲泪，这才是最不值当的事情。

懂得知恩、感恩的孩子，不仅会孝敬父母，更会体谅他人，尊重他人，感恩他人。对其日后走向社会、建立和谐的人际关系有着重要的作用。所以，培育忠孝家风的同时，也要在家教家风中融入感恩的内容，从小培育孩子的感恩之心。

一、要注意在家庭中培养感恩的习惯

让孩子从小就浸润在感恩的环境里，真心体会感恩之心。如妈妈帮爸爸

做事时，爸爸可以大声地对妈妈说："谢谢!"妈妈接受爸爸的帮助，也要说一声："谢谢!"爸爸送给孩子礼物时，要告诉他这件礼物是爸爸给你的，你要感谢爸爸；这本书是哥哥姐姐送你的，你要谢谢哥哥姐姐。在这种氛围中，孩子耳濡目染，感恩之心会日渐强化，学会感谢父母，回报父母，孝敬父母，将感恩内化于人格之中。

二、在家庭中父母要多给孩子感恩和孝敬的机会

比如下班回家累了，让孩子帮忙拿拖鞋；假装不舒服，请孩子倒杯水给父母喝……让孩子学会给予，懂得父母和别人的给予与帮助是一种"恩惠"，而不是理所当然或者欠他的。

如果孩子没有分一口好吃的给父母，没有记住父母的一个小要求，或者没有主动为父母做事、感谢父母的行为，父母都要适度地批评并及时引导。别让孩子觉得父母对他一无所求，他根本不需要为父母做什么，而是要不停地告诉他，父母的恩情是需要回报的。当然我们不能仅仅这样说，也要用自己的行动来告诉孩子，比如对自己的父母、岳父母、长辈的孝顺和尊敬，都会是孩子学习的最好榜样。

三、要及时表扬孩子的孝敬行为和感恩之心

在孩子回报父母或是为父母做了事情后，不管他是主动还是被动做的，不管他做得是否令人满意，都要发自肺腑地感谢他、赞扬他，鼓励这种良好的行为习惯，那么孩子定会大受鼓舞，会越来越愿意做这样的事情，孝顺行为和感恩之心也就自然而然地培育起来了。

通过在家庭中开展孝敬父母和感恩父母的教育，让孩子知道什么是感恩，为什么要感恩，如何感恩，以实际行动，回报父母和社会，在孝敬父母、回报父母的行为中培育感恩之心。这样的家风培育出来的孩子，一定是懂得感恩和分享的人，将来在学校里、社会上，也必然能得到更多的欢迎和支持。

从小培养爱国思想和情操

爱国是中华民族的传统美德。在中华民族五千年的历史长河中，爱国为国、精忠报国始终是中华民族激昂的主旋律。爱国报国、忠心报国的家风，

也始终是中国家庭自古以来的优良传统。中国人的爱国情怀，可以说是存在于骨子深处的一种本能。但这种情怀不是天生就有的，而是一代又一代人不断教育和培养的结果，几千年传承下来，这种情怀已经深深地刻进了心里，融进了血液中，成为中国文化和家风经久不衰的主旋律。所以建设优秀家风，爱国报国是绝对不能缺少的内容。每一个家庭都应当在家教家训中融入爱国报国的内容，从小培育家庭成员的爱国情怀。

爱国诗人陆游，就特别注重对儿孙的爱国教育，谆谆告诫儿孙要忧国忧民，忠君报国。他在《示儿》中说："死去元知万事空，但悲不见九州同。王师北定中原日，家祭无忘告乃翁。"一片忠心，尽在其中。在《病中示儿辈》中，他希望儿子事事都要以那些恬不知耻的卖国贼为鉴，切不可学他们的样子，教育儿孙一定要忠心为国，爱国报国。而陆游能成为一个爱国诗人，也与他的家教大有关系。

陆游童年时，金王朝女真族大举南侵，祖国山河，四分五裂，中原人民，妻离子散。陆游还在襁褓之中时，就随同全家逃避兵乱，流离转徙，困苦万状。他的父亲陆宰是个具有爱国思想的士大夫，曾和广大军民一道进行过反抗侵略的斗争。绍兴十年（1140），岳飞大败金兵，赵构、秦桧连下十二道金牌，将岳飞调回，以"莫须有"的罪名将其下狱致死。看到这种情况，爱国志士痛心疾首。陆游的父亲和朋友们在一起聚会时，总要谈到人民生灵涂炭、金人残暴肆虐的情景，常常气得咬牙切齿，谈到秦桧的卖国行为，更是个个怒发冲冠，拍案痛骂。客人走后，陆游的父亲经常一个人呆呆地坐着，黯然落泪。这一幕幕动人肺腑的情景，给陆游上了一堂堂生动的爱国忧民教育课。

同时，陆游也把这种家风传给了儿孙。据记载，陆游家训共二十六则，其从四十多岁开始写，直到八十余岁仍在不断增补。陆游很重视子女教育，写了一百多首教育儿子的诗。以这种形式传递家风，他的爱国思想也深印在了儿孙的心中。

爱国是每个人最基本的义务，也是所有家庭都应该注重的家风。因为没有一个人可以离得开国家，没有天哪有地，没有国哪有家？家是最小国，国是千万家。国之不存，家之焉在？只有国家富强，家才会兴旺。所以爱国是中国家风建设中的重要内容，要求子女倾力践行。这样的家训比比皆是，明朝文学家吕坤在他的家训中说："瞒人之事弗为，害人之心弗存，有益国家之事虽死弗避。"开国元帅陈毅的家训就是"祖国如有难，汝应作前锋"，这些都强烈地表达了他们的爱国情怀和对儿孙爱国报国的满腔期望。

那么一个家庭，怎样才能在家风传承中进行爱国教育呢？

一、多给孩子讲爱国故事

父母要经常给孩子讲中华民族悠久的历史，灿烂的文化，和无数引以为豪的科技发明、壮丽山河。比如多讲上下五千年的中国历史，古代的四大发明；多讲屈原、岳飞、文天祥、郑成功等古代爱国人士的故事；讲林则徐、邓世昌、孙中山等近代爱国志士的故事；讲吉鸿昌、杨靖宇、赵尚志、邱少云、黄继光等现代爱国将士的故事；讲中国女排、航天英雄的故事；让孩子在故事中了解英雄的信仰和高尚品质，在故事中感受到仁人志士爱国报国的一腔热血，领悟到爱国报国的高尚，从小激发爱国热情。

二、以身作则，多讲爱国话

从一言一行中表现对祖国的热爱之情。从小就教孩子认识自己的祖国，并在生活中时时记住夸夸自己的祖国，要让孩子以自己是中国人而感到骄傲和自豪，多讲自己身为中国人而骄傲，并且在任何时候、任何行为中都本着不为中国人丢脸的信念来做。久而久之，对祖国的美好感情也会在孩子的心中建立起来。

三、引导孩子多读爱国书

多感受爱国报国的情怀，为国增光的骄傲。家长要引导孩子读读《上下五千年》《我们是中国人》《中国之最》等读物，让他们从书中知道祖国的伟大，增强他们的民族自尊心与自豪感。平常在看体育比赛时，和孩子一起观看，让他亲自体会运动员为国争光的精神和意志，体会作为体育强国中的一员所拥有的自豪感，并且对为国增光的运动员给予衷心的赞叹，让孩子明白这样做也是报国的方式。家长要设法克服自己的一些偏爱，要带孩子看爱国题材的电影电视，让孩子在场景气氛中受到熏陶，接受教育。这些都是很好的爱国教育的方式。

四、多让孩子了解祖国大家庭

通过画报和地图告诉孩子中华民族是一个多民族的大家庭。让孩子知道除了自己周围的人以外，在这片土地上还生活着一些和自己生活习惯、衣着服饰、饮食文化、居住环境都大不相同的人，而这些人有一个共同的名字：中国人。有机会的话，品尝一些民族小吃，听不同的民族音乐，都是丰富孩子对祖国的认识的好办法。或者让孩子亲身游历祖国的大好山河，或者去参观各种纪念馆、博物馆、文物古迹，既陶冶了身心，也能激发出他对祖国大好山河的热爱之情。

五、多给孩子灌输爱国思想

比如教给孩子一些国防知识，引导他树立保家卫国、报效祖国的理想。平常多带带孩子到纪念馆、博物馆、烈士陵园等爱国主义教育基地参观学习，让孩子既看到我们中国光辉的历史，又看到今天突飞猛进日新月异的发展变化，从而更加热爱今天的中国。

六、引导孩子从身边的事情做起，培养爱心

由小及大，由爱爸爸妈妈、爱老师、爱班级、爱社区、爱家乡再到爱祖国、报效祖国。

如果一个家庭有这样的家风，父母长辈经常这样对孩子进行爱国教育，长此以往，爱国报国的思想也就在孩子的心中根深蒂固，自觉继承和发扬爱国主义的光荣传统，时刻准备着报国，并以此为家教准则，爱国家风也就会这样一代一代传承下去。

教导孩子以报效祖国为愿景

要锻造爱国家风，不仅要在家庭中营造爱国报国的氛围，还要把时刻以国家为重、以报效祖国为己任的思想贯穿到家庭教育的各个方面，让家庭中的每一个成员都感受到爱国的热情，都把爱国作为自己应有的责任和义务，以报效祖国为己任，把报效祖国作为家庭的共同愿景，那么，爱国的家风更容易形成。

有"中国知识分子第一人"之称的梁启超，在政治和学术方面有卓越成就，其爱国报国的家风也一直为人称道。梁启超有九个儿女，个个成才，而且其中有三位院士，一位图书馆学专家，都是国家的顶级人才，他们都一心想着报效祖国，为建设祖国贡献出了全部的力量，而这正是良好家风孕育的结果。

在儿女们年幼时，梁启超就着力培养他们的爱国精神，在日本时，就给他们讲述爱国英雄的故事，从而使民族英雄的精神印入儿女的脑海。孩子们长大进学校后,梁启超从不放松对他们的教育。对留学国外的孩子学成回国做什么,都有细致的考虑。他要梁思成在美国学习结束后,再到欧洲学一年回国,并建议回国后的梁思成到东北大学工作。他同意梁思永在美学习考古期间,回国实践一年再出国继续求学的要求,以便将国外新考古方法运用到中国。他要梁思庄学生物学和图书馆学,回国后和梁思永一起当他的助手。他要梁思忠在美国陆军学校读完书后回国入黄埔军校。他请谢国桢做家庭教师,教梁思达、梁思懿、梁思宁念中文,以便将来报效祖国。

梁思成是我国著名的建筑学家。因为早年车祸伤及脊椎,后来得了脊椎软骨硬化症,其妻林徽因也有严重的肺病。当时美国的一些大学和科研机构想聘他们夫妇去工作。这样对他们夫妇治病也大有好处,但他们回答说:"我们的祖国正在灾难之中,我们不能离开她,哪怕仅仅是暂时的。"新中国成立前夕,梁思成帮助解放军标明北京市内古文物的位置,以免遭到炮轰,为保护首都古迹做出了重要贡献。

梁思礼是中国航天事业的奠基人,也是当代中国导弹控制系统的带头人,为我国的航天事业做出了重要贡献。

梁思永是考古学家,长期工作在考古战线上,梁思懿、梁思宁主要在国内从事社会政治活动,梁思达夫妇坚持留在大陆,长期在金融系统工作。

梁启超的子女教育成为他教育思想和人生信念的最成功的实验,九个子女人人学有所长,个个忠心报国。

这样的家风传承到孙辈时依然如是,以爱国为第一。梁思成和林徽因的女儿梁再冰说:"我们的家风就是不能只想到家,应该首先想到国,先有国才有家。"

梁思礼的女儿梁旋说:"祖父说,人必有爱国心,然后方可以用大事。父亲经常用这句话教育我们,为祖国奉献全部。"

"一生家国梦,几代赤子心!"梁启超是真正的爱国者,不论是"公车上书"时的壮举,还是《少年中国说》的正义,抑或是对子女报效祖国的教育,无一不是爱国的表现。梁家的爱国家风,也正是由此而来的。

家风是无言的教育,家庭里崇尚什么,就会育出什么样的人才。家庭中把报效祖国作为全家的愿景,每一个成员都必然会成长为爱国爱家、愿意为了家国而牺牲、为家国而献出一切的人。

热爱祖国、报效祖国,为祖国愿意献出一切,任何时候绝不背叛祖国,

家风是最好的教育

这是一种爱国主义的价值观,是由很多具体的,甚至很细小的行为及其判断而逐渐形成的,这些行为和认识都是从家庭的日常生活中获得的。当一个家庭把热爱祖国作为基本的价值观、把报效祖国作为家庭的共同愿景时,无形之中已经把爱国情怀深植于家庭的每一个成员心中,爱国也就成为家庭的共同价值观。如屈原、陆游、文天祥、辛弃疾、岳飞、陆秀夫、史可法、郑成功、林则徐、关天培、邓世昌……古往今来,多少仁人志士为国为民舍生忘死,倾尽一切,多少爱国英雄抛头颅、洒热血,至死不渝,这些都是家风滋养的结果。

天下兴亡,匹夫有责;国家兴亡,更是每一个国民的责任!报效祖国,也是我们每一个人义不容辞的责任和义务。

报效祖国,不仅仅是抛头颅、洒热血、上前线,为保卫祖国而牺牲一切,在今天这样的和平时代,报效祖国还有更多样的方式,更宽广的途径。发挥自己的特长,当体育运动员为国争光,是报效祖国;当一个法官做一个警察,为实现社会法治而努力工作,也是报效祖国;当一个新时代的军人,保家卫国也是报效祖国;做一个平凡普通的人,在自己平凡普通的岗位上默默工作,为祖国的经济建设添砖加瓦,同样是报效祖国。

所以,在家庭里,设定报效祖国的愿景,并不需要那些高大上的目标,把自己分内的事情做好就可以了。当学生的好好学习,学好本领;上班的好好工作,把工作做出成绩,就是自己的爱国报国方式。一个家庭把报效祖国作为家庭的共同愿景,家规家训中应当要明确列出爱国的条目,规定损害祖国利益、背叛祖国的事情绝不能做,同时鼓励爱国报国的行为;在平常的家庭生活中也需要时时强调报国愿景,激发每一个家庭成员的爱国心报国志,树立为国效力的理想。

树立爱国心的途径有很多,例如,家庭旅游时有意识地启发孩子去认识祖国河山之美;家庭团聚、朋友聚会时,特别提醒孩子去体会亲情友情和团体之情;看展览、读课外书,甚至每天看电视节目时,尽量安排与孩子讨论的环节,明是非,辨荣耻,谈报国,点滴之间传递爱国的观念;遇人遇事,多一些和孩子的沟通及讨论,多让孩子接触民族的、传统的历史和文化,如此种种看似细小的行为,都是对孩子进行国家观念教育的好机会。平常多讲一些爱国报国的故事,看爱国电影,读爱国书,让孩子多接触一些国家发展的历史,培养孩子的民族自豪感的同时,也能激发他们的爱国报国热情。这样的教育，润物细无声，与生硬的、死板的教诲相比，孩子对爱国主义理念的理解是具体的、生动的，这样的教育方式往往能够取得事半功倍的效果。

同时，作为家长，要给家庭成员树立良好的榜样。平常多利用家庭生活亲密、随时、琐碎等特点，把爱国和报国的思想，尽可能生活化、具体化、形象化，从小事、小节、细致具体的行为入手，向榜样学习，强化报国之心，从而使报国理想深入到每一个家庭成员的内心。

引导孩子把爱国落实到行动上

热爱祖国、报效祖国，不应当只是一句空荡荡的口号，也不应当只是挂在墙上的标语，而应当是出自内心的自觉和实实在在的行动。所以建设爱国家风，不能光喊口号，要把爱国报国落实到实实在在的行动上，比如说，以家庭为单位参加各种各样的爱国活动，用行动强化爱国之心，把爱国之心落实到爱国之行上，爱国家风就会很容易形成。

有很多家庭，在清明节的时候会带孩子一起专门去烈士陵园祭奠先烈，给孩子讲述前辈英烈的英雄事迹，传递他们的爱国精神，从而把爱国思想植入孩子的内心。

小张是北京一家公司的职工，但父母、祖父母都是老革命，清明节祭奠先烈是他们家的老传统，这种家风一直传承到现在。小张的儿子八岁时，就已经参与过八次祭奠英烈的活动，对英烈的崇拜让孩子从小在心里树立起了爱国理想。

小张说，他很看重清明扫墓祭奠这个仪式，每年清明他们家都会为英烈扫墓，这已经成为家庭传统。借扫墓的机会，也向孩子讲述爷爷、祖爷爷及英烈们的故事，让孩子从小体味祖辈的爱国情怀，体味血脉亲情，饮水思源，不忘烈士之恩。通过给烈士献花、点烛、祭酒，表达对这些爱国志士的崇敬和追怀之心，也让为国尽忠的思想在孩子的心中扎下根。

除了清明节祭奠先烈，平常日子小张也会带儿子去革命历史博物馆、抗日战争纪念馆等爱国主义教育基地，参观学习，并积极参加基地组织的各项爱国活动，观看爱国教育专题片等。

家风是最好的教育

实实在在的行动,对于一个家庭特别是对于孩子来说,是最有效的教育。所以,在家庭中开展爱国主义教育,培育爱国主义思想,不仅需要在家规家训中特别强调,更需要多参加一些实实在在的爱国主义活动,从实践和体验中让爱国主义思想深入灵魂。

除了祭奠英烈,还有很多爱国主义活动,家长都可以带全家一起尽可能地参与进去。每一次参与都将是一次心灵的洗礼,都会让爱国主义的思想在脑海中打下更深的烙印。比如参加植树活动、公益劳动、爱国主义基地参观活动,看望老红军、拜访英雄人物等,还可以参加国粹教育、国耻教育、国情教育、国策教育、国格教育的活动,让孩子充分认识和了解祖国,认识到祖国的历史是一部光辉灿烂的历史,同时又是一部屈辱史,认识到落后就要挨打的道理,引导孩子树立强烈的民族自尊心、自信心,增强民族认同感和归属感,动之以情、晓之以理,激发他们强烈的社会责任感和爱国热情。只要积极引导,孩子们就会在这些实践活动中获得从书本上无法得到的东西,形成有自家特色的爱国家风。

第八章

华夏先贤家规家训

家风是最好的教育

山东曲阜孔府：诗礼庭训为孔氏子孙画出人生坐标

孔氏家规摘编

尚诗礼：不学诗，无以言。不学礼，无以立。

——《论语·季氏》

祖训宗规，朝夕教训子孙，务要读书明理，显亲扬名，勿得入于流俗，甘为人下。

善治家：谱牒之设，正所以联同支而亲一本。务宜父慈子孝，兄友弟恭，雍睦一堂，方不愧为圣裔。

春秋祭祀，各随土宜。必丰必洁，必诚必敬。此报本追远之道，子孙所当知者。

圣裔设立族长，给与衣顶，原以总理圣谱，约束族人，务要克己秉公，庶足以为族望。

重伦理：凡有职官员不可擅辱。如遇大事，申奏朝廷，小事仍请本家族长责究。

婚姻嫁娶，理伦守重。子孙间有不幸再婚再嫁，必慎必戒。

为良吏：崇儒重道，好礼尚德，孔门素为佩服。为子孙者，勿嗜利忘义，出入衙门，有亏先德。

子孙出仕者，凡遇民间词讼，所犯自有虚实，务从理断而哀矜勿喜，庶不愧为良吏。

急国课：孔氏子孙徙寓各府州县，朝廷追念圣裔，优免差徭，其正供国课，只凭族长催征。皇恩深为浩大。宜各踊跃输将，照限完纳，勿误有司奏销之期。

——《孔氏祖训箴规》

谨记圣人教训，不忘祖宗法度

由于孔子在中国传统文化中的特殊地位，孔氏家族有"天下第一家"之美誉，在继承和弘扬孔子儒学精神方面，孔氏家族尤其孔子直系后裔担当着特殊使命。

　　春秋末年以降，在传承孔子思想方面，孔子后裔往往是走在前列的。孔子子孙遵循孔子教诲，学诗学礼，以传其家，形成了相沿很久的孔氏家学。孔子后裔中不仅出现了像述圣子思子、孔安国这样的儒学大师，而且很多重要的孔子遗说、古代经典，都有他们的整理与传述之功。

　　历朝历代都重视发挥孔子后裔弘扬孔子思想的作用。宋朝建立之初，封孔子第四十三世孙孔仁玉为"文宣公"。到孔子第四十六世孙孔宗愿时，宋仁宗改其封号为"衍圣公"，这一封号一直沿袭八百多年。明太祖朱元璋初定天下，还在干戈抢攘之时，他便征召耆儒，讲论道德，修明治术。后来，他兴礼乐，明教化，建太学，下令各郡县皆立学校，诏天下"通祀孔子"。他认为，孔子之道足以"为万世法"，还说"武定祸乱，文致太平，悉此道也"。他亲笔敕谕孔子第五十五代孙孔克坚，希望他发扬孔子"重教于世，扶植纲常"的精神。还召见孔克坚，称道孔子留下了"垂宪万世的好法度"，希望孔子子孙好好读书，以"领袖世儒"，"益展圣道之用"。

　　事实上，作为孔子后裔的价值标准与行为规范，《孔氏祖训箴规》等家训族规，也体现了中华文化的精髓和中华民族的人文精神。其中像"诗礼传家""礼门义路"之类，恰是孔孟之道的精华。人是一个"自然人"，还是一个"社会人"，为此，人必须首先明白"人之所以为人"的道理。孔子说："谁能出不由户，何莫由斯道也？"在他看来，人不能出不由户，何故无人由道而行？孟子则说："夫义，路也；礼，门也。惟君子能由是路，出入是门也。"所以，在许多孔庙的建筑中，在山东邹城孟府的门额上，都有"礼门义路"的字样，儒家典籍说得很明白："礼也者，理也"；又说"义者，宜也"。遵守社会规范，按照该做的去做，乃天经地义、理所当然。显而易见，这是告诫人们，人应该懂得是非、善恶、邪正、美丑。人生在世，要有健全的人格，要明白"之所以为人"，就要循理而动。

　　早在东周春秋时期，无论培养士人，还是孔子施教，都十分重视诗书礼乐。何以如此？因为诗书被视为"义之府"，礼乐被看作"德之则"，它们是价值的渊薮，是德行的标准。作为"义"与"德"的载体，"诗书礼乐"的功能，在于告诉人们做人的道理。这就是说，那时重视"说礼乐而敦诗书"，是由"诗书""礼乐"的本质属性所决定的。"诗书礼乐"之教，说到底是关于"文德"的教育，是"人生观"教育。

家风是最好的教育

时至今日，孔子所确立和阐述的许多价值观念仍然是人们的立足点。孔子系统反思历史与现实，深刻认识社会与人生，梁漱溟先生曾说，"孔子以前的中国文化差不多都收在孔子手里"。经过两千多年的检验，孔子思想的价值显得愈加珍贵。孔子的思想影响了孔子后裔和孔氏家族，同样深刻影响了中华民族大家庭中的千千万万个家族。在践行和弘扬社会主义核心价值观和建树民族文化信仰的今天，尤其需要谨记圣人教训，不忘祖宗法度。

品读名人家风

孔氏家规，散见于历代传记、谱牒、杂记史料中，主要是谱牒中的记载比较具体。它经过长时间积累、修订而成，比较繁杂，并非一蹴而就。

家规内容可分为三部分：第一，原颁条例，即衍圣公府所颁布的《孔氏祖训箴规》；第二，流寓外地孔氏族人，根据训规精神，结合各所流寓地及本支族人的具体情况，自订的家规。第三，是孔氏家族修谱时所订立的条规及行辈，它们是前两部分的补充性规定。

孔氏家规的代表为明代的原颁条例即《孔氏祖训箴规》。它是第六十四代衍圣公孔尚贤总结先人教诲、自身经历反思的结果。其主要目的是告诫族人要"崇儒重道，好礼尚德，务要读书明理"。核心理念是"勿要嗜利忘义，勿要有辱圣门"。《孔氏祖训箴规》在家庭生活方面，要求子孙祭祀祖先，不忘其本；与家人相处要遵循父慈子孝，兄友弟恭的和睦原则。在个人行为方面，则强调面对利益勿嗜利忘义，管理公务要秉承克己秉公的原则。

范仲淹：一生先忧后乐，千载廉俭家风

范氏家规摘编

志高远：先天下之忧而忧，后天下之乐而乐。

——《岳阳楼记》

勤读圣贤书，尊师如重亲。

——《范文正公家训百字铭》

且温习文字，清心洁行，以自树立平生之称。当见大节，不必窃论曲直，

取小名招大悔矣。

　　　　　　　　　　　　　　——范仲淹《诫诸子书》

　　厚人伦：家族之中，不论亲疏，当念同宗共祖，一脉相传，务要和睦相处，不许相残、相妒、相争、相夺，凡遇吉凶诸事，皆当相助、相扶，庶几和气致祥，永远吾族家人炽昌般。

　　　　　　　　　　　　　　——范仲淹亲定《六十一字族规》

　　孝道当竭力，忠勇表丹诚；兄弟互相助，慈悲无过境。

　　睦四邻：礼义勿疏狂，逊让敦睦邻。敬长舆怀幼，怜恤孤寡贫。

　　　　　　　　　　　　　　——《范文正公家训百字铭》

　　乡里、外姻亲戚，如贫窘中非次急难，或遇年饥不能度日，诸房共同相度诣，即于义田米内量行济助。

　　　　　　　　　　　　　　——范仲淹《义庄规矩》

　　俭养德：谦恭尚廉洁，绝戒骄傲情。字纸莫乱废，须报五谷恩。

　　　　　　　　　　　　　　——《范文正公家训百字铭》

　　惟俭可以助廉，惟恕可以成德。

　　　　　　　　　　　　　　——《宋史·范纯仁传》

　　清白吏：京师少往还，凡见利处，便须思患。老夫屡经风波，惟能忍穷，故得免祸。

　　汝守官处小心，不得欺事，与同官和睦多礼，莫纵乡亲来部下兴贩，自家且一向清心做官，莫营私利。当看老叔白来如何，还曾茸私否？自家好，家门各为好事，以光祖宗。

　　　　　　　　　　　　　　——范仲淹《诫诸子书》

　　守规矩：作事循天理，博爱惜生灵。

　　　　　　　　　　　　　　——《范文正公家训百字铭》

　　利贞能载物，柔顺以承天。

　　　　　　　　　　　　　　——范家大院享堂楹联

家风代代传惠泽永不息

　　范氏家规家风有四个特点：一是厚人伦，二是明奖惩，三是讲公正，四是惠四邻。家风明确规定：凡我范氏族人，以上美德务必代代相传，以保持并发扬范氏源远流长的优良家风。

家风是最好的教育

范仲淹的家风在罗江县得到了实实在在的传承,在一百多年的时间里,范氏后人不断完善,制订了《范氏家规》13条、《新定族规》10条和《范氏传统家风》8条,内容涉及子孙教育、婚丧嫁娶、礼义廉耻、产业管理、行善布施、奖惩考核等方面。范氏后人世世代代身体力行,多年来,范氏家族中鲜闻违法乱纪之事。

在这样优良的家风熏陶下,范氏后人诗礼传家,人才辈出,罗江县这一脉中就有与陈毅元帅成为莫逆之交的民主革命先锋范英士,以及最早参演《黄河大合唱》的范氏两姐妹。

范氏家风不仅在家族中传承,而且影响了这一方土地。罗江县全县127个村,每个村在十年前就成立了公民道德协会用以帮助那些需要帮助的人。两年前又在四川省成立了第一个邻里乡亲互助会,这和范仲淹早年创办"范氏义庄"的宗旨和范氏家族要求"惠四邻"的家风一脉相承。

品读名人家风

范仲淹(989—1052),字希文,苏州市吴县人,北宋政治家、军事家、文学家、教育家,谥号"文正",历任兴化县令、秘阁校理、陈州通判、苏州知州、陕西经略安抚招讨副使等职,后官至参知政事(副宰相),有《范文正公集》传世。他倡导的"先忧后乐"思想和仁人志士节操,是中华文明史上流光溢彩的精神财富。

范仲淹治家甚严,亲定《六十一字族规》和《义庄规矩》,并且专门写《诫诸子书》教育自家子弟。后代依其训导整理形成了《范文正公家训百字铭》,教导儿孙后代做人要正心修身、积德行善,教导族人要和睦共处、相扶相助。

罗江县范民族人谨遵祖训,不断完善,将范仲淹"先忧后乐"的家国情怀和"谦恭自律"的仁人志士节操融化到族人的日常规范中,并由此制订了《范氏家规》13条、《新定族规》10条和《范氏传统家风》8条,其内容涉及子孙教育、婚丧嫁娶、礼义廉耻、产业管理、行善布施、奖惩考核等方方面面,要求"凡我范氏族人,以上美德务必代代相传,以保持并发扬我范氏源远流长的优良家风"。

范氏家规家风特色有四:一是厚人伦,崇尚孝顺父母、兄弟恭让、勤劳俭朴的持家原则;二是明奖惩,凡对家族有贡献者均以奖励,反之则进行处罚;三是讲公正,对佃户的管理均公正无私,不乱克扣,严禁中饱私囊;四是惠四邻,对于困难的族人、乡亲均应"筹款尽善"。

林则徐:一代忠贞垂史传

林则徐家规摘编

存心不善,风水无益;

不孝父母,奉神无益;

兄弟不和,交友无益;

行止不端,读书无益;

心高气傲,博学无益;

作事乖张,聪明无益;

不惜元气,服药无益;

时运不通,妄求无益;

妄取人财,布施无益;

淫恶肆欲,阴骘无益。

志存高远,慎守儒风

林则徐提出"十无益"的做人准则,与他的人生经历有着密切的关系。1785年8月30日夜,福州左营司巷一间低矮破落的民房里,一个男婴降生了,他就是被后人称为民族英雄的林则徐。究竟是什么,让这个当时福州城里再普通不过的平民之家,养育出如此了不起的人物?

林则徐小时候是非常苦的,清贫磨炼林则徐的坚强意志,所以他幼小的生活就深深地印在他脑海里。

父母的言传身教在林则徐幼小的心灵里转化成终生受用的精神财富;而林则徐本人,也用淡泊、仁爱、勤勉的家风,身体力行,教育后代。在林则徐纪念馆的第一展厅,悬挂着这样一副林则徐书写的对联:"师友肯临容膝地,儿孙莫负等身书",意思就是说,老师和朋友能够来到只能容纳膝盖大的地方学习,他非常高兴,希望儿孙们要勤奋读书,努力做到博学多才,不辜负父辈们的殷切希望。

家风是最好的教育

　　1839年，林则徐奉命当上钦差大臣，一路风尘仆仆，刚到广州他就给夫人写了一封信，信中郑重告诫他的夫人，当官不易，做大官更难，我自己是毕恭毕敬，奉命唯谨，要告诉两个儿子，一定要千万务须谨慎，不可仰仗乃父的势力，到官府走动，或者干预地方上的事情。从这里可以看出来，林则徐一生确实是非常谨慎，所以他能够始终保持那么好的官声，这跟他自己遵守父亲对他的告诫密不可分，另外一方面他也按照这样的一个家风，告诉他的夫人，教育他的孩子，在这一点上，他是一脉相承他的家风。

　　重读林则徐的经典家训，回顾其感人的家教故事，不仅仅因为它展现了民族英雄林则徐非凡的人格魅力和崇高的思想境界，更因为其中蕴含的优秀传统文化焕发出的智慧之光。

品读名人家风

　　林则徐（1785—1850），福建侯官（今福建省福州市）人，清代杰出的政治家、思想家、民族英雄。他本着"苟利国家生死以，岂因祸福避趋之"和"海纳百川，有容乃大；壁立千仞，无欲则刚"的人生态度，坚决维护国家主权和民族利益，主持了震惊中外的"虎门销烟"，并粉碎了英国侵略者的多次武装挑衅，表现了坚贞不渝的爱国主义精神。在三十多年的政治生涯中，林则徐历官14省，统兵40万，为官清廉刚正，关心民隐，为民众所称颂。林则徐一生以爱国主义对待国家，以重民思想对待人民，以改革精神对待社会，以廉洁自律对待自己，为后人树起了一座不朽的丰碑。

　　林则徐的传世家训，叫作"十无益"格言。当时林则徐面对社会世风日下，道德沦丧，他综合社会上流传的格言，写下这篇传家之训。这篇家训不仅是林则徐个人的修身标准，更是教导子孙后代为人处世的经典范本。

张之洞：诗书寄厚望　教诲启后人

张之洞家训摘编

　　续辈诗：仁厚遵家法，忠良报国恩。通津为世用，明道守如珍。

——张之洞《续辈诗》

教子警言：兄弟不可争产，志须在报国，勤学立品；君子小人，要看得清楚，不可自居下流。

——张之洞临终遗言

致儿子书：父母爱子，无微不至，其言恨不能一日不离汝，然必令汝出门者，盖欲汝用功上进，为后日国家干城之器、有用之才耳。汝今既入此，应努力上进，尽得其奥。勿惮劳，勿恃贵，勇猛刚毅，务必养成一军人资格。汝尽力求学，勿妄外骛。汝苟竿头日上，余亦心广体胖矣。

余五旬外之人也，服官一品，名满天下，然犹兢兢也，常自恐惧，不敢放恣。汝随余久，当必亲炙之，勿自以为贵介子弟而漫不经心，此则非余之所望于尔也，汝其慎之。

——张之洞五月十九日《致儿子书》

当稍知稼穑之艰难，尽其求学之本分。非然者，即学成归国，亦必无一事能为。民情不知，世事不晓，晋帝之何不食肉糜，其病即在此也。况汝军人也，军人应较常人吃苦尤甚。

而今而后，速收尔邪心，努力学习，非遇星期，不必出校。即星期出校，亦不得擅宿在外。庶几开支可省，学业不荒。光阴可贵，求学不易。儿究非十五六之青年，此中甘苦，应自知之。毋负老人训也。

——张之洞八月初九日《复儿子书》

致双亲书：大人恒言，文章为物，非以娱人，实以载道。又言国家设科举士，首重敦厚之士，有为之才，而非取靡靡者供奔走之役也。儿奉大人教诲，当尽力取法乎上，绝不敢枉道诡遇，以负大人。

——张之洞三月二十二日《致双亲书》

大人前次训谕，谓操守宜廉洁，办事宜谨慎，待人宜宽和，此真大人金玉良言，儿虽不肖，敢不永矢勿谖。儿幸赖祖宗盛德，大人督教，得有今日，然衡文批卷之际，常凛凛自惧，恐有不足，上负朝廷，下负大人。故除生员考卷托俊虞伯代阅外，童生试卷，无论何如必亲自检阅，遇有怀疑之处，亦绝不敢私心自用，必博访周咨，得其详而后已。儿虽才学不多，阅历不广，然必尽其力之所及，不敢一毫轻轻放过。

——张之洞十二月初四日《致双亲书》

家风是最好的教育

言传身教　家风传世

张之洞祖上数代为官,虽然职位并不是都很显赫,但他们都留下了"清介廉能"的好名声。张之洞的父亲张锳在教育子女时,重在传承清正家风。张之洞五岁左右就开始学习,张锳聘请当地有名的学者为他传授儒家经典。张之洞八岁就熟读了四书五经,十岁开始学习诗文。除了名师教导,张锳还亲自教育孩子,他曾经对张之洞说过:"贫,吾家风。汝等当力学!"可以说,父亲张锳是张之洞最好的老师,他用自己的言行给孩子们做了榜样。

父亲的教导对张之洞的教育思想产生了非常明显的影响。关于张之洞如何教育自己的孩子,史料中留存的资料并不多,不过,我们可以从1903年颁布的、由张之洞参与修订的《奏定蒙养院章程及家庭教育法章程》中找到一些线索。《奏定蒙养院章程及家庭教育法章程》中的许多观点,如"蒙养家教合一""远于浅薄之恶风,习于善良之轨范""示以善良之事物,使则效之"等,这些都是张之洞接受家庭教育和自己教育子女经验的总结。

张之洞不仅重视孩子们的启蒙教育,对成年后的子孙,也丝毫没有忽视对他们的教导。1898年,张之洞的长子张仁权得中贡士,赐同进士出身,谶分户部任职。正是春风得意马蹄疾的时候,张之洞却要求他到海外游学,"今洋务最为当务之急,故拟令其至海外一游,或可开阔胸襟,增益不能"。更让世人惊诧的是,身为湖广总督、每年官派留学人数百人的张之洞,却让儿子舍近求远,到广东巡抚鹿传麟处出国,并且在给鹿传麟的信上写明"该员自备资斧,不领薪水"。张之洞坚持让儿子自费出国,除了这样做可以"于公事毫无干涉,于他人毫无妨碍"之外,更在于他要让儿子懂得——为官,就得廉洁无私。

张之洞对自己的后辈充满了希望,希望他们能够心存大志,事事竟成,都能成长为国家栋梁,能够为国家贡献自己的力量。这一点,在对待自己最喜爱的长孙张厚琨上表现得尤为突出。光绪末年,张之洞最为喜爱的长孙张厚琨从日本陆军士官学校学成归国,意外坠马身亡,张之洞悲痛欲绝,写下挽联:"宗悫坠马竟戕生,负我期望乘长风破海浪之志;汪琦虽殇亦何憾,恨汝不能执干戈卫社稷而亡",抒发了对自己的孙儿不能像南北朝时名将宗悫一展"乘长风破万里浪"的抱负,不能像春秋时鲁国少年英雄汪琦一样为国捐躯的深深遗憾。

品读名人家风

张之洞（1837—1909），字孝达，号香涛，晚年自号抱冰，祖籍直隶南皮（今河北省南皮县），出生于贵州兴义府（今贵州省安龙县），清末洋务运动重要倡导者之一。张之洞先后担任浙江、湖北、四川等省学官，后又历任两广总督、湖广总督、军机大臣等职，一生致力办教育、做实业、练新军，是中国近代重工业的重要创始人，曾创办汉阳铁厂、枪炮厂，开矿务局，广修铁路，其中汉阳铁厂是中国近代最早官办钢铁企业。1909年病逝于北京，谥号文襄，其一生著述辑为《张文襄公全集》。

张之洞先祖张维曾在明朝任过河南按察使，"以文章忠义有声于时"，张之洞以上四代为官，都以清廉闻名。张之洞秉持清廉家风，同样非常重视对后辈子女的教育。在教育子女上，张之洞以齐家、报国、立业、修身为主要落脚点，这种理念在他写给儿子们的书信和《续辈诗》中有明显的体现。张之洞对子女管教严格，1909年临终之际，他还在病榻上教育几个儿子要"兄弟不可争产，志须在报国，勤学立品；君子小人，要看得清楚，不可自居下流"，并要求儿子们将自己叮嘱反复朗诵，一直看到儿子们都已熟记在心才阖然长逝。至今，张之洞后人依然按照其《续辈诗》起名，南皮张姓后裔也多以这首诗作为起名的依据，其家训也随着《续辈诗》及张之洞的家书、遗言在后人中广为流传，影响深远。

陈廷敬：清贫耐得始求官

山西省阳城县皇城村的陈氏家族在历史上有过九位进士，其中有六位翰林，诞生了著名的政治家、文学家、理学家、清康熙朝文渊阁大学士陈廷敬，有大小官员和诗人三十多位，是典型的翰林门第、宰相家风，成为中国清代北方文化大家族。康熙皇帝曾写过一首五言律诗表彰陈廷敬的风度：

横经召视草，记事翼鸿毛。

礼义传家训，清新授紫毫。

房姚比就韵，李杜并诗豪。

何似升平相,开怀宫锦袍。

其中"礼义传家训",是说陈廷敬的陈氏家族是把礼义道德作为家训代代相传的。

皇城陈氏家训摘编

惜时用功:百岁光阴易掷梭,痴儿莫得等闲过。起家绍业由勤俭,处事交人贵缓和。酒饮三杯须用止,书攻万卷未为多。

崇俭尚廉:爷今系宦途,儿独营家计。清勤爷自守,孝友在儿为。爷事儿知,浊富非吾志,宁怀一念私!享浊富徇利亡身,怀私心违天害理。

正心诚意:交几个胜己友相近相亲,觅几文本分钱休悭休侈,说几句说直言无诡无随,亲戚邻里人情来往休教废。

礼仪传家:纵有金书,不把吾儿遗。你想为人时,谨依;要成家时,努力!若你指望爷钱,儿也,误了你!

安贫乐道:岂因宝玉厌饥寒,愁病如予那自宽?憔悴不堪清镜照,龙钟留与万人看。囊如脱叶风前尽,枕伴栖乌夜未安。凭寄吾宗诸子姓:清贫耐得始求官。

勤养俭　俭生廉　廉则清　清便正　正自善

陈廷敬为官清正廉明,应该说启蒙于他的家训。

陈廷敬是第七代,他家第一代是牧羊人,家境拮据。第二代经营煤炭生意,成了当地巨商,兴家教,修礼义,取功名,谋官位。

三世祖陈秀曾在陕西两个县充当小吏,身正品高,为民办事,颇受敬仰。他深谙官场,时时担心儿孙陷入歧途,深思熟虑,吟诗填词,先后作诗词六首,皆为修身之训,便成为著名的陈氏家训,相传五六百年至今。

陈氏家训可概括为勤、俭、廉、清、正、善六个字,互为因果,相辅相成。勤养俭,俭生廉,廉则清,清便正,正自善,最后达到至德。此六字的反面便是懒、侈、贪、庸、枉、暴。陈家从明至清,一连出九位进士,有大小官员三十多名,都能做到清廉,这在封建社会实属不易。

总之,只要细揣陈廷敬的"清贫耐得始求官"一语,即可摄取陈氏家训之要。

品读名人家风

陈氏家族的家训立自明弘治年间陈氏三世祖陈秀。陈秀，字升之，幼时聪颖，学习举子业，可是他不喜欢八股文，考场屡屡失利。但他能诗文，而且喜欢写散曲，有元代人的风格。他还擅长书法，精于行草。陈秀因没有考取功名，无法由正途进入官场。后来国家选拔人才，他得到地方举荐，经过考核，被选为陕西省西乡县典史。官员的品级最小的是九品，典史不入流，没有品级，负责掌管文书收发。西乡县附近有一个城固县，知县空缺，上级就让陈秀去代理城固知县。陈秀为百姓办了很多好事，受到当地百姓爱戴。后来他辞官归家，当地百姓为他立了生祠表示纪念。陈秀做了九年典史，留下了很好的官声。

陈氏家业豪富，陈秀担心儿子整天出入于歌楼酒馆之中，沉迷于花天酒地的生活，不努力读书，为加强对子弟的教育，写了教子诗词，寄给他的儿子，后来就成为陈氏家族的家训。

陈秀的教子诗对陈氏后人产生了很大的影响，成为陈氏后人居家立身之本。故其裔孙陈昌言说："每捧读之，奚啻义方训，允为子若孙守身家良谟也。"又说："佑启我后人，尚念毋忘。"陈廷敬也说："迄今予家食醇厚和平之福者，实肇于此也。"

杨震："四知"拒金　清白传家

杨震家训摘编

尚学篇：震少好学，受《欧阳尚书》于太常桓郁，明经博览，无不穷究。诸儒为之语曰："关西孔子杨伯起。"

清廉篇：（杨震）四迁荆州刺史、东莱太守。当之郡，道经昌邑，故所举荆州茂才王密为昌邑令，谒见，至夜怀金十斤以遗震。震曰："故人知君，君不知故人，何也？"密曰："暮夜无知者。"震曰："天知，神知，我知，子知。何谓无知！"密愧而出。

治家篇：（杨震）后转涿郡太守。性公廉，不受私谒。子孙常蔬食步行，故旧长者或欲令为开产业，震不肯，曰："使后世称为清白吏子孙，以此遗之，不亦厚乎！"

正直篇：帝舅大鸿胪耿宝荐中常侍李闰兄于震，震不从。宝乃自往候震曰："李常侍国家所重，欲令公辟其兄，宝唯传上意耳。"震曰："如朝廷欲令三府辟召，故宜有尚书敕。"遂拒不许，宝大恨而去。皇后兄执金吾阎显亦荐所亲厚于震，震又不从。

明志篇：（杨震说）"死者士之常分。吾蒙恩居上司，疾奸臣狡猾而不能诛，恶嬖女倾乱而不能禁，何面目复见日月！身死之日，以杂木为棺，布单被裁足盖形，勿归冢次，勿设祭祠。"

——《后汉书·杨震列传》

堂留正气 "四知"仰高风

杨震是东汉时期杰出的思想家、政治家、教育家，他一生光明磊落，胸怀坦荡，公道正直，廉洁奉公，为教兢兢业业，做人实实在在，当官清清白白。

杨震虽然生于潼关，葬于潼关，但他的"四知"清廉精神却名扬海内外，其清白家风影响着一代又一代的杨氏族人和华夏儿女。

一堂留正气，"四知"仰高风。杨震在廉洁自律的同时，也在用自己的一言一行教育和影响着家里的每一个人。他不肯为子孙置办产业，而要以"清白"传家，让后代成为"清白吏"。在杨震的直接要求和影响下，其子孙为官清廉，杨震家族成为"东京名族"。世代杨氏后裔也以杨震为榜样，以"清白传家"作为家规祖训不断传承。

杨震"四知遗风"对杨氏族人影响深远。特别是以杨震"四知"典故命名的"四知堂"，作为传承杨震精神的物质载体，遍布各地，对杨氏子孙产生了普遍影响。他们继承弘农祖德，恪守"四知"家风，用"四知堂"这一堂号来纪念一身正气、清正廉洁的先祖杨震，并严守家训，自勉自励，做到清正廉洁。杨震的廉政精神对杨姓族人和杨氏文化产生如此恒久而深远的影响，这在中华姓氏文明中是罕见的。

"四知遗训家声远，三相流芳世泽长。"今天，我们提倡和学习杨震家风，对弘扬中华民族传统美德有重要的现实意义。杨震清白家风将永远被人们所颂扬。

品读名人家风

杨震（？—124），字伯起，东汉弘农郡（今陕西省潼关县安乐镇水峪口杨坡村）人，幼通经史，博览群书；中年从教，有弟子三千，多成栋梁之材，人称"关西夫子""关西孔子"；50岁入仕途，官至太尉。一生刚正不阿，勤勉清廉，调任东莱太守路经昌邑时，昌邑令王密为答谢杨震知遇推荐之恩，深夜以10斤黄金相送。杨震不受，说："故人知君，君不知故人，何也？"王密说："暮夜无知者。"杨震说："天知，地知，我知，你知。何谓无知！""四知拒金"的故事从此千古流传，后人称其为"杨四知""四知太守""四知先生"。

梁启超：一生家国梦　几代赤子心

梁启超家书摘编

谈人生：处忧患最是人生幸事，能使人精神振奋，志气强立。两年来所境较安适，而不知不识之间德业已日退，在我犹然，况于汝辈，今复还我忧患生涯，而心境之愉快视前此乃不啻天壤，此亦天之所以玉成汝辈也。

——1916年1月2日致思顺书

人生之旅历途甚长，所争决不在一年半月，万不可因此着急失望，招精神之萎苶。

——1923年7月26日致思成书

我自己常常感觉我要拿自己做青年的人格模范，最少也要不愧做你们姊妹弟兄的模范。我又很相信我的孩子们，个个都会受我这种遗传和教训，不会因为环境的困苦或舒服而堕落的。

——1927年5月5日致思忠书

生当乱世，要吃得苦，才能站得住（其实何止乱世为然），一个人在物质

家风是最好的教育

上的享用,只要能维持着生命便够了。至于快乐与否,全不是物质上可以支配。能在困苦中求快活,才真是会打算盘哩。

——1927年5月13日致思顺书

谈爱国:总要在社会上常常尽力,才不愧为我之爱儿。人生在世,常要思报社会之恩,因自己地位做得一分是一分,便人人都有事可做了。

——1919年12月2日致思顺书

我今日若还不理会政治,实在对不起国家,对不起自己的良心。国家生命民族生命总是永久的(比个人长的),我们总是做我们责任内的事,成效如何,自己能否看见,都不必管。

——1927年1月27日给孩子们书

毕业后回来替祖国服务,是人人共有的道德责任。

——1927年5月26日与孩子们书

谈立业:天下事业无所谓大小,士大夫救济天下和农夫善治其十亩之田所成就一样。只要在自己责任内,尽自己力量做去,便是第一等人物。

——1923年11月5日致思顺书

我生平最服膺曾文正两句话:"莫问收获,但问耕耘。"将来成就如何,现在想他则甚?着急他则甚?一面不可骄盈自慢,一面又不可怯弱自馁,尽自己能力做去,做到哪里是哪里,如此则可以无入而不自得,而于社会亦总有多少贡献。

——1927年2月16日给孩子们书

你们既已成学,组织新家庭,立刻须找职业,求自立,自是正办。若专为生计独立之一目的,勉强去就那不合适或不乐意的职业,以致或贬损人格,或引起精神上苦痛,倒不值得。

——1928年4月26日致思成夫妇书

谈治学："学问是生活，生活是学问"，彼宜从实际上日用饮食求学问，非专恃书本也。

——1921年5月30日致思顺书

至于未能立进大学，这有什么要紧，"求学问不是求文凭"，总要把墙基越筑得厚越好。

——1925年7月10日给孩子们书

凡做学问总要"猛火熬"和"慢火炖"两种工作，循环交互着用去。在慢火炖的时候才能令所熬的起消化作用融洽而实有诸己。做学问原不必太求猛进，像装罐头样子，塞得太多太急不见得便会受益。

一生不变的就是爱国

梁启超一生写给孩子们的书信特别多，这些书信几乎占到了他一生著作量的十分之一，字里行间融入了他对子女的爱，和对子女的期待和教诲，而这也形成了梁启超独到的家教风格。纵观家信的内容，他的家教不仅有儒家的克己求仁，还有墨家的勤俭寡欲、吃苦耐劳，兼有老庄的虚无静观，总之是要磨砺孩子们人格，让他们成为一个真正健全的人。所以正像解玺璋所说，"梁启超的子女肯定是一个新的国民。"

梁启超早年自谓少年中国之少年，以身作则阐述了少年强则中国强的由来。而他对于自己的孩子，同样也是这样的期待。

而在他的身后，九个子女个个成才。1948年，81名学者当选为第一批中央研究院院士，梁思成与梁思永以建筑学和考古学上的开拓式研究，同时当选。新中国成立后，梁思成当选中国科学院学部委员，梁思永成为中国科学院考古研究所副所长（1954年逝世）。其他的梁氏子女在各自的专业领域也都颇有建树。长女梁思顺是诗词研究专家；三子梁思忠曾任国民党十九路军炮兵校官，在淞沪会战中表现突出；次女梁思庄是著名图书馆学家；四子梁思达长期从事经济学研究；三女梁思懿从事社会活动；四女梁思宁受三姐影响，也投身新四军参加革命。

梁思礼是梁启超最小的儿子，1929年梁启超去世时，梁思礼只有五岁，虽然和父亲相处的时间并不长，但在梁思礼儿时的记忆中，父亲梁启超对自

家风是最好的教育

己的教育，总会流露出许多家国情怀。

中国唯有富强才能不受欺侮，而这也给年幼的梁思礼留下了很深的印象。梁思礼为中国的两弹事业奉献一生，而他的两个女儿也都继承了他的事业，成为了航天人。

"人必真有爱国心，然后方可以用大事"，梁启超的家国情怀，一直指引着梁家后人的路。

品读名人家风

20世纪初至30年代，梁启超把思成、思永、思忠、思庄送往国外学习，这期间梁启超与子女有密切的书信来往，共给他们写了400余封家书。梁思顺是梁启超的长女，既是父亲的助手，又是弟妹们的领班，她去加拿大后，成为弟妹们联系的核心，因此梁启超的信多先寄到思顺处再由其他子女传阅。

在家书中，梁启超对子女们读书、写字、学习课程，选择学校、选择专业、选择职业等各方面都给予指导，但从不强迫命令。他与孩子们之间除父亲与子女之情外还是亲切的导师、知心的朋友。孩子们也向他坦诚地诉说学习和思想上的困惑，并发表自己的观点，提出不解的问题及个人前途的选择，这一切梁启超均能逐个给以详尽的解答并予以鼓励。他特别关注子女们人格道德品质方面的修养，希望自己的子女都具有"不惑""不忧""不惧"的君子德行，养成健全的人格，成为新民。无论遇到何事都能有睿智的判断，坚定的信念和勇敢不惧的精神。梁启超注重把自己的爱国情怀传给子女们，在家书中他常教育孩子们把个人努力和对社会的贡献紧密地联系在一起，以报效祖国。梁氏九个子女七个留学海外，皆学有所成，却无一例外都回到祖国，体现了爱国家风的良好传承。

梁启超家书的另一特色是充满爱心，洋溢亲情。在家书中，没有疾言厉色的训斥，也没有居高临下的口气，更没有顽固不化的面孔，反而处处渗透着炽热的情感，亲切的称呼、细致的关怀、深情的思念、真诚的告白、娓娓的诉说、谆谆的教诲，无不展露出梁启超深深的父爱。

公安三袁：敦厚家风哺育文学三子星

袁氏家教家戒摘编

教孝慈："凡为父母，未有不慈爱其子者，但不可姑息失教。""而立教之方必自孩提天性未满之日，多方引诱，极力教戒，俾之用心理会，身体力行，在家为孝子，出门为忠臣。古语云：严父出孝子，慈母多逆儿。"

——《袁氏家教十则·教孝慈》

笃友恭："自古易得者外物，难得者兄弟，尤难得者，兄弟和而父母顺。"

——《袁氏家教十则·笃友恭》

帝尧俊德，首睦九族。人但知有一身之子若孙，不知推而至于兄弟之子若孙，更推而至于从兄弟再从兄弟之子若孙。

——《袁氏家戒十条·戒薄宗族》

比闾族党，相友相助，古制也。

——《袁氏家戒十条·戒忤邻里》

急国课："自古上给下以田亩，下报上以总秸。米粟践土，食毛奉公，为先风俗醇厚之世。""急国课即士庶忠上，要务勉之。"

——《袁氏家教十则·急国课》

正心术："人生祸福成败，莫不基于心术。心术一坏，即富贵亦消乏也；心术一端，即贫贱亦昌达也。"

——《袁氏家教十则·正心术》

凡我公族各宜辨别公私邪正，养品行于素，修言寡口，过行鲜怨，恶将穷不失义，达不离道。

家风是最好的教育

——《袁氏家教十则·立人品》

学疏见浅，不择贤愚，交结匪类，不治生产，学成浪荡，酒肉欢歌，不分昼夜，嫖赌淫邪，千金何难一挥……指责天高地厚，竟无容身之地，势不至行险，侥幸为盗为非，以终必乞丐，无门辗转于沟壑。

大凡居家必也，房屋不必过华，衣冠不必过美，饮食不必过丰，亲朋往来不必过费，生子满旬不必延宾，冠婚丧祭不可越礼。六者能谨，庶几养其源而节其流，家道昌而乡俗美。

——《袁氏家教十则·尚勤俭》

设义学："今拟祠堂左右设立义馆，族中有学德俱优者，择之为师，凡有力者则量出供应，束修以资诵读，无力者则量为资助，令其专心肄业。教者必尽其职，学者务领其益。学者勿忘其本，教者勿市其德，斯一本之谊笃，而祖先之业可继矣。"

——《袁氏家教十则·设义学》

幼则训以小学，领其法行，践其法言，口诵心维，勿致旷时，长则入于大学，宗其纲领，疏其条目，致知力行，无愧圣贤。

——《袁氏家教十则·专执业》

敦厚家风哺育文学三子星

三袁在文学上取得了很高成就，在当时就产生了巨大影响，成为文学革新运动的一面旗帜，在中国文学史上享有盛誉。在为人做官方面，三袁也广为世人称道，在民间就流传着"一母三进士，南北两天官"的赞誉。

袁宗道为官清廉，尽忠职守，他在极度的疲惫中死去，死后没有积蓄，门生集资为其购买棺木，又变卖了他平生的书画几砚之物，才得以扶柩南归。袁宗道在《白苏斋类集·寄三弟》中曾说："吾官十年，债负山积，室如悬磬。"袁宏道是一位有理想、有抱负的政治改革家，他从严治吏，惩治贪腐，兴利除弊，弘扬正气，在吴县（现江苏省苏州市）上任仅一年，就把吴县治理得有条有理。时任首辅申时行赞曰："二百年来无此令矣。"综观三袁兄弟之一生，可谓三品（人品、文品、官品）俱佳，才德兼美，成为一道靓丽的

人文风景。而三袁能够被历史铭记、后人称颂，既取决于他们自身的人身修养与道德追求，又与他们家族严明的家规家训与温润敦厚的家习家风有着深厚的联系。

袁氏一族在《袁氏家戒十条》《袁氏家教十则》中确立家族的生活法则，制订出明确的家规教训。袁氏家规家训从道德修养、行为法度、人生发展以及价值取向等方面为族人定出了规程，让族人有了行事的方向和标准。《袁氏家戒十条》从"戒"的方面告诫人们要有所不为，《袁氏家教十则》则从"为"的方面强调要做什么，要如何做，从正面来树立起人的道德理想。

在注重家风建设的同时，袁氏始终不忘国家，始终把个人的权益、诉求置于国家的法则之中，达至家与国的统一协调与平衡。这就使每一个个体都具有了一种阔大的家国情怀，而不再是狭隘的小我意识，既要提高自我的人生价值，又不忘国家民族的发展。这一理念汇入到中华民族家风家习的宏大潮流中，丰富了它的具体内涵，壮大了它的磅礴气势，汇聚成一条奔腾不息的长河。

如今，贯串时代的袁氏家风从袁氏一族走进千家万户的门厅深院，熏陶人们的品格，感染着人们的心灵。时间从来是公正的，正是因为有了这样优良的家规家习，让中华大地收获了三位为官清廉、文美天下的袁氏兄弟，有了"一母三进士，南北两天官"的千古佳话，有了耕读传家的风尚和延续至今的鼎盛文风。作为现代人，我们也仍需要从这些历史的传承中吸取中华悠久古老的智慧，夯实我们的心灵，在新的历史进程中激发心灵的力量，去建设新时代，创造新生活。

品读名人家风

"公安三袁"又称"三袁"，是指明代晚期出生于荆州公安（今湖北省荆州市公安县）的三位袁姓兄弟，他们分别是：袁宗道、袁宏道、袁中道。三兄弟是明朝万历年间"公安派"（亦称"性灵派"）文学代表人物，史称"公安三袁"。三袁倡导"独抒性灵，不拘格套"的主张，力挽复古颓靡之习气，开一代文学之新风，为嗣后三四百年间绵延不断的文学革新思潮揭开了宏大序幕。

袁氏家训分两部分：《袁氏家戒十条》《袁氏家教十则》。《家戒》和《家教》各十条，分别从道德自律和立身行事两方面对族人进行警戒和教育。

袁氏先祖迁入湖北公安后，垦荒种地，勤劳节俭，开创家业，后制订出了本族家规家训，传家二十二代、五百多年。其核心理念是"立德"和"做人"。强调控制个人私欲，遵从社会礼制，注重内在品格的养成与人生事业的发展，始终把人生的道义与对国家社会的责任放在首位。袁氏家训擅长教谕，以理服人，以情动人，以言导人，蕴藉着科学的育人思想。袁氏家训对后世产生了深远影响，在当地掀起了读书求知的热潮，使公安大地秉承革新精神与进取意识，民风淳厚，思想开化。

朱熹：落落三百余文　千古"治家之经"

朱熹不仅是一代大儒、理学宗师，治家同样严谨有方，他把儒学精华和自身的教育思想融入到家规家训之中，对朱子后裔影响深远。

《朱子家训》是朱熹晚年留给后世子孙的一篇著名家训。全文短短300余字，讲述了个人在家庭和社会中应该承担的责任和义务，精辟阐明了修身立德治家之道。家训以简朴的语言，勾勒出富含哲学思辨的道德伦理思想，是朱熹关于治家方面的一篇重要著作。通篇家训文句工整对仗，言辞清晰流畅，富有感召力和深厚的人生智慧。《朱子家训》是治家理论的总纲，后世多有所发挥与阐述，如明末清初朱氏后裔朱柏庐便在《朱子家训》的基础上，写出了《朱柏庐治家格言》。

朱熹送长子朱熟去婺州金华（今浙江省金华市）求学时，还曾写过一封家书《训子从学帖》（又名《与长子受之》），在家书中语重心长教育朱熟勤学习、交益友，一片殷殷之情、爱子之意跃然纸上，成为家书名篇。

此外，朱熹为训导子弟还曾编订一本《童蒙须知》（又名《训学斋规》），从穿衣饮食、说话走路、读书写字等方面教育子弟从小就要在生活和学习方面养成良好习惯。此书后来成为重要的蒙学课本之一，深受后人推重，里面的一些名言名句如"余尝谓读书有'三到'，谓心到、眼到、口到"等广为流传。

朱熹家训摘编

修身：慎勿谈人之短，切勿矜己之长。仇者以义解之，怨者以直报之。人有小过，含容而忍之，人有大过，以理而谕之。

——《朱子家训》

居处须是居敬，不得倨肆惰慢。言语须要谛当，不得戏笑喧哗。凡事谦恭，不得尚气凌人，自取耻辱。

——朱熹《训子从学帖》

齐家：父之所贵者，慈也。子之所贵者，孝也。兄之所贵者，友也；弟之所贵者，恭也。

守正：勿损人而利己，勿妒贤而嫉能。勿称忿而报横逆，勿非礼而害物命。见不义之财勿取，遇合理之事则从。

崇文：诗书不可不读，礼义不可不知。子孙不可不教，斯文不可不敬。

——《朱子家训》

早晚受业请益，随众例不得怠慢。日间思索有疑，用册子随手札记，候见质问，不得放过。所闻诲语，归安下处，思省切要之言，逐日札记，归日要看。见好文字，录取归来。

——朱熹《训子从学帖》

余尝谓读书有三到，谓心到、眼到、口到。心不在此，则眼不看仔细，心眼既不专一，却只漫浪诵读，决不能记，记亦不能久也。三到之中，心到最急，心既到矣，眼口岂不到乎？

——朱熹《童蒙须知》

尚德：见老者，敬之；见幼者，爱之。有德者，年虽下于我，我必尊之；不肖者，年虽高于我，我必远之。

——《朱子家训》

择友：大凡敦厚忠信，能攻吾过者，益友也；其谄谀轻薄，傲慢亵狎，导人为恶者，损友也。但恐志趣卑凡，不能克己从善，则益者不期疏而日远，损者不期近而日亲。此须痛加检点而矫革之，不可荏苒渐习，自趋小人之域。

——《训子从学帖》

朱子学是涵养个人美德和社会价值的源泉与活水

朱子具有强烈的文化传承意识，广泛继承了儒家的学术文化。在理学方面，有《太极》《通书解义》《西铭解义》，编订《二程遗书》《上蔡语录》《作知言疑义》，编《近思录》《小学》；在史学方面有《八朝名臣言行录》，《资治通鉴纲目》《伊洛渊源录》；在经学方面有《周易本义》《诗集传》，主编《仪礼经传通解》，终生作四书集注；在文献整理方面作《孝经勘误》《楚辞集注》《韩文考异》《周易参同契考异》《阴符经考异》等。朱子的文化实践归结为一句话，就是文化传承与创新。朱子对古代文化做了全面的整理，对四书的集结和诠释尤其花费了毕生精力，是文化继往开来、传承创新的典范，是我们今天从事文化传承的榜样。

朱熹一生中任官的时间虽然很短，但他所到任之处，必振举书院建设。他亲自订立了《白鹿洞书院学规》，一方面提倡博学、审问、慎思、明辨，另一方面强调修身、处事、践行的原则，在中国书院历史上影响深远。朱子一生有关小学蒙学读本的著作也很多，对传统蒙学教育贡献巨大，他的著作如《童蒙须知》《增损吕氏乡约》等流行甚广，对儒学价值的大众化、通俗化，对培养少年儿童，养成德行，起到了积极作用。今天应当重视朱子这方面的贡献，古为今用，发挥它们在道德教育中应有的作用。朱子的家礼、家训不仅对朱子一家或朱姓人家有意义，对南宋以来的社会风俗、正化人心都起了重要作用。今天我们要把朱子学的这些内容与社会主义核心价值观的践行、培育结合起来，使中华文化、朱子文化成为涵养个人美德和社会价值的源泉与活水。

品读名人家风

朱熹（1130—1200），字元晦，号晦庵，别称紫阳，南宋江南东路徽州府婺源县（今江西省婺源县）人，出生于南剑州尤溪（今福建省三明市尤溪县），后长期生活在福建省崇安县五夫村（今福建省武夷山市五夫镇五夫村），是中国古代著名哲学家、教育家、文学家，理学集大成者，被尊称为朱子，因谥文，又世称朱文公。

纪晓岚：守正规直　诗书传家

为官治学，纪晓岚在《四库全书》总纂官的位置上力求严谨，恪尽职守；教育子女，他深谙"爱之不以其道，反足以害之焉"的道理，给纪氏后人留下了一份宝贵的精神财富。纪氏家训代代相传，是纪氏家族为人处世、安身立命的重要凭据。

纪氏家训主要来源于纪晓岚留下的文章警句以及器物铭文。他在随身使用和收藏的器物上，镌刻上一些有哲理的短句，既是警诫自己，也是教育后人。

"守正规直"是纪氏家训中对修身最基本的要求，"四戒""四宜""四莫"凝聚着纪晓岚的人生哲学，言虽质朴却蕴藉深意。家训包含修身、勤学、清廉、劝善、处世等多个方面，寄托着纪晓岚对子孙后代的殷切期望，并以此教导纪氏后人遵从规矩做人、勤勉治学、清廉为官、淡泊自持的准则。

纪氏家训摘编

修身篇：守正规直。　　　　　　　　　　　　　　　——《尺铭》

其道维何？约言之有四戒四宜：一戒晏起，二戒懒惰，三戒奢华，四戒骄傲。既守四戒，又须规以四宜：一宜勤读，二宜敬师，三宜爱众，四宜慎食。　　　　　　　　　　　　　　　——《纪晓岚家书》

清廉篇：贫莫断书香，贵莫贪贿赃。

——纪晓岚临终遗训

勤学篇：过如秋草芟难尽，学似春冰积不高。

——乌鲁木齐阅微草堂堂联

流水周圆，中抱石田，笔耕不辍，其终有丰年。

——纪晓岚《水田砚铭》

处世篇：治人之道，忌察渊鱼；治己之道，则污垢必除。言各有当，君子念诸。

家风是最好的教育

——《刷铭》

文章敢道眼分明，辽海秋风愧友生。惟有囊中留片石，敲来幸不带铜声。

——《壬午顺天乡试分校砚》

苦口婆心纪晓岚

历史上，纪晓岚声名显赫，因为他曾任《四库全书》总纂修官；今天，纪晓岚同样大名鼎鼎，是因为一部名为《铁齿铜牙纪晓岚》的电视连续剧。但真实的纪晓岚，并不以口才著称，史载他"口吃善著书"。所以，相比于"铁齿铜牙"，"苦口婆心"更适合纪晓岚——这位官至一品的大学问家，留下了宝贵的"纪氏家训"，在教育后人方面，可谓苦口婆心，值得今人借鉴。

纪氏家训内容丰富，广为人知的有他对子女的"四戒""四宜"。四戒是：一戒晚起，二戒懒惰，三戒奢华，四戒骄傲。四宜是：一宜勤读，二宜敬师，三宜爱众，四宜慎食。"四戒"与"四宜"相辅相成，相得益彰，相互补充，相映生辉。既告诉后人什么不该做，又告诉后人应该怎么做。这样的家训，既简洁明了，又深刻透彻。

纪晓岚这么教育子女，自己也是身体力行的，比如"戒奢华"，纪晓岚在清朝官员中以清廉俭朴著称，他的学生汪德钺就称："吾师居台宪之首，据宗伯、司马之尊，登其堂萧然如寒素，察其舆马、衣服、饮食，备数而已，其俭也若此。"

除了"四戒""四宜"外，纪氏家训还有"四莫"："贫莫断书香，富莫入盐行；贱莫做奴役，贵莫贪贿赃。"跟"四戒""四宜"相比，"四莫"着重强调的是一个人处理贫富、贵贱关系时的"底线思维"，再穷也不能放弃读书，做再大的官，也不要贪图钱财。

史载"纪昀胸怀坦率、性好滑稽，然骤闻其语，近乎诙谐，过而思之，乃名言也"，今天读"四戒""四宜""四莫"，犹如听一个老夫子絮絮叨叨，讲如何做人做事，细细琢磨，"乃名言也"。值得一提的是，"纪氏家训"，并非纪晓岚拍脑袋想出来的，而是基于他的人生经验，某些经验还堪称惨痛。

比如"戒骄傲"，纪晓岚年轻气盛时，也有过骄傲的教训。他是科场骄子，但并非一帆风顺。清乾隆八年（1743）八月，纪晓岚参加科试，获第一名，在这么好的成绩面前，他开始自满起来，翌年回乡乡试，他只考了个四等。四年后参加会试时，也因为太过自负而被挡在了进士的门槛之外。

但相比接下来的人生经历,科场偶尔失意,就不算什么了。乾隆三十三年(1768)六月,两淮盐政卢见曾因有营私贪污行为而被革职查办,纪晓岚因为通风报信而被发配乌鲁木齐。同年十月,被遣戍乌鲁木齐赎罪。

《清史稿》对这一段的记载为:"昀为姻家,漏言夺职,戍乌鲁木齐。"纪晓岚与卢见曾是姻亲,纪晓岚的长女嫁给了卢见曾的孙子卢荫文。卢见曾是退休六年之后被牵扯进"两淮盐引案"的,时年79岁,经过审查,卢见曾在前后长达十年的时间里一共收受盐商贿赂价值万余元之古玩,被判绞刑,但他很快就瘐死狱中。

因乾隆修书需要,由大学士刘统勋荐举,将纪晓岚从新疆召回。刘统勋是什么人?刘罗锅刘墉的父亲。历史就这么串起来了。

有了上述故事,纪晓岚"四莫"中特意强调的"富莫入盐行",就能理解了。盐为国家专卖,利润居一切行业之首,堪称暴利行业,历来官商勾结,污浊不堪。有卢见曾的惨案在前,纪晓岚更不愿意子女"富贵险中求"。顺带说一下:卢见曾的孙子、纪晓岚的长女婿卢荫文,才华横溢,但考中进士后终生不愿为官,46岁即告归故里,隐居山林了。

纪氏家训中的"贵莫贪贿赃",也是基于血泪教训的。乾隆三十九年(1774)十月,纪晓岚次子纪汝传在担任九江府通判时因渎职拖欠赋税而犯法,他也跟着受牵连,吏部决定将其降职调任,乾隆知道后改判为降三级留任。

从一个恃才傲物的青年,到一个苦口婆心的老者,纪晓岚沉浮官场五十载,通晓做人做事的大智慧,他在给儿子的一封家书上这么写道:"当世宦家子弟,每盛气凌轹,以邀人敬,谓之自重。不知重与不重,视所自为。"用今天的话来说,这是一个高级干部教育子女树立正确的价值观:高干子弟如何赢得别人的尊重?不是基于父荫的盛气凌人,而是靠自己的奋发有为。

纪氏后人多有才俊,譬如纪晓岚四世孙纪堪颐,追随孙中山投身革命,成为一代民国元老。可以说,纪晓岚留下的家训,对于后人有着巨大影响,也给今人无穷的启迪。

品读名人家风

纪昀(1724—1805),字晓岚,又字春帆,号观奕道人,清代直隶河间府

献县（今河北省沧县崔尔庄）人，卒谥"文达"。乾隆十九年考取进士，授翰林院编修，历任左庶子、兵部侍郎、左都御史、礼部侍郎、礼部尚书、协办大学士等职。纪晓岚有《阅微草堂笔记》《纪文达公遗集》等著作传世。

黄庭坚：遗子万金不如教之敦睦

黄庭坚·双井黄氏家规摘编

重孝：人有祖宗，犹水木之有本源，不可忘也。父母罔极之恩，同于天地。凡我子姓亲存者，务宜随分敬养。

——双井《黄氏家规》

和睦：为人子者，告其母曰：无以小财为争，无以小事为仇，使我兄叔之和也；为人夫者，告其妻曰：无以猜忌为心，无以有无为怀，使我弟侄之和也。

众母如一母，众儿如一儿，无尔我之辨，无多寡之嫌，无私贪之欲，无横费之财，仓箱共目而敛之，金帛共力而收之。

——黄庭坚《家戒》

礼让：子弟凡行坐出入，必后长者；即在公祠，遇有应说公事，亦必须从容言之；其尊长亦不得以尊压卑、以长凌幼，法言巽语，随机教诲。行者让路，耕者让畔，文王之化行俗美也。近世有在同族之间，寸土不能相让者，已称鄙陋之夫。况倚富欺贫、恃强凌弱、巧设机关、侵占争夺，天理良心，果安在乎？吾族倘有此辈，讦告公庭，家长共证其罪，以遏浇风。

崇文：读书乃诚身之本，而显扬宗祖之要务也。必岁延名宿，教育后生，务期典籍精通，文章晓畅；更且敦励行谊，以成大器，斯真读书矣。其供应俸仪，俱不可苟。若以供俸菲轻为便，浪延村学，仅图识字，致滋鄙陋，反堕先声。为父兄者，尚其念之。

——双井《黄氏家规》

吾子力道问学，执书册以见古人之遗训，观时利害，无待老夫之言矣。

——黄庭坚《家戒》

族众人繁，贫富不齐，势所难免。吾族倘有窘迫之家，生不能娶，死不能葬者，在家饶者，当仰体祖宗一脉之意，量力助之。此厚道也。家饶者毋得坐观失所，以玷先人。吾族附近桥梁道路，每岁秋末冬初，务宜修理。盖不特便于行人，抑且便于自己。又不特便人便己，盖桥梁整顿、道路宽平，往来行人增多少颂扬，地方气象增多少光昌。

——双井《黄氏家规》

双井村为何能成为"华夏进士第一村"

黄氏家规的内容非常丰富，它的社会意义和价值也是多方面的，但其中最能给我们以启发的，还是对人才培养的高度重视。

黄氏家规教育族人及其子弟的第一个方面，是要有明确的社会责任感，要懂得必须遵守的社会秩序和应承担的社会义务。具体到一个家庭的人伦关系中，那就是遵守最基本的伦理准则：尊敬祖宗、孝敬父母、尊重长辈、和睦邻里、兄弟友爱、夫妻和顺，这些方面共同组成了一个和谐有序的家族关系。而传统儒家道德修养的基本原则，便是"修身、齐家、治国、平天下"。一个家庭是这样，推而广之，一个社会也是这样。这是一个国家政治稳定、社会繁荣最重要的基础。体现到家族及其成员和国家的关系中，那就是遵纪守法，忠于国家，履行义务。黄氏家规明确而具体地把这种担当落实到赋税的缴纳上。家规认为，按时缴纳赋税，是每一个家庭义不容辞的责任，并引韩愈的话指出，作为百姓，不缴纳赋税，为国法所不容。因此明确规定："族中富者，固不得恣意拖欠，即贫者，亦不得借口艰难。"

黄氏家规教育族人及子弟的第二个内容，是注重品德的培养。这又包括以下几个方面：一是慎于交友。家规告诫族人及子弟辈，"朋友居五伦之一，人生所不能无"。但一定要交好友，远小人。如果放下道德之士不交，反而和那些阴险奸诈的坏人混在一起，那还不如不和外界来往；二是要懂得教育的重要性。家规明文规定家族中的教育，决不能停留在只是让后辈能识字这样一个低层次上，一定要延请名师，教育子弟，使他们通晓经籍，能诗善文，同时还要增强品德修养，"以成大器"；三是关心公益事业，扶贫济困，修缮道路桥梁，更严厉禁止敲诈勒索、巧取豪夺；四是学会开源节流，注重农桑，保护山林。注重农桑，是为了保证家族最基本的生活所需；保护山林，是为了保证宫室器皿建造制作时之所需。

此外，黄氏家规还对一些常见的社会不良品行和恶习，如酗酒、赌博、偷盗等，做出明确而具体的分析和告诫，这实际上是对族人日常行为的一种严格规范和约束。

在家规严格、科学地教育和管理下，双井黄氏家族仅在有宋一代，就出现了48名进士，这是非常惊人的教育成就。他们大都能做到道德高尚，刚正不阿，廉洁奉公，黄庭坚就是他们中的杰出代表。可以说，双井黄氏家规中所蕴含的"规矩"意识和人才培养思想在今天依旧有着重要的借鉴意义。

品读名人家风

黄庭坚的曾祖父黄中理曾主持制订《黄氏家规》，共20条，对行孝、为友、从业、求学等方方面面进行了详细规定。强调对待祖宗，犹如水木之源，不可忘也；对待父母，犹如天地之大，务宜孝也；对待兄弟，犹如连枝之人，须互助也；对待邻里，犹如唇齿之依，必相敬也。并强调读书乃诚身之本，显扬宗祖之要务，后生学子务必典籍精通、文章通晓等，不仅本族奉为祖训，也被当地百姓奉为楷模，世称"黄金家规"。

此外，黄庭坚在晚年也留下一篇《家戒》，总结一些家族兴衰的原因，告诫子孙"无以小财为争，无以小事为仇""无以猜忌为心，无以有无为怀"，要互相谦让、互相照顾，和睦相处，齐心协力维护好家族的传承发展。

颜之推：家训之祖　金声玉振

《颜氏家训》是颜之推的代表作，是一部记述个人经历、思想、学识并以之告诫子孙的经典家训，也是一部涉及语言学、文学、音韵、训诂、民俗学等多个领域的学术著作，被奉为我国最早的系统完整的家庭教育专著。全书共7卷20篇，以儒家思想为主导，旁涉道、佛，涵盖了从饮食起居、修身养性到为人处事、求仕致学等方方面面的内容，凝聚了一位饱经沧桑的老人对人生的深切体验，也体现了一位仁慈睿智的长者对子孙的舐犊之情。《颜氏家训》在中国传统的家庭教育史上影响巨大，得到世人的高度评价。宋代著名

藏书家陈振孙认为"古今家训，以此为祖"。明朝袁衷在其家训专著《庭帏杂录》中赞道："六朝颜之推家法最正，相传最远。"清代学者王钺在《读书丛残》中认为它"篇篇药石，言言龟鉴，凡为人子弟者，当家置一册，奉为明训，不独颜氏"。

颜之推家训摘编

教子：威严而有慈

父母威严而有慈，则子女畏慎而生孝矣。吾见世间，无教而有爱，每不能然；饮食运为，恣其所欲，宜诫翻奖，应诃反笑，至有识知，谓法当尔。骄慢已习，方复制之，捶挞至死而无威，忿怒日隆而增怨，逮于成长，终为败德。孔子云："少成若天性，习惯成自然"是也。

——《颜氏家训·教子第二》

治家：俭而不吝

孔子曰："奢则不孙，俭则固；与其不孙也，宁固。"又云："如有周公之才之美，使骄且吝，其余不足观也已。"然则可俭而不可吝已。俭者，省约为礼之谓也；吝者，穷急不恤之谓也。今有施则奢，俭则吝；如能施而不奢，俭而不吝，可矣。

——《颜氏家训·治家第五》

慕贤：与善人居

人在年少，神情未定，所与款狎，熏渍陶染，言笑举动，无心于学，潜移暗化，自然似之。何况操履艺能，较明易习者也？是以与善人居，如入芝兰之室，久而自芳也；与恶人居，如入鲍鱼之肆，久而自臭也。君子必慎交游焉。

——《颜氏家训·慕贤第七》

勉学：无过读书也

夫明《六经》之指，涉百家之书，纵不能增益德行，敦厉风俗，犹为一艺，得以自资。谚曰："积财千万，不如薄伎在身。"伎之易习而可贵者，无过读书也。世人不问愚智，皆欲识人之多，见事之广，而不肯读书，是犹求饱而懒营馔，欲暖而惰裁衣也。

——《颜氏家训·勉学第八》

清泉一泓流远长

中华传统文化一向重视以德修身，为政以德。我们每个人的性情可以非常丰富，或强韧，或灵秀，或钝感，或平淡，但人之品质却必须淳厚如一，这是社会认同生命个体的根据和原因。一个没有受到"规矩"熏陶的人，一个内心缺少正能量的人，他的心态还能好吗？他在社会还能很好立足吗？这是《颜氏家训》带给人们的启迪。

"巧伪不如拙诚""人生难得，无虚过也"……《颜氏家训》有一种力量，将人性善的一面充分呈现出来，宣扬最本真的内在价值，其思想之光自始至终照耀着人们的心灵，这也是为什么它能历经岁月沧桑而保有不变的传奇魅力。

家规家训让优良门风的传承成为可能。坚守门风，对颜氏家族的人来说，在某种意义上已成为一种责任。有了这份责任与信念，就会有历经劫难而不自弃的坚韧。《颜氏家训》作为一部缩影，体现了优秀家规家训穿越历史时空、传承中华文化精髓无比强大的生命力，恰如点点火种，生生不灭地绽放出修身正己、教化世人的光彩。

品读名人家风

颜之推（531—约595），字介，原籍琅琊临沂（今山东省临沂市），生于建康（今江苏省南京市）一个以儒学传家的士族家庭，系孔子得意门生颜回的第三十五世孙，是南北朝时期著名的教育家、文学家。传世著作有《颜氏家训》《冤魂志》《集灵记》《观我生赋》等。

胡铨：立身忠孝门　传家清白规

胡铨的一生是忠诚的、正直的、爱国的一生，正如他在《乾道三年九月宴罢》一诗中所写："久将忠义私心许，要使奸雄怯胆寒。"他一生有三件事

情非常著名,并且都体现了忠贞爱国、刚正义烈的精神:

一是募兵护城。南宋建炎二年(1128),胡铨考取进士,时27岁,授抚州军事判官。因父去世,守孝未任。金兵南侵时,太守杨渊出逃,胡铨招募乡勇护城,抵御入侵金军。

二是戊午上书。绍兴八年(1138),秦桧与金求和。金称南宋为江南,迫其纳贡称臣。36岁的胡铨时任枢密院编修官,冒渎天威,以身取义,写下了著名的《戊午上高宗封事》,请斩秦桧、王伦、孙迎三人头,震惊朝野,激奋人心。因为这份奏章,胡铨开始了二十三年被流放的生涯,但他始终坚持抗金、反对议和。

三是破冰退敌。隆兴二年(1164),金兵压境。南宋四州失守,高邮危急,议和之声重起。年迈的胡铨临危请命,以兵部侍郎亲领三军抗敌。兵至淮河,大雪冰封。胡铨不顾年迈,身先士卒,手执铁镐,破冰渡江,击敌于射阳,解高邮之危,大获全胜。孝宗御驾亲迎,胡铨威名远播。这一年,胡铨已是62岁高龄。

胡铨的忠义精神,与他的家规家风息息相关。早在北宋真宗年间,胡氏一族就制订了《芗城胡氏家规十条》,教育子孙恪守道德,修养学识,正心修身,保持节义文章的门风。正是在"家规十条"熏陶下,胡铨从一介书生逐渐成长为著名的政治家、文学家。为了能让子孙后代遵家规传家风,一向注重言传身教的他,在去世前不久又专门用古律写下家训。在家训里,胡铨告诫子孙后代要"立身忠孝门,传家清白规"。

胡铨家规摘编

悲哉为儒者,力学不知疲。
吾宗二百年,相承惟礼诗。
资殿尊职隆,授官非由私。
立身忠孝门,传家清白规。
但愿后世贤,努力勤撑持。
把盏吸明月,披襟招凉飔。
忠肝义胆为世臣　清白治家永流芳

国有国法,家有家规。家规是我们传统文化中的重要内容之一。在吉安,

家风是最好的教育

芗城胡氏的家规，具有一定的代表意义。芗城胡氏又以胡铨为"五忠一节"代表之一。因为他的影响使得胡氏家族的家规家训被赋予了深刻的社会意义和独到的忠厚传家、忠孝传家的文化意义。

没有规矩不成方圆。胡铨家族先人们深知家规的重要，特意制订了《芗城胡氏家规十条》。"家规十条"共有礼让、士习、官箴、表率等十条戒律，包含礼仪教化、为官修德、农桑稼穑、缴纳田赋、禁盗安分等内容。这十条家规，就是维护家族秩序的法则、教育子孙后代的行为规范，家族每个人必须遵守。

庐陵自古就有耕读传家的传统，对于家族来说，好家规就是传家宝。那么，芗城胡氏家规将什么"传家宝"传给了后人呢？通读"家规十条"，我们会发现有一个非常重要的内容贯串始终，那就是"忠"。

在中国传统文化道德体系中，"忠"是读书为官者最重要的品质。《芗城胡氏家规十条》，条条都是教育子孙后代要做到入则孝、出则悌、仕则忠。其中，"官箴"对"忠"进行了详细解释："凡有隶仕籍者，无论一绾半通，尚各一乃心奏乃绩，以佐圣明，是之谓忠；以绍祖烈，是之谓孝。毋奔竞，毋瘝官，毋觖望，庶几圣朝名臣，而余姓亦有厚幸焉。"就是教育子孙后代为官要忠于职守，敬畏岗位；要忠于朝廷、报效国家；要忠于祖训，承继宗功祖德；不要追名逐利，锱铢必较；不要荒废官位，无所作为；不要患得患失，牢骚满腹。

为了让子孙后代遵守家规，胡铨家族将这凝聚了先人智慧的"家规十条"写进族谱，世代延续。在"家规十条"严格规范和教育下，胡氏后裔逐渐昌盛起来。

品读名人家风

胡铨（1102—1180），字邦衡，号澹庵，吉州庐陵芗城（今江西省吉安市青原区值夏镇）人。南宋政治家、文学家，爱国名臣，庐陵"五忠一节"之一，与李纲、赵鼎、李光并称为"南宋四名臣"。淳熙七年（1180）卒，赠通议大夫，谥忠简。著有《澹庵集》等。清朝乾隆皇帝为他重修陵墓，御笔题词"与日月争光"，刻于他的墓碑。2000年，江西省新闻媒体选评江西千年之中最杰出的十位历史名人，胡铨被评为"脖子最硬的人"。

朱柏庐：律己修身　垂训后世

清顺治二年（1645），朱柏庐之父朱集璜在守昆山城抵御清军时遇难，他上侍奉母亲，下抚育弟妹，辗转流离，备极艰辛。待局势稍定，方返故里。因敬仰晋人王裒在父亲墓前搭草庐而居、攀柏树悲号之义，自号柏庐。在《清史稿》《清史列传》《孝义篇》中，朱柏庐都无一例外被列为"孝义第一"。

朱柏庐所著《治家格言》，世称《朱子家训》，自问世以来流传甚广，被尊为"治家之经"，清至民国年间一度成为童蒙必读课本之一。《朱子家训》精辟地阐明了修身治家之道，是一篇家教名著，通篇意在劝人要勤俭持家安分守己。其中"一粥一饭，当思来处不易；半丝半缕，恒念物力维艰"等格言警句，尤为脍炙人口。

朱柏庐家训摘编

勤俭篇

黎明即起，洒扫庭除，要内外整洁；既昏便息，关锁门户，必亲自检点。

一粥一饭，当思来处不易；半丝半缕，恒念物力维艰。

自奉必须俭约，宴客切勿留连。

正直篇

居身务期质朴，训子要有义方。

勿贪意外之财，勿饮过量之酒。

与肩挑贸易，毋占便宜。

见富贵而生谄容者，最可耻；见贫穷而作骄态者，贱莫甚。

施惠无念，受恩莫忘。

和顺篇

听妇言，乖骨肉，岂是丈夫；重资财，薄父母，不成人子。

嫁女择佳婿，毋索重聘；娶媳求淑女，勿计厚奁。

居家戒争讼，讼则终凶；处世戒多言，言多必失。

轻听发言，安知非人之谮诉，当忍耐三思；因事相争，安知非我之不是，须平心再想。

家门和顺，虽饔飧不继，亦有余欢。

友爱篇
兄弟叔侄，需分多润寡；长幼内外，宜辞严法肃。
毋恃势力，而凌逼孤寡；勿贪口腹，而恣杀牲禽。
见贫苦亲邻，须加温恤。

爱国篇
读书志在圣贤，非徒科第；为官心存君国，岂计身家。
国课早完，即囊橐无余，自得至乐。

追求人生品格的标尺

朱柏庐的《朱子家训》因循中华民族的优良传统和道德理念，结合人们的日常生活，教诲人们尊崇常道，抑恶扬善，提出了适合当时社会为人处事的道德标准和是非概念，成为人们约束规范自己行为举止的参照、追求人生品格气质的标尺。它虽然只有短短五百多字，却在中国社会产生了很大的影响，因为它不仅体现了中华民族传统道德的理想与追求，更注重贴近普通家庭和广大民众的生活实际和规范需求。

《朱子家训》尽管是为本家族所立，但它所展示的内容都是与当时民众日常行为举止、家庭社会各种交往密切相关，适应了社会家庭和广大群众道德启蒙教育的普遍需要。例如："一粥一饭，当思来处不易，半丝半缕，恒念物力维艰""自奉必须俭约"的节俭持家思想；"重资财，薄父母，不成人子"的敬老意识；"嫁女择佳婿，勿索重聘；娶媳求淑女，勿计厚奁"的婚嫁主张；"莫贪意外之财，勿饮过量之酒"的清廉心态；"狎昵恶少，久必受其累；屈志老成，急则可相依"的交友选择；"施惠勿念，受恩莫忘"的感恩情结；"见富贵而生谄容者最可耻，见贫穷而作骄态者贱莫甚"的人格风骨；"善欲人见不是真善，恶恐人知便是大恶"的自警自省意识；"居身务期质朴，教子要有义方"的家庭教育理念，诸如此类，不一而足，循循善诱，诲人不倦。

《朱子家训》将立德作为一切之本，把育人放在首位，主张做事先要做人。其秉持和折射的中华传统道德理念和处事原则，至今没有过时，仍然闪耀着真理的光芒，透发出厚重的人文力量。

品读名人家风

朱柏庐（1627—1698），字致一，号柏庐，明末清初江苏省昆山县人。著名理学家、教育家。著有《治家格言》《删补易经蒙引》《四书讲义》《困衡录》《愧讷集》《春秋五传酌解》《毋欺录》等数十册典籍。

张謇：《家诫》传世　警言流芳

"民国"十年（1921），69岁的张謇渐渐感到暮年临近，迫切希望唯一的儿子张孝若能够尽快成才并继承家业，因而辑取了古人的家训书于石碑之上，以此来告诫子孙。《家诫》石碑上的序言为张謇所写，另外选取了从西汉到宋代七位名人的诫子语录，内容概及立志修身，具体到读书交友、谨言慎行等。

张謇辑取西汉著名经学家刘向的名言，以此告诫儿子得志时不要骄傲，保持清醒，居安思危，持盈保泰；把诸葛亮《诫子书》中的名言作为家诫，期望后世子孙能够宁静反省，修养自身；用魏时王修的警言，告诫子孙说话要经过思考才出口，行事要经过周密考察才能做，说话做事都要合情合理；张謇"积财千万，无过读书"的家训，则是希望张氏后人懂得读书最为重要的道理；引用朱熹的教子格言希望子孙在交友、做人和勤学等方面惟善是取。

张謇家规摘编

我之爱子孙犹如之古人也，爱之而欲勉之以进德而继业亦犹古人也，与其述己意，毋宁述古人，乃掇古诫子语，书庭之屏，俾出入寓目而加省，若先世言行之足资师者，自有述训在。

董生有云："吊者在门，贺者在闾"，言有忧则恐惧敬事，敬事则必有善功，而福至也。又曰："贺者在门，吊者在闾"，言受福则骄奢，骄奢则祸至，

家风是最好的教育

故吊随而来。　　　　　　　　　　　　　　　　　　　——汉·刘向

　　君子之行，静以修身，俭以养德，非淡泊无以明志，非宁静无以致远，学须静也，才须学也；非学无以广才，非志无以成学，慆慢则不能励精，险躁则不能治性。　　　　　　　　　　　　　　　　　　——诸葛亮

　　言思乃出，行详乃动，皆用情实道理，违斯败矣。　　——魏·王修
　　百世小人，知读论语孝经，尚为人师，若能保书，终不为小人。谚曰：积财千万，无过读书。　　　　　　　　　　　　　　　——隋·颜之推

　　凡门地高，可畏不可恃，立身行己，一事有失，则得罪重于他人，门高则骄心易生，族盛则易为人所妒，懿行实才，人未信之，少有疵累，人皆摈之。
　　　　　　　　　　　　　　　　　　　　　　　　　　——唐·柳玭

　　立心以忠信不欺为主本，行己以端庄清静为操执，临事以明敏果断辨是非。　　　　　　　　　　　　　　　　　　　　　　——宋·胡安国

　　勿妄与人接，只是勤俭，循之而上，有无限好事，吾不敢言，而窃为汝愿之，反之而下，有无限不好事，吾不欲言，而未免为汝忧之。
　　　　　　　　　　　　　　　　　　　　　　　　　　——宋·朱熹

　　《家诫》是"忠信笃敬""诚信廉公"的具体体现
　　作为清末状元，大学问家、大书法家、大实业家，张謇的家规别具一格。他将历代七位名人的家训家规之精华集锦，按朝代先后手书并镌刻于石屏，作为家诫陈设于楼前庭院。《家诫》石碑中，张謇告诫其子孙要谨言慎行，修身养性；淡泊名利，勤勉学问；忠信不欺，明辨是非；恭敬处事、谦逊为人。这也是张謇"忠信笃敬""诚信廉公"精神情怀的具体体现，即忠于国家，诚实守信，真诚做人，敬业爱岗，廉洁奉公。张謇不仅勉励其子女汲取中国传统文化中的精华立身、谋事、做人，而且也这样要求他所创办学校的师生。同时，他自己更是以身作则，堪为楷模。他一生既坚持中国传统人文精神，

又善于接受新思想和科学精神。前半生，他勤奋读书，终于戴上了读书人所梦寐以求的桂冠——状元；后半生，他勤恳干事业，在实业、政治、教育、慈善、文化、地方自治等诸多领域都有重大建树。他说："天之生人也，与草木无异。若遗留一二有用事业，与草木同生，即不与草木同腐。故踊跃从公者，做一分便是一分，做一寸便是一寸。鄙人之办事，亦本此意。"张謇的思想、情怀、境界、精神由此可见。"忠信笃敬""诚信廉公"在今天仍具有重要的现实意义。

品读名人家风

张謇，字季直，1853年7月1日，即清咸丰三年五月二十五日出生于江苏海门常乐镇。中国近代著名的实业家、教育家、慈善家、社会活动家。著有《张季子九录》《张謇日记》和《啬翁自订年谱》等。

杨升庵：一曲诗词传天下　"四重""四足"教子孙

"一门七进士，宰相状元家"的新都杨升庵家族，历来清白传家。也正是在这种优良家风的润泽下，逐渐孕育出世代相传的家规家训。如今，在杨氏家族现存的光绪乙未本《杨氏族谱》和民国辛未本《新都杨氏家谱》两本家谱中，除记录着杨氏先祖清廉为官的事迹之外，也记载了杨氏的家规家训。

"四重"家训。杨升庵曾祖母熊夫人曾留下"家人重执业，家产重量出；家礼重敦伦，家法重教育"的"四重"家训，教育子孙敦睦人伦，兴家立业。"四足"家训。杨升庵流放云南前夕，借前人创作的《四足歌》，从居住、饮食、娶妻、育儿四个方面教育子孙淡泊名利，节俭持家。

临终遗训。杨升庵于明嘉靖三十八年（1599）卒于戍所，临终时，他以"临利不敢先人，见义不敢后身"评价自己的一生，同时告诫子孙重义轻利、见义勇为。此外，新都杨氏还有一条不成文的爱乡族规：凡是入朝或在外为官，均不能忘记新都父老乡亲，每次回乡，必捐资为故乡做一件益民的善事，以报答家乡的养育之恩。

家风是最好的教育

杨升庵家训摘编

实干:家人重执业,家产重量出。礼教:家礼重敦伦,家法重教育。

——新都杨氏《贞寿堂遗训》

俭朴:茅屋是吾居,休想华丽的。画栋的不久栖,雕梁的有坏期。只求它能遮能避风和雨。再休想高楼大厦,但得个不漏足矣。

淡饭充吾饥,休想美味的。膏粱的不久吃,珍馐的有断时。只求它粗茶淡饭随时济。再休想鹅掌豚蹄,但得个不饥足矣。

知足:丑妇是吾妻,休想美貌的。只求她温良恭俭敬姑嫜。再休想花容月色,但得个贤惠足矣。

蠢子是吾儿,休想伶俐的。聪明的惹是非,刚强的把人欺。只求他安分守己寻生计。再休想英雄豪杰,但得个孝顺足矣。 ——《新都杨氏家谱》

重义:临利不敢先人,见义不敢后身。

——杨升庵临终遗训杨升庵的"义利"观

古人云:诗以言志,文以载道。最能概括杨升庵其人的,并不是这首《临江仙》,而是他20余岁时写的一首小诗《自赞》:"临利不敢先人,见义不敢后身;谅无补于事业,要不负于君亲。"近五十年后,风华正茂的青年走向生命终点,仍然在用"临利不敢先人,见义不敢后身"勉励自己和后人。

"临利不敢先人,见义不敢后身"这十个字,蕴含的意义,并不亚于宋人范仲淹的名句"先天下之忧而忧,后天下之乐而乐",均代表了中国读书人的人格追求、理想信念,代表了一种昂扬向上的人生观、价值观,流传千古、激励后世。

遥想当年,杨升庵写下《自赞》小诗时,正是春风得意马蹄疾之际,他没有想到此后这首小诗成了自己一生的命运写照。但终其一生,他矢志不渝地坚持着自己的义利观。

杨升庵家世显赫,本有不可限量的前途。但一切因为"大礼议"而改变。所谓"大礼议",在明朝历史是很重要的一笔:武宗无后,朱厚熜以"兄终弟及"的方式登上皇帝宝座,即嘉靖。按照皇统继承规则,他要承认武宗的生父孝宗是"皇考",享祀太庙;自己的生父只能称"本生父"或"皇叔父"。但是,朱厚熜即位后第六天,就下诏令群臣议定他自己的生父兴献王为"皇考",按皇帝的尊号和祀礼对待,换句话说,他以旁支入继大统,却要为自己死去的生父谋求皇帝的全部待遇。按当时的正统观念,这是乱了礼法,万万不可。

　　嘉靖在位将近46年，以君臣交恶、不理朝政著称，"大礼议"成了他跟臣子斗气的开始。明明不合礼法的事，皇帝要硬来，朝中有些无耻之辈也要硬捧，但更多的人，坚决反对，其中包括杨廷和、杨升庵父子。皇帝不听，于是杨廷和辞官归里，杨升庵一再上书辞职，不愿与"无耻小人"同列共事。皇帝还是不听，正式下诏改称生父为恭穆皇帝，君臣冲突转为剧烈，杨升庵"偕廷臣伏左顺门力谏"，皇帝震怒了，开始暴力镇压，"命执首八人下诏狱"。消息传出，群情激愤。杨升庵约集大臣200多人，激动地说："国家养士一百五十年，仗节死义，正在今日。"他们一起摇门大哭，抗议非法逮捕朝臣，声彻宫廷，"帝益怒，悉下诏狱，廷杖之"。

　　这是明朝政治史上血腥的一幕：180多人被逮下狱，四品以上夺俸，五品以下廷杖，当场杖死16人。十日后，再杖杨升庵等为首七人，又一人杖死。杨升庵以"首倡"之罪，永远充军烟瘴之地，谪戍永昌卫（今中缅边境的云南省保山市），时年37岁。

　　从前途无量的五品京官，到遍体鳞伤的流放者；从名动天下的状元，到为天子忌恨的罪人；从繁华的京城，到蛮荒的边疆——杨升庵就这么完成了人生的大扭转。

　　他后悔吗？

　　从杨升庵留下的诗文来看，他在遥远的流放地，在漫长的流放时间里，那般思念家人朋友，也感叹过流放生涯的漫长与无奈——他至死才结束了流放。但是，他一直认为自己没有错。

　　他和那些在宫门外大哭的同僚，是有信仰支撑的人——要以礼法治国。对于杨升庵来说，流放是大不幸；但对于他流放的云南来说，却是一大幸。杨升庵与解缙、徐渭并称"明朝三大才子"，后世学者大都认为，杨升庵学问最为渊博，足以排名第一。杨升庵居云南三十余年，他的大部分作品都创作于云南，不仅自己著作等身，也使云南文学迎来了文学史上第一个创作的高潮。

　　虽然在谪戍路上写下感叹身世的《临江仙》，但杨升庵大部分时间是积极乐观并有积极作为的，他的足迹遍及云南各地，交了很多朋友，也帮助了很多人。至今，云南还流传着他的故事，还有供奉他的祠堂，他与三国时期的诸葛亮一起，为云南人所深深崇拜，四时祭祀无缺。

家风是最好的教育

1559年，一生颠沛流离的杨升庵在云南戍地去世，享年71岁。七年后，一心想求长生的嘉靖皇帝在60岁的时候死了。杨升庵旋即得到平反，赠光禄寺少卿，谥"文宪"。

后人对杨升庵给予高度评价，不仅仅因为他的才华，更因为他的人品，因为他对"义"和"利"关系的处理。陈寅恪评价说："杨用修（注：杨升庵字用修）为人，才高学博，有明一代，罕有其匹。"李贽在《续焚书》中更评价他说："才学卓越，人品俊伟"，并与四川历史上的唐李白、宋苏轼并列称为："李谪仙、苏坡仙、杨戍仙"。

一代鸿儒，高风亮节，如皎皎明月，高悬于历史。

品读名人家风

杨升庵（1488—1559），名慎，字用修，号升庵，四川新都（今成都市新都区）人，明朝著名文学家。正德六年（1511）中状元，后授翰林院修撰、经筵讲官。为官清廉、刚正不阿。明嘉靖三年（1524），在明朝著名的"大礼议"事件中，因触怒嘉靖皇帝被终身流放云南永昌卫（今云南省保山市），嘉靖三十八年（1559），卒于云南戍所。杨升庵一生勤奋好学，博涉百家，其诗、词及散曲创作水平很高，尤以《临江仙·滚滚长江东逝水》名扬于世。《明史·杨慎传》记载："明世记诵之博，著作之富，推慎为第一。"据统计，杨升庵生平著述达百余种，涉及文学、哲学、史学、地理、民俗等，均有较高的学术水平，后人辑为《升庵集》。

许汝霖：为官清慎勤　治家孝俭廉

《德星堂家订》是许汝霖制订的一部家规。许汝霖在告老还乡途中，有感于当时社会人情不古、日用纷华、事多违礼，于是撰此家规，以教育子孙后代宁俭毋奢，教化民众移风易俗。《德星堂家订》分为序篇、宴会篇、衣服篇、嫁娶篇、凶丧篇、安葬篇、祭祀篇七个部分，全篇共2617字。从宴会、着装、嫁娶、凶丧、安葬、祭祀等日常生活方面，为后代子孙及族人立下严格家规。《德星堂家订》的精神内核主要体现为三方面：一是俭为贵。例如宴会时"燕窝、鱼翅之类，概从禁绝"，穿衣尽可"旧衣楚楚"，嫁娶应"一切从简""总宜简约"；二是孝为本。追先念切，心怀敬畏，破除陋习；三是重清廉。"传前人之清白，不坠家声"，要求后人保持清正廉洁的品行，传承清白家风。

许汝霖家规摘编

窃闻学贵治生，谊先敦本，维风厉行，宁俭毋奢。方今物力维艰，人情不古，竞纷华于日用，动辄逾闲，勉追报于所生，事多违礼，习而不返，长此安穷？不揣迂疏，谬抒臆见，黜浮崇雅，敢云率俗于淳庞，慎始虑终，聊欲饬躬于轨物。爰陈数则，用质同心。　　——许汝霖《德星堂家订·序篇》

酒以合欢，岂容乱德！燕以洽礼，宁事浮文？乃风俗日漓，而奢侈倍甚。簋则大缶旧瓷，务矜富丽；菜则山珍海错，更极新奇。一席之设，产费中人；竟日之需，瓶罄半载。不惟暴殄，兼至伤残。

尝与诸同事公订：如宴当事，贺新婚，偶然之举，品仍十二。除此以外，俱遵五簋，继以八碟。鱼、肉、鸡、鸭，随地而产者，方列于筵。燕窝、鱼翅之类，概从禁绝。桃、李、菱、藕，随时而具者，方陈于席。如此省约，何等便安！

——许汝霖《德星堂家订·宴会篇》

流风易溺，积习难回。居官者，章身不惜夫重价；服贾者，耀富亦羡乎轻裘。朱邸高朋，冠裳济济；青油幕客，裘马翩翩。习以相沿，归而不改。每见贵豪游子，返温和之地，虽暖如寒。致令富厚少年，睹灿丽之陈，趋新忘故。金貂玉鼠，南服偏多；白狸青猞，炎乡不少。偶焉寓目，辄为惊心。吾辈既已读书，自当毅然变俗。旧衣楚楚，素履可钦。濮被萧萧，高风足式。传前人之清白，不坠家声；贻后嗣以廉隅，永遵世德。抚躬自较，所得孰多？

——许汝霖《德星堂家订·衣服篇》

伦莫重于婚姻，礼尤严于嫁娶。古人择配，惟卜家声；今则不问门当求贵显。女家未嫁之先，徒争贿币；男家既娶之后，又责妆奁。彼此相尤，真可浩叹！

亦思古垂六礼，文公家训，合而为三，可知事贵适宜，何烦缛节？但求允问名，原无浮费。如职居四民，产仅百亩，聘金不过十二，紬缎亦止数端，上之六十、八十,量增亦可。下则十金、八金,递减无妨。度力随分,彼此俱安。而亲迎之顷,舟车鼓乐,仪从执事,一切从简,总勿徇时。

若夫女家嫁赠,贫富虽殊,而荆布可风,总宜俭约。纵有厚资,不妨助以田产,资以生息,使为久远之谋。切勿多随臧获,厚饰金珠,徒炫耀于目前,致萧条于日后。至于宗亲世胄,丰俭自有尊裁,赠遗岂敢定限?但求有典有则,可法可传。则所裨于风俗固厚,所贻于儿女亦多矣。不揣葑菲,敢献刍荛。

——许汝霖《德星堂家订·嫁娶篇》

《德星堂家订》,倡俭戒奢家训名篇

清代学者型官吏的家训中,许汝霖的《德星堂家订》别开生面、特点鲜明。

倡俭戒奢,去除繁文缛节。在《德星堂家订》的序中许汝霖就表明订立缘由,直指当前的奢华风气:"方今物力惟艰,人情不古,竞纷华于日用,动辄逾闲,勉追报于所生,事多违礼,习而不返,长此安穷?"而要废除奢侈浮华的不良风气,崇尚高雅的社会风尚,就要从道德规范和礼节方面约束、整治自身,于是他从宴会、衣服、嫁娶、凶丧、安葬、祭祀六项中做出了非常切于日用的规定。

比如在"衣服篇"中,《德星堂家订》批评了当时社会上流行的那些追赶时髦、不惜重金购置"金貂玉鼠"之类华贵衣服、炫耀财富的陋俗,要求家人不要羡慕这种穿戴,最可钦敬的还是自身的道德和清白的家风。他认为,读书人知书达理,更应该带头改变不良旧俗:"吾辈既已读书,自当毅然变俗。旧衣楚楚,素履可钦;濮被萧萧,高风足式。传前人之清白,不坠家声。"

洋溢着浓郁的人道情怀。许汝霖在家训中动员族人捐助田产,建立祭田。要求无论科举考试登第做官者,还是务农或从事工商业活动者,随资产以量助,几十亩或者几亩都可以。另外,把给老人祝寿等结余下来的钱,量力捐助,这样积少成多,"便可以奉祀之所余,济孤寡而助婚丧,扩亲祠而立家塾,不亦善乎?"许汝霖的目的是把捐助出来的田产收益等,用来周济孤儿寡母,资助贫穷族人婚丧嫁娶,建立家塾教育子弟。充满人道情怀,实在难能可贵。

辞章优美,蕴含哲理。《德星堂家订》虽是日常礼制,却洋溢文采,行文流畅,对仗工整,富含哲理。譬如,"窃闻学贵治生,谊先敦本,维风厉行,宁俭毋奢""居官者章身不惜夫重价;服贾者,耀富亦羡乎轻裘",整篇家训读起来朗朗上口,不啻为一篇优美的散文,这在家训中是不多见的。

每次读《德星堂家订》,都令人感慨不已!虽然社会发展到今天,时代已然大不相同,但这篇家训仍值得我们再三品读、咀嚼深思!

品读名人家风

许汝霖(?—1720),字时庵,号且然,浙江海宁人。康熙二十一年(1682)进士,殿试二甲,历任翰林院编修、江南学政、工部侍郎、礼部尚书等职,康熙五十年(1711)辞官回归故里,在家乡设馆讲学。许汝霖为官三十年,清正廉洁,勤于政务,整士风、选人才;修水利、免赋税;除弊端、惩贪腐。才能彰显,政绩丰厚。许汝霖告老还乡时康熙皇帝御赐亲书"清慎勤"匾额予以嘉奖,并传谕:"卿居官三十年,并无小过,此去可称完人矣!"许汝霖一生勤于写作,著述颇多,有《四书大成》《易经说》《钝翁文钞》《河工集》《德星堂文集》《诗集》《也园诗文集》等,其中《德星堂文集》八卷、《河工集》一卷、《诗集》五卷被收录《四库全书》。此外,还有与宋荦合编的三十二卷《国朝三家文钞》传世。

王阳明:家规家训——一盏永远不灭的心灯

王阳明家规的核心是良知教育,主张"蒙以养正",把勤读书、早立志、学做人、做好人作为家规教育的重中之重。由于长年在西南边疆为官、征战,家书成为王阳明开展家族教育的主要途径,现存《王阳明全集》收录了大量王阳明对兄弟、子女以及晚辈们的书信,字里行间,融入了他对整个家族的谆谆教诲和殷切希望。其中《示宪儿》这篇被称为王阳明家规"三字经"的家书堪称经典之作,整篇家书,歌谣体式,三字一句,共三十二句,一韵到底,朗朗上口。后来,王氏后人秉承了王阳明的训子家规理念,形成了以

家风是最好的教育

"三字十二条"为代表的姚江王氏族箴,成为这个家族安身立命的旨要与规范。除此之外,王阳明还把家规理念运用于社会教育,以家族历代传承的家规理念和毕其一生的心学研究为基础,向王学弟子们和西南边疆百姓广授教育树人之道,倡导文明礼仪乡风,被后人誉为"百世之师"。

王阳明·姚江王氏家规摘编

示宪儿:幼儿曹,听教诲:勤读书,要孝弟;学谦恭,循礼义;节饮食,戒游戏;毋说谎,毋贪利;毋任情,毋斗气;毋责人,但自治。能下人,是有志;能容人,是大器。凡做人,在心地;心地好,是良士;心地恶,是凶类。譬树果,心是蒂;蒂若坏,果必坠。吾教汝,全在是。汝谛听,勿轻弃!

——王阳明家书《示宪儿》

先立志:夫学,莫先于立志。志之不立,犹不种其根而徒事培拥灌溉,劳苦无成矣。夫志,气之帅也,人之命也,木之根也,水之源也。源不溶则流息,根不植则木枯,命不续则人死,志不立则气昏。是以君子之学,无时无处而不以立志为事。

——王阳明《示弟立志说》

勤读书:汝在家中,凡宜从戒谕而行。读书执礼,日进高明,乃吾之望。
吾平生讲学,只是"致良知"三字。仁,人心也;良知之诚爱恻怛处,便是仁,无诚爱恻怛之心,亦无良知可致矣。汝于此处,宜加猛省。

——王阳明家书《寄正宪男手墨二卷》

讽之读书者,非但开其知觉而已,亦所以沉潜反复而存其心,抑扬讽诵以宣其志也。凡此皆所以顺导其志意,调理其性情,潜消其鄙吝,默化其粗顽,日使之渐于礼义而不苦其难,入于中和而不知其故。

——王阳明《训蒙大意示教读刘伯颂等》

学谦恭:今人病痛,大段只是傲。千罪百恶,皆从傲上来。傲则自高自是,不肯屈下人。故为子而傲,必不能孝;为弟而傲,必不能弟;为臣而傲,必不能忠。

汝曹为学,先要除此病根,方才有地步可进。"傲"之反为"谦"。"谦"

字便是对症之药。非但是外貌卑逊，须是中心恭敬、撙节、退让，常见自己不是，真能虚己受人。故为子而谦，斯能孝；为弟而谦，斯能弟；为臣而谦，斯能忠。尧舜之圣，只是谦到至诚处，便是允恭克让、温恭允塞也。汝曹勉之敬之，其毋若伯鲁之简哉！
——王阳明家书《书正宪扇》

慎交游：近日正思辈在此，始觉稍有分毫之益，决不可纵，今在家放荡过了也。此间良友比在家稍多，古人所谓"蓬生麻中，不扶而直"，是真实不诳语。
——王阳明家书《寄余姚诸弟手札》

昔人云："脱去凡近，以游高明。"此言良足以警，小子识之！
——王阳明家书《赣州书示四侄正思等》

朋友居五伦之内，一生学业要他帮助教导，异日儿女成行尊为父执，此之谓取善辅仁的朋友。若同恶相济，朋比为奸，当初虽谊胜漆胶，其后必盟寒车笠，如是之人，不胜枚举。与其悔之于后，何如慎之于先。
——《姚江王氏族箴·慎交游》

厚亲邻：亲以共休戚，邻以助守望，皆人生应有之事。然或以贫富之互形而势同冰炭，或因一言之偶拂而视若寇雠，一旦变生意外，谁为手援。故居家之道，不可无穷亲眷往来，不可无正经人交易。欲一言以蔽之，莫如存厚。
——《姚江王氏族箴·厚亲邻》

一善一药——王阳明的家风家训

王阳明的一生，是一代大儒"修身、齐家、治国、平天下"的一生，是践行儒道、为国尽忠的一生。无论是贬谪蛮荒之地还是戎马倥偬之中，他总是以国事为重，以尽忠为先，以尽孝为念，并且谆谆教育弟子要立志勤学，以圣贤自期，以修身养性、致良知为人生根本，而不以读书做官谋取功名利禄为人生目标。

教导子弟立志勤学

家风是最好的教育

王阳明在《与克彰太叔书》中说:"夫恶念者,习气也;善念者,本性也;本性为习气所汩者,由于志之不立也。故凡学者为习所移,气所胜,则惟务痛惩其志。久则志亦渐立,志立而习气渐消。学本于立志,志立而学问之功已过半矣。"

王阳明说:"学本于立志,志立而学问之功已过半矣。"可见人生立志的重要。而所谓学问之功,就在消除习气,复归本然善性,这是一个道德修养过程,不可不慎。联系到王阳明在《教条示龙场诸生》中所讲"立志、勤学、改过、责善"四条学规,首重立志,称"志不立,天下无可成之事",更凸显了王阳明的从小"立志学圣贤"思想的重要。

忠义为先,以国事为重

王阳明在《上海日翁家书》中说:"男之欲归已非一日,急急图此已两年,今竟陷身于难。人臣之义至此,岂复容苟逃幸脱!惟俟命师之至,然后敢申前恳。俟事势稍定,然后敢决意驰归尔。伏望大人陪万保爱,诸弟必能勉尽孝养,旦暮切勿以不孝男为念。天苟悯男一念血诚,得全首领,归拜膝下,当必有日矣。"

自古有"忠孝不能两全"之说,然而志士仁人虽常怀孝心,但总是以国事为重,忠义为先。王阳明在呈父亲的书函中陈述了"先国后家"的人臣之义,在致儿辈的家书《岭南寄正宪男》中则明确宣示了"我今国事在身,岂复能纪念家事,汝辈自宜体悉勉励,方是佳子弟尔"的"国事为重"的思想。

师法圣贤,以致良知为人生根本

王阳明在致妹婿兼弟子徐爱的家书《与徐仲仁》中教育弟子"求古圣贤而师法之",说:"勿谓隐微可欺而有放心,勿谓聪明可恃而有怠志;养心莫善于义理,为学莫要于精专;毋为习俗所移,毋为物诱所引;求古圣贤而师法之,切莫以斯言为迂阔也。"又在《寄正宪男手墨》中强调自己的讲学宗旨,要求子弟以"致良知"为人生根本。他说:"吾平生讲学,只是'致良知'三字。仁,人心也;良知之诚爱恻怛处,便是仁,无诚爱恻怛之心,亦无良知可致矣。汝于此处,宜加猛省。"王阳明自提出"致良知"的心学宗旨以后,无论是对门人弟子,还是对家人子弟,皆谆谆教之以"致良知",这个良知,便是孔孟之"仁",程朱之天理。"致良知",既是阳明学派的门风,也是王阳明一家的家风。

王阳明的江西大弟子邹守益对老师的家书给予了精辟的总结和极高的评价，说："先师阳明夫子家书二卷，嗣子正宪仲肃甫什袭藏之。益趋天真，奠兰亭，获睹焉。喜曰：'是能授简不忘矣！'书中'读书敦行，日进高明'；'钤束下人，谨守礼法'；及切衬道义，请益求教，互相夹持，接引来学，真是一善一药。"这个评论，不仅以阳明之教激励阳明后人，且以之激励同门学子，亦足见王阳明关于确立道德良知对于建立良好家风、门风思想的重要意义。

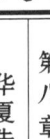

品读名人家风

王阳明（1472－1529），名守仁，字伯安，世称阳明先生，浙江余姚人，明代著名哲学家、思想家、教育家和军事家。历任刑部主事、贵州龙场驿丞、庐陵知县、右佥都御史、南赣巡抚、两广总督等职，官至南京兵部尚书，封新建伯，谥文成。有《王文成公全书》传世。

何以尚：十二则家训　十条乡约　传承相守五百年

乡约亭位于广西省兴业县石南镇东山村村中心，初建于明代万历年间，重修于清朝乾隆年间。建筑面积100多平方米，亭高约4米，台基0.8米，方形，26根格木柱搭建盖顶，不设墙，四面围以木栏。青石为础，地面铺青砖。乡约亭原为"旌善亭"，何以尚中举后，东山村乡民在亭中举行了庆贺仪式。庆祝之时，在何以尚和他的父亲何世锦的倡议主持下，大家共同拟定了以"读书修礼""忠孝清廉"为核心要义的《乡约十条》挂列于亭中，亭子更名为"乡约亭"。乡约亭的"三字牌"为何以尚所笔。几百年来，村民将亭子多次重修，基本上保持原貌不变。

何以尚家训摘编

家风是最好的教育

尽己为忠,中心为忠,忠之时,义大矣哉。故不忠为省身之首务,效忠乃匡国之要图。圣贤之明训,既详言于典籍矣。若晋之次道公,社稷为怀;明之相刘公,城颓尽节。吾族之光,于史册者实不乏人。果知忠之为道,凡于应事物之际,尽其心而竭其力,质诸己而可对诸人,庶俯仰无惭矣。

——《何氏家训十二则·训忠》

有诸己之谓信,神圣之始基也,昔孔子以轧轨,喻信之不可无,信可行之蛮貊,不信则难行于州里,圣贤问答,亦綦详矣。溯庐江子思公,西城栖风公,著书立说,无不以信为指归,则信实为家传之宝,后人切勿放弃焉。

——《何氏家训十二则·训信》

以义制事,动合时宜,见义不为,实曰无勇,圣贤立身行己,可舍生取义,断不至响利而背义。故不义之行,人所深恶,好义之士,众所咸钦。如明时巨川公,守义以辞请谒,惟其知义之为义,乃能勇赴义也。吾愿后之人,以贼义为戒,而以前人之重义者,为法也可。

——《何氏家训十二则·训义》

语云"贪夫殉财,烈士殉名"。故为富不仁,贻讥阳虎,见得思义,特重子张,临时不苟谓之廉,廉者察也,察其所当取而取之,是谓义,然后无伤于廉也。若不辨礼义,利令智昏,虽千驷万钟,名节安在!吾祖敬容、敬叔,仕宦俱以廉称;并公、远公,史册皆以廉纪,清白传家。

——《何氏家训十二则·训廉》

今如为善,期如圣贤虽不万一蹴,而至苟能奋然做儆省惕,入能孝,出能悌,不昧心负人,不欺心骗人,不忍心害人,刻薄暴戾之行勿为,济人利物之事行之,循是而进,圣贤地位亦可驯至。人不可以不为善,理事见人有争者息之,灾者救之,贫老无依者周之,道之艰步、水之病涉者杜之平之。昔昭烈戒子曰:勿以善小而不为,勿以恶小而为之。

——《何氏家训十二则·训为善》

乡约十条

一、村中子弟务宜礼教修明而后文人蔚起,人才辈出,簪缨继美,登科甲之荣;

二、村中子弟务宜读书积善,正心修身,弘扬文章报国,忠孝传家风;

三、村中子弟尝以孝顺为先,尊长爱幼。如礼毁骂长,小同责罚,甚则

送官究治；

四、崇尚节俭以养廉，厚储资财以育才养贤。如滥用挥霍，贪污蒙骗，送官究治；

五、村中子弟乘缺德败行者，必须纠举，保持村风正气；

六、耕读正业勉力为之，胡作非为则当切戒，违者严加究治；

七、农田为本，保水防患，人皆有责，勤耕力作，毋失其时，夏秋稻熟，牛马禽畜，严禁于垌，违者罚赔不宥；

八、村中强悍之徒，欺贪侮弱，凌迫孤寡或隐诬善良，图报私仇者，合众鸣官究治；

九、村中子弟聚赌宿娼，选为恶劣者，必送官究治；

十、做贼济匪，奸歹盗窃，危及村民安甚者，必送官究治。

以孝作忠，报国为民

国家这一概念包含深刻的内涵。家是国的基础，国是家的聚合。传统文化是一种特殊的基因，长期以无形而坚韧的力量，对家与国进行塑造。

广西兴业县石南镇东山村虽地处南疆，但何以尚及其家族都深受中华传统文化的影响。何氏家族很早就意识到家规家训对家族发展的重要，依据中华传统文化的精髓，于明朝初期制订了《何氏家训十二则》，从孝、悌、忠、信、礼、义、廉、耻、敬祖、敦族、为善、守成十二个方面，教育子孙忠孝、清廉、正义。何以尚的父亲更是言传身教，以模范行为践行家训，培植高尚家风。正因为如此，何氏家族子孙勤勉、正直、进取，为家创业、为国建功，使家族日益繁荣昌盛。

嘉靖三十一年（1552）何以尚中举后，还借乡亲祝贺之机，倡议订立《乡约十条》，作为全村老幼所遵循的行为准则。从此，这《乡约十条》就一直刻挂在村中的旌善亭（后改名为乡约亭）中。而将《何氏家训十二则》与《乡约十条》对比，不难发现它们是一脉相承的。《乡约十条》是何氏家训在全村的有效推广，并得到了广大村民的高度赞同。而这些条规，若从根源追溯，又与中华传统文化高度契合。从这个意义上说，东山村的《何氏家训十二则》与《乡约十条》从一个侧面诠释了中华传统文化中的家国关系。

健康高尚的家训，不仅促使家庭人才辈出，兴旺发达，而且也帮助国家实现稳定与繁荣，促进社会发展进步。何以尚入仕后，无论职位高低，权力大小，他都始终按照家训及中国传统礼教，坚持正义，清正廉洁，造福民众，尽忠为国，至死不渝。他不仅冒着生命危险，义击景阳钟，直言进谏，孤身勇救清官海瑞，而且他始终针砭时弊，扬善惩恶，坚守"忠孝、清廉、正义"的道德做官做人，将家训中的"以孝作忠"原则贯穿在日常工作中，赢得了百姓的高度认可。卸职返乡后，他又积极倡导建桥修路，植树造林，大力发展农业生产，弘扬家训及中华传统文化。

中华传统文化是在漫长的历史进程中形成、发展起来的，是中华民族智慧的结晶。中华传统文化影响了何氏家规家训的形成，另一方面，千千万万个何氏一样的家规家训也丰富了中华传统文化的内容，使之具体而生动，并为其延续发展提供了新的活力。

品读名人家风

何以尚（1526—1594），字仁甫，生于广西兴业县石南镇东山村，明朝举人，历任江西建昌县儒学教谕、户部司务、户部主事、南京大理寺丞、鸿胪寺卿等职，官至太卜寺卿，赐进士出身。何以尚官声清越、忠诚正直。1590年，何以尚致仕还乡后，十分关心家乡事业，倡建兴业县街上的登云桥和通往郁林州道路的鸣水桥，鼓励乡民发展农业生产，并撰有一副对联勉励后人："植树修河山水秀；精耕细作物阜丰。"著有《便蒙诗训》《忠孝经》。

秦良玉：庭训家规

唯一正史立传的传奇女将

《秦氏家乘》共有家规十条，家训八条。秦氏家规的核心理念是"遵纪守法""寓兵于农""忠贞爱国""勿越规矩"。秦氏家训则进一步要求秦氏族人在遵循家规的基础上，做到"崇祖德，守邱墓；重家塾，敦人伦；守恒业，正心术；端风俗，示激劝。"

秦氏家规家训的主要特色在于其强调和体现了国和家的关系，即"国大于家""先国后家"，家规第一条就要求子孙"遵国家法制，正赋当及期而供"，并且对"家""国"的关系有深刻的认识，秦氏家训提到"端一族之风俗，而一家因之"，认为社会风气的形成受千千万万个家庭的家风影响。此外，秦氏家规家训要求子孙除了重视耕读、崇文重教外，还要强身练武，"今族中子弟强有力者，宜于农闲时练武艺。"

秦氏家规家训教育出了满门忠烈的秦良玉一家——秦良玉一家兄弟子侄（包括自己的独生子）前后七人为国捐躯，战死沙场，而秦良玉本人则多次为国建"首功""功第一"。

秦氏家规家训摘编

急国赋：子孙遵国家法制，正赋当及期而供。即正赋外随时所议征输，亦上供须早，勿听浮薄子言，不知忠爱，以惜财误公，自干罪戾。

睦宗族：和睦宗族，言理兼立情。勿持富欺贫，勿挟贵凌贱，又勿贫不自守，听珥笔民无端起诉，有事则质明智者排解之，以息诉端而保田业，违者凭公议罚。奉规矩：子孙不得有辱门楣，言行出处勿越规矩。子孙切忌奸、娼、盗、淫、赌、毒等败坏家风、家门及社会风气行为。违者依家法、律例严惩。

重家塾：于族中子弟择师善教，再置义田，以助膏火所不及，其后成就虽殊，而读书首敦。士行居乡则节自励，化俗型，方立朝，则六计本廉。由忠爱所发抒，见诸政事。学范文正公一流人，斯文教启后之德崇也。

端风俗：风正则世由此盛，风变则世由此衰。端一族之风俗，而一家因之。治家在勤、在俭，游惰戒之，郑术之风斯熄矣。此由古迄今，天下国家之风俗，皆自一乡始，其言坊行表，尤在仁人君子克倡诸先也。

示激劝：《春秋》一书，劝善之书也。即惩恶亦归于劝善，而心术正之，风俗端之；即守恒业，敦人伦，崇祖德，亦由有所激发，以底于成。士君子生当今日，为一族树仪型，如崇祖德诸遗训，常从弱冠激劝之，其成人美，不成人恶，为得《春秋》立言之大旨也哉。

——《秦氏家训》

秦良玉为"一族树仪型"

在古代，女姓族人一般不被允许记入族谱，更谈不上对家风、族风产生影响，但重庆的秦良玉是一个例外。秦良玉的事迹不但记入了秦氏家谱，也记入了夫家马氏的家谱，甚至以"将相"的身份被《明史》单独列传，成为

家风是最好的教育

我国古代史上罕见的一抹亮色。而这一抹亮色不但光耀了秦氏门庭，还给我们留下了一个"示激劝"的楷模和"端风俗"的典型。

在《秦氏家乘》中有二十四字的家训，其中有"端风俗，示激劝"的语句。关于"示激劝"一条有如下释义："士君子生当今日，为一族树仪型，如崇祖德诸遗训，常从弱冠激劝之，其成人美，不成人恶，为得《春秋》立言之大旨。"这讲的主要是秦氏子女要为一族子孙树立榜样，继承祖先优良传统和遗规遗训的道理，教育年轻人要做成人之美的好事，不做成人之恶的坏事。

重庆秦氏族人中最能为"一族树仪型"者，当数巾帼英雄秦良玉。秦良玉从父亲秦葵那继承了精忠报国的种子，这粒种子随着她嫁入马家。在马家这个风雨飘摇的家族里，在明末乱世的战火催发下，这一粒种子生根发芽，缔结出"一代女侯"的传奇。

当然，秦良玉并非只为"一族树仪型"。四百多年来，她的"粉丝"可谓不计其数。近代民主革命志士、鉴湖女侠秋瑾一直视秦良玉为"偶像"。

以上率下、树立榜样，激励后辈从小向前辈学习，这其实是一种非常有效的教育理念。秦氏家训在几百年前就能够将其总结归纳为简洁的"示激劝"三个字，并以此激励教育家族后辈，这既是秦良玉的功绩，也是立训者的高明。

在秦氏家训中，对"端风俗"如此释义："端一族之风俗，而一家因之。……此由古迄今，天下国家之风俗，皆自一乡始，其言坊行表，尤在仁人君子克倡诸先也。"

不难看出，秦氏家训中的"端风俗"在范围上是对"示激劝"的扩展。"示激劝"以一人为"一族树仪型"，"端风俗"则是以"一家"端"一族"甚至"天下国家之风俗"。

秦氏家训中所端的风俗既有修身齐家的"温良恭俭让"，也有平天下的家国情怀。秦氏家训就是这样潜移默化、春风化雨地教化着秦氏族人、代代相传。每年的清明节、中元节、春节，秦氏族人都要到秦良玉墓祭扫，由族中老人向后辈子孙宣讲族训家规，并且由一族到一地，影响了当地的社风民风。秦氏家规家训中的忠勇仁义之风正在被越来越多的当地人认可和践行。

品读名人家风

秦良玉（1574—1648），字贞素，忠州（今重庆市忠县）人，明朝著名女将，也是中国古代唯一正史立传的女将。

秦氏家规家训来源于秦良玉父亲秦葵"执干戈以卫社稷"的庭训，成型于秦葵堂弟、秦良玉堂叔秦弁于明朝嘉靖九年（1530）所编修的《秦氏家乘》。

诸葛村：百世传颂《诫子书》

诸葛后裔在长期秉承祖德家风的过程中，形成了一套完备且十分严格的家规家训，并刊载在《宗谱》卷首，以此树立族人的行为规范和道德准则，被称为诸葛氏家规。诸葛氏家规最早形成于宋元，完善于明清，共计十五条，内容涉及为人处世的方方面面，从修身立德、课书学艺、为人处事到男子冠礼、婚姻丧事、敬宗祭祖、父祖忌辰、家庭伦理、田产维护，乃至言行举止、生活细节等都有严格规定，明确提倡什么，反对什么，禁止什么，并且订有罚则，便于执行。这些家规，对于调节家族内部的伦理关系、贫富关系、凝聚家族、和睦乡里、规范子孙操行，具有相当大的约束力和影响力。

诸葛氏家书家规摘编

《诫子书》：夫君子之行，静以修身，俭以养德。非淡泊无以明志，非宁静无以致远。夫学须静也，才须学也，非学无以广才，非志无以成学。淫慢则不能励精，险躁则不能治性。年与时驰，意与日去，遂成枯落，多不接世，悲守穷庐，将复何及！

《又诫子书》：夫酒之设，合礼致情，适体归性，礼终而退，此和之至也。主意未殚，宾有余倦，可以至醉，无致迷乱。

《诫外甥书》：夫志当存高远，慕先贤，绝情欲，弃凝滞，使庶几之志，揭然有所存，恻然有所感；忍屈伸，去细碎，广咨问，除嫌吝，虽有淹留，何损于美趣，何患于不济。若志不强毅，意不慷慨，徒碌碌滞于俗，默默束于情，永窜伏于凡庸，不免于下流。

《诸葛氏家规》：孝为百行之原，本原一亏，则他端俱无足取。族中弟子倘有忤逆父母及游荡、贪饮，不顾父母之养者，重责示警；仍革出祠然止。能奉养父母而不能爱恤弟兄，犹然不孝也。

族中贤能、仕宦及家业丰余者，需要敦睦九族，赈恤贫寡，鼓舞人才，崇祀宗祖，不得欺凌宗族，谋占产业，恃财倚势，任意作为，损坏阴阳两宅。宜博古征今，思前贤可法，视覆辙可鉴。作德于前，始发于身。身之不修，令名失坠，子孙必微！戒之！慎之！

静以修身，俭以养德

诸葛后裔之所以千百年来能把这种优良的家风文化一直传承下来，这与诸葛亮的《诫子书》是密不可分的。《诫子书》表达了一种志存高远的人生观、淡泊宁静的价值观以及和谐共处的世界观，它为我们提供了一个勤俭朴实的为人准则、持之以恒的学习准则和高效务实的干事准则。

诸葛亮的《诫子书》对其后裔潜移默化的作用力，影响并丰富了诸葛后裔的家风内涵。它虽然只有86个字，但言简意赅，发人深省。文中修身养德、静学广才、淡泊明志、宁静致远、励精治性等警句精辟深刻、情真意切，是诸葛亮思想和人格的高度概括。对诸葛后裔来说，这是先祖留下的一笔宝贵遗产。据《诸葛氏宗谱》记载，历代后裔一直以《诫子书》为祖训，自觉遵守、恪守不移，文中所昭示的思想观念也成了后裔族人的精神支柱和奋斗目标；族中祭祖、家教、读书、农耕、社交等活动，也均以此为准绳。

诸葛村人正是把诸葛亮的《诫子书》奉为家训经典，修身养德，励精治性，淡泊宁静，代有人出。

在诸葛村，每个村民从小到大都受《诫子书》家训文化的熏陶，懂得静以修身，俭以养德，历朝历代的诸葛后裔中没有出现过一名贪官。村民继承先祖遗风，淡泊宁静，和谐相处，村干部勤于职守，廉于自律，这已经成为每个村民的一种自觉行为。

诸葛后裔除了把《诫子书》作为家训世代相传之外，还专门制订了诸葛氏家规，内容具体详尽。这些家规万变不离其宗，都围绕《诫子书》这个根本来制订，这是诸葛后裔凝聚家族、规范后人、立身处世的行为准则，是诸葛后裔家风文化的一个灵魂。

诸葛氏家规对族中子孙为人处事有着严格规定，明确提倡什么、反对什么、禁止什么，并且订有罚则，便于执行。如："当官者，亲君子，远小人；治家者，去奢华，存淡泊"，子孙"须守礼法，循规矩"，以及"交有道之朋，绝无义之友，饮清泉之茶，戒乱性之酒"等警句。千百年来，诸葛后裔把这些警句家规奉为训诫，人人遵之，时时警之，营造出和谐、节俭、廉洁的良好风气，并世世代代地传唱下去。

品读名人家风

诸葛亮（181—234），字孔明，号卧龙（也作伏龙），汉族，徐州琅琊阳都（今山东省临沂市沂南县）人，三国时期蜀汉丞相，杰出的政治家、军事家、散文家、书法家、发明家。在世时被封为武乡侯，死后追谥忠武侯，东晋政权因其军事才能特追封他为武兴王。

诸葛亮位及蜀国军师、丞相，政务繁忙，但他不忘教诲子孙、外甥，《太平御览》《诸葛亮集》中收录其《诫子书》《又诫子书》《诫外甥书》等家书，后人统称为"诸葛亮家书"。

汉阴沈氏：勤俭承家风　清廉为镜鉴

汉阴《沈氏家训》在思想内容上有四个方面的突出特征：

一是重视光明伟岸人格的塑造。要求沈氏族人在日常生活中恪守德操，做到志节坚贞，不苟俗流；在仕途中坚守清廉，要抱定"致君泽民……循分尽职"的信念。

二是重视儒家文化精神的传导。《沈氏家训》中多有儒家术语，诸如"春露秋霜不忘水源木本之报……''百行之原，莫大于孝……''敬以持己，恕以接物""视听言动，决去非礼""喜怒哀乐，务求中节""庶身可修，而家可齐""择师不慎，贻害匪小""择善而从之，其不善者而改之""志节贵乎坚贞""置业毋容以勒指，人过不可以显扬，用财须审乎义理""出入相友，守望相助，疾病相扶持""出仕不可不清""致君泽民，吾儒分内事"，等等，都体现了传统儒家精神。

三是重视家庭伦理建设。汉阴《沈氏家训》以血亲伦常关系为基础，既有家规强制，也有亲情感化；既强调家长对子女有随时耳提面命的责任，也要求家长发挥身教的作用，通过"正身"来"率下"，亲情感化尤显突出。

四是取材较广，内容全面，语言浅直。从内容看，《沈氏家训》几乎涉及家庭生活乃至社会生活的方方面面。就表述形式看，其中既有治家处世的经验传授，也有儒家先贤教导的汇编；既有苦口婆心的规劝，也有道德律令的简明训示。同时，《沈氏家训》文朴义丰，情理交融，既有较强的现实针对性，也容易为家族成员记诵和理解。

《沈氏家训》摘编

祭祀不可不殷也。　　事亲不可不孝也。
天显不可不念也。　　身不可不修也。
持家不可不勤俭也。　尊卑不可不辨也。
择师不可不慎也。　　教子不可不严也。
养女不可不训也。　　择配不可不谨也。
交游不可不审也。　　志节之贵乎坚贞也。
志行不可刻薄也。　　邻里不可不和也。
输粮不可不先也。　　穷难不可不周也。
出仕不可不清也。　　忍耐之不可不讲也。
奢华游惰之当惩也。　赌博不可不戒也。

——汉阴沈氏的坚守与传承

汉阴沈氏对家训家风的坚守与传承，不一味墨守成规，更在吐故纳新。沈氏宗祠里高悬着两块大牌匾，一块位于右任大师手书"万派同源"，另一块是三百多年前时任汉中知府所颁"泮水钟灵"，两者相得益彰，展示着沈氏家族包容并蓄、明德求索的信念，体现了对历史文化的继承和发扬，今天仍然闪耀着智慧的光芒。在他们先祖开辟的千顷良田上，先进耕作技术的应用，使这里成为旱涝保收的米粮川。他们用勤劳的双手，将炕炕馍、烩面片、白火石氽汤这样一些当地常见的饭食，推出汉阴，走向市场，既赢得了财富，又饱了人们的口福。在家训家风的熏陶下，汉阴沈氏人尽其才，立足各自领域，为这个伟大时代做出自己的贡献，他们脚下的路，正坚实有力地向前迈进。

修身为本，耕读传家。沈氏家训家风作为传统文化的精髓，理应被传承与弘扬，成为我们砥砺前行的强大动力。

陕西汉阴沈氏家族，祖籍浙江吴兴（今浙江省湖州市）。明天顺五年（1461），汉阴沈氏始祖沈株山致仕返乡途中，被这里的青山秀水所吸引，举家定居汉阴县。历经五百多年，二十一代更替，现今全族人口已达三万人。

品读名人家风

汉阴《沈氏家训》是清朝乾隆五十四年（1789），八世祖沈祖烈主持倡导，遍阅祖宗碑文、搜集族史资料、聚族而谋、合族众议定立的。汉阴《沈氏家训》共计20条1933字。家训从孝悌、亲情、修身、齐家、睦邻、济贫、教子、嫁娶、志节、德行、为官、奢望等方面做出了规范和要求，是家族育人、治家、励志成才的座右铭。汉阴《沈氏家训》，是在长期的社会实践、生产生活、育人治家、做人做事中不断总结、提炼而成的，是汉阴沈氏家族兴业起家、发展壮大的根基。在沈氏族人筚路蓝缕、艰苦奋斗的征程中，《沈氏家训》发挥了传承先祖精神、凝聚本族人心、促进家族和谐的作用，为沈氏族人共同遵循。《沈氏家训》熏陶和养育出了一代代品德高尚、为国为民、清正廉洁、坚持操守、宽厚谦恭的沈氏贤达。

浙江临安钱氏：一代钱王　千古家训

钱氏家规由《武肃王八训》《武肃王遗训》和《钱氏家训》三部分组成。《武肃王八训》是武肃王钱镠于乾化二年（912）正月亲自订立。家训以晋代以来大族衰亡为鉴，"上承祖祢之泽，下广子孙之传"，体现了"金书铁券"的免死牌下的严格家教。钱镠辞世前又作十条遗训晓谕子孙。而《钱氏家训》，传为忠懿王钱弘俶总结钱镠《起居录》所作，经后人不断完善，成为一部饱含修身处世智慧的治家宝典。《钱氏家训》分个人、家庭、社会、国家四个篇章，思想植根深厚，含义博大精深，是钱氏家族的珍贵历史遗产，也是

家风是最好的教育

钱氏家族人才辈出的传家宝。

《钱氏家训》摘编
个人篇

心术不可得罪于天地,言行皆当无愧于圣贤。

曾子之三省勿忘,程子之四箴宜佩。

持躬不可不谨严,临财不可不廉介。

处事不可不决断,存心不可不宽厚。

尽前行者地步窄,向后看者眼界宽。

花繁柳密处拨得开,方见手段;风狂雨骤时立得定,才是脚跟。

能改过则天地不怒,能安分则鬼神无权。

读经传则根柢深,看史鉴则议论伟。

能文章则称述多,蓄道德则福报厚。

家庭篇

欲造优美之家庭,须立良好之规则。

父母伯叔孝敬欢愉,妯娌弟兄和睦友爱。

祖宗虽远,祭祀宜诚;子孙虽愚,诗书须读。

娶媳求淑女,勿计妆奁;嫁女择佳婿,勿慕富贵。

家富提携宗族,置义塾与公田;岁饥赈济亲朋,筹仁浆与义粟。

勤俭为本,自必丰亨;忠厚传家,乃能长久。

社会篇

信交朋友,惠普乡邻。

恤寡矜孤,敬老怀幼。

救灾周急,排难解纷。

修桥路以利人行,造河船以济众渡。

私见尽要铲除,公益概行提倡。

不见利而起谋,不见才而生嫉。

国家篇

执法如山,守身如玉。

爱民如子,去蠹如仇。

严以驭役,宽以恤民。

官肯著意一分,民受十分之惠;上能吃苦一点,民沾万点之恩。

利在一身勿谋也,利在天下者必谋之;利在一时固谋也,利在万世者更谋之。

大智兴邦,不过集众思;大愚误国,只为好自用。

聪明睿智,守之以愚;功被天下,守之以让;勇力振世,守之以怯;富有四海,守之以谦。

庙堂之上,以养正气为先;海宇之内,以养元气为本。

务本节用则国富,进贤使能则国强,兴学育才则国盛,交邻有道则国安。

欲造美之家庭,须立良好之规则

订立家训、追求优良家风是我国几千年来特有的文化现象。我们现在看到的家训,大多是宋朝以后形成的,《钱氏家训》在传统家训中也是很有影响的家训。

其实《钱氏家训》不但一两名言颇有新意,通篇训词都励人向上向善。如教导为人有:"持躬不可不谨严,临财不可不廉介""信交朋友,惠普相邻,恤寡矜孤,敬老周急,排难解纷";教导持家有:"欲造优美之家庭,须立良好之规则。勤俭为本,自必丰亨,忠厚传家,乃能长久";教导兴国有:"大智兴邦不过集众思,大愚勿国只为好自用""务本节用则国富,进贤使能则国强,兴学育才则国盛,交邻有道则国安"。《钱氏家训》重在实践,钱氏后裔昌盛,人才辈出,可谓家风清正、国风廉明之明证。

除《钱氏家训》外,还有《武肃王遗训》和《武肃王十训》,形成了钱王家庭教育的完整体系,钱王的家庭教育思想值得我们深入学习体会。

站点高,立意深远。一般的家训局限在家庭成员的伦理道德教育,只是站在家族的层面,而《钱氏家训》则是站在个人、家庭、社会、国家的层面,体现了家庭利益和国家利益的统一。从"心术不可得罪于天地,言行皆当无愧于圣贤"的人格修养,到"官肯著意一分,民受十分之惠;上能吃苦一点,民沾万点之恩;利在一身勿谋也,利在天下者必谋之"的社会担当,以及

家风是最好的教育

"务本节用则国富,进贤使能则国强,兴学育才则国盛,交邻有道则国安"的治国理念,共同构建起《钱氏家训》的价值体系。

情感真,言传身教。在《武肃王遗训》中,钱镠就用自己的切身感受,教育子孙后代在时代更替、风云变幻的背景下,如何把握时代脉搏,舍小义成大道。吴越国经过五主八十多年,促进了长三角地区的发展,最后顺应时代潮流,纳土归宋。

教义深,造福千秋。《钱王十训》写道:"宜作忠臣孝子,做一出人头地事,可寿山河,可光俎豆,则虽死犹生。"宋元以后,钱氏后裔在文化、经济、军事、科技、外交等领域人才辈出,为中华文明传承和国家富强做出不可磨灭的贡献,被周恩来称为"三钱"的钱学森、钱伟长、钱三强就是代表人物,成为我们今天弘扬爱国主义精神、改革创新精神的榜样。

品读名人家风

江南一带的钱氏家族,自唐末以来开枝散叶,人才辈出,载入史册的名家逾千人。近代以后更是出现人才井喷现象,钱学森、钱伟长、钱三强、钱穆、钱锺书等众多文坛硕儒、科技巨擘、国学大师,都出自这个"千年名门望族、两浙第一世家"。

山西闻喜裴氏:《家训》润无声 《家戒》醒后人

现存的裴氏家规最终修订于清末民初,有《河东裴氏家训》和《河东裴氏家戒》两大部分,内容十分广泛。其中,《河东裴氏家训》共12条432字,包括敬奉祖先、孝顺父母、友爱兄弟、协和宗族、敦睦邻里、立身谨厚、居家勤俭、严教子孙、读书明德、淳厚戚朋、慎重言语、讲求公德等方面内容。《河东裴氏家戒》共10条637字,它连立10个"毋",要求子孙后代毋忤尊亲、毋辱祖先、毋重男轻女、毋事赌博、毋为盗窃、毋贪色淫、毋吸烟毒、毋酗酒好斗、毋忘本崇洋、毋入帮派。可以说,《家训》是要求裴氏子弟"必须怎么做",而《家戒》则是要求裴氏子弟"不能怎么做"。

除了河东裴氏的《家训》和《家戒》，广布于安徽、湖北、江苏、江西等15个省的裴氏后裔也都有自己的家规，但万变不离其宗，都与河东裴氏的《家训》和《家戒》一脉相承，其核心就是"重教守训，崇文尚武，德业并举，廉洁自律"。

裴氏家规摘编

敬奉祖先：慎终追远，木本水源。生事死葬，祭祀礼存。立志向善，做贤子孙。贻谋燕翼，勿忘祖恩。

孝顺父母：父母恩德，同比昊天。人生百行，孝顺为先。跪乳反哺，物类犹然。况人最灵，孺慕勿迁。

友爱兄弟：世间难得，莫如兄弟。连气分形，友恭以礼。同心同德，团结一体。姜被田荆，怡怡后启。

协和宗族：曰宗曰族，一脉相传。勿事纷争，和谐齐贤。尊卑长幼，伦理秩然。远近亲疏，裕后光前。

毋忤尊亲：《孝经》云：夫孝，天之经也，地之义也，民之行也。天地之经，而民是则之。是故子女对父母长辈，应予孝顺，听从教诲，绝不许有违忤、伤害、遗弃尊亲。

毋辱祖先：木本水源，慎终追远，乃人伦之基本大道。《诗》云：毋忘尔祖，聿修厥德。即常念尔祖，述修其德之谓。故为人子孙者，应修身明德，遵守正道，不敢为非，毋辱其祖先。

毋重男轻女：天生蒸民，本为平等，无分男女贵贱，是以父母长辈，不可有重男轻女之观念。教育、生活男女一律平等，吾姓女子不得以之嫁人为妾，或溺女婴，抛弃女婴之事。

严教子孙：家庭教育，立人丕基。诲尔谆谆，性乃不移。谨信泛爱，重道尊师。传子一经，金玉薄之。

读书明德：人不读书，马牛襟裾。学而时习，其乐有余。一技专长，生计无虞。立达希贤，典型规模。

毋忘本崇洋：近世以还，崇洋泛滥。须知身、家、国、民族为其一体，而不可或分者，亦即人之大本。吾家子孙，不可有忘本崇洋思想行动，如在某种不得已之情况下，而入外国籍，亦须保持吾华固有之优良风尚习惯、语言、文字、及祖宗之渊源。

家风是最好的教育

立身谨厚：谨身节用，明刊孝经。武侯谨慎，昭若日星。厚德载福，宽让能宁。谦虚自牧，喜怒不形。

淳厚戚朋：朋友五伦，以德辅仁。益友损友，择游宜珍。戚党姻亲，和洽如春。岁时伏腊，晋接礼宾。

敦睦邻里：同村共井，居有德邻。相维相恤，友助和春。勿生嫌隙，有礼彬彬。基层良风，家国亲仁。

讲求公德：置身社会，公德第一。爱惜公物，遵守序秩。时时警惕，留心错失。祛除自私，免贻人疾。

居家勤俭：勤能补拙，俭以养廉。丰家裕国，莫此为先。秃惰奢靡，祸害无边。惜时爱物，居安乐天。

慎重言语：一言兴邦，一言丧邦。圭玷可磨，言玷永伤。驷不及舌，语出须防。少说寡祸，发言有章。

彪炳史册的精神力量

"天下无二裴"，是对河东裴氏家族的不吝褒誉。两千年间，裴氏家族冠裳不绝，德业隆盛，形成了独特的家族文化现象。究其根源，裴氏传承千年的家风和家规无疑是其彪炳史册的内在精神力量，《家训》12条、《家戒》10条则是一脉相承优秀家风的集中体现。"训""戒"相互依存，引导族人"应该做什么""不能做什么"，成为他们坚守精神家园的不二规矩。所强调的"孝顺父母""友爱兄弟""协和宗族""敦睦邻里""居家勤俭""读书明德"等，核心就是要求家族子弟崇德尚德，以孝友立身，以勤俭持家，以忠义为本，以才学自立，以仁爱待人，做到廉洁奉公、忠心效国。这是裴氏子弟从裴潜俭素、裴侠廉洁，到裴宽孝友、裴度忠于国事躬行践履的结晶，反映了"修身、齐家、治国、平天下"的信念坚守和价值追求。裴氏的《家训》《家戒》，千百年来谆谆教化后人，激励子弟成才，倡导干事立业，成就了"将相接武、公侯一门"的名门望族，其延绵千年的尚德、孝友、勤俭、才学、仁爱、廉洁、忠心效国，对今天良好社会文化的培育具有重要的现实意义，定将鞭策和教育一代又一代后人，修身立德，勤勉行道，明廉知耻，成有用之才，做有用之人。

裴氏家族一贯重视对族人的家规教育，每条家规都充满了对裴氏后人的殷殷教诲，并代代传承，养成了良好的裴氏家风和裴氏文化，从而塑造了号称"南林北裴"、驰名中外的华夏望族。千百年来，裴氏家族代代都有族人从事《裴氏家传》《裴氏世谱》《裴氏家规》《裴氏家戒》等一类族书的编撰修订工作。不论《家传》《世谱》《家规》，还是石刻碑文，都详细记载了先人的功德业绩和高风亮节。每逢年节清明，全族男丁聚于祠堂，由族长向后人讲述祖先事略，进行传统教育，要求后人严守祖训，开拓进取。裴氏子弟中有背离祖规者会得到严惩。众多杰出先辈的表率和影响，加之裴氏家族持之以恒的家规教育，久而久之就形成了一种珍贵的裴氏精神，这种精神激励着后人沿着前人开辟的成功之路阔步向前。

品读名人家风

裴氏家规的形成经历漫长的历史沿革。北朝名臣裴良奉公之余，着手整理祖上口碑相传遗训，动笔撰写了《宗制》十卷。隋唐时期，河东裴氏发展到鼎盛阶段，其家规也日臻完善。明万历二十四年，裴氏五十五世孙裴濂修订《河东裴氏族戒》九条。一代代裴氏族人在先祖留下的家规基础上，结合时代发展，不断对其进行完善和充实。